Otto Fürst von Bismarck

Gedanken und Erinnerungen

Zweiter Band

 VERO Verlag

Otto Fürst von Bismarck

Gedanken und Erinnerungen

Zweiter Band

ISBN/EAN: 9783737202503

Auflage: 1

Erscheinungsjahr: 2014

Erscheinungsort: Norderstedt, Deutschland

Hergestellt in Europa, USA, Kanada, Australien, Japan
Vero Verlag in Hansebooks GmbH

Cover: Foto ©Carsten Grunwald / pixelio.de

Gedanken und Erinnerungen.

Von

Otto Fürst von Bismarck.

Gedanken und Erinnerungen.

Von

Otto Fürst von Bismarck.

Zweiter Band.

Stuttgart 1898.

Verlag der J. G. Cotta'schen Buchhandlung

Nachfolger.

Inhaltsverzeichniß.

Fünfundzwanzigstes Kapitel: Bruch mit den Conservativen 142—161

Sechsundzwanzigstes Kapitel: Intrigen . . . . 162—205

Neunzehntes Kapitel.

Schleswig-Holstein.

I.

Zu meinem Nachfolger in Paris war Graf Robert von der Goltz ernannt worden, der seit 1855 Gesandter in Athen, Constantinopel und Petersburg gewesen war. Meine Er= wartung, daß das Amt ihn disciplinirt, der Uebergang von der schriftstellerischen zu einer geschäftlichen Thätigkeit ihn praktischer, nüchterner gemacht und die Berufung auf den derzeit wichtigsten Posten der preußischen Diplomatie seinen Ehrgeiz befriedigt haben würde, sollte sich nicht sogleich und nicht völlig erfüllen. Am Ende des Jahres 1863 sah ich mich zu einer schriftlichen Erörterung mit ihm genöthigt, die leider nicht vollständig in meinem Besitz ist; von seinem Briefe vom 22. December, welcher den unmittelbaren Anlaß dazu gab, ist nur ein Bruchstück vorhanden[1]), und in der Abschrift meiner Antwort fehlt der Eingang. Aber auch so hat diese ihren Werth als Schilderung der damaligen Situation und als Beleuchtung der daraus hervorgegangenen Entwicklung.

„Berlin, den 24. December 1863.

Was die dänische Sache betrifft, so ist es nicht möglich, daß der König zwei auswärtige Minister habe, d. h. daß der

---

[1]) S. Bismarck-Jahrbuch V 231 f.

wichtigste Posten in der entscheidenden Tagesfrage eine der mini=
steriellen Politik entgegengesetzte immediat bei dem Könige vertrete.
Die schon übermäßige Friction unsrer Staatsmaschine kann nicht
noch gesteigert werden. Ich vertrage jeden mir gegenüber geübten
Widerspruch, sobald er aus so competenter Quelle wie die Ihrige
hervorgeht; die Berathung des Königs aber in dieser Sache kann
ich amtlich mit niemandem theilen und ich müßte, wenn Seine
Majestät mir dies zumuthen sollte, aus meiner Stellung scheiden.
Ich habe dies dem Könige bei Vorlesung eines Ihrer jüngsten Be=
richte gesagt; Seine Majestät fand meine Auffassung natürlich, und
ich kann nicht anders als an ihr festhalten. Berichte, welche nur
die ministeriellen Anschauungen wiederspiegeln, erwartet niemand;
die Ihrigen sind aber nicht mehr Berichte im üblichen Sinne,
sondern nehmen die Natur ministerieller Vorträge an, die dem
Könige die entgegengesetzte Politik von der empfehlen, welche er
mit dem gesammten Ministerium im Conseil selbst beschlossen und
seit vier Wochen befolgt hat. Eine, ich darf wohl sagen scharfe,
wenn nicht feindselige Kritik dieses Entschlusses ist aber ein andres
Ministerprogramm und nicht mehr ein gesandschaftlicher Bericht.
S ch a d e n kann solche kreuzende Auffassung allerdings, ohne zu
nützen; denn sie kann Zögerungen und Unentschiedenheiten her=
vorrufen, und jede Politik halte ich für eine bessere als eine
schwankende.

Ich gebe Ihnen die Betrachtung vollständig zurück, daß eine
‚an sich höchst einfache Frage preußischer Politik‘ durch den Staub,
den die dänische Sache aufrührt, durch die Nebelbilder, welche sich
an dieselbe knüpfen, verdunkelt wird. Die Frage ist, ob wir eine
Großmacht sind oder ein deutscher Bundesstaat, und ob wir, der
erstern Eigenschaft entsprechend, monarchisch oder wie es in der
zweiten Eigenschaft allerdings zulässig ist, durch Professoren, Kreis=
richter und kleinstädtische Schwätzer zu regiren sind. Die Jagd
hinter dem Phantom der Popularität ‚in Deutschland‘, die wir
seit den vierziger Jahren betrieben, hat uns unsre Stellung in

Deutschland und in Europa gekostet, und wir werden sie dadurch
nicht wieder gewinnen, daß wir uns vom Strome treiben lassen
in der Meinung, ihn zu lenken, sondern nur dadurch, daß wir fest
auf eignen Füßen stehn und zuerst Großmacht, dann Bundes=
staat sind. Das hat Oestreich zu unserm Schaden stets als richtig
für sich anerkannt, und es wird sich von der Komödie, die es mit
deutschen Sympathien spielt, nicht aus seinen europäischen Allianzen,
wenn es überhaupt solche hat, herausreißen lassen. Gehn wir ihm
zu weit, so wird es scheinbar noch eine Weile mitgehn, namentlich
mitschreiben, aber die 20 Procent Deutsche, die es in seiner Be=
völkerung hat, sind kein in letzter Instanz zwingendes Element,
sich von uns wider eignes Interesse fortreißen zu lassen. Es wird
im geeigneten Momente hinter uns zurückbleiben und seine Richtung
in die europäische Stellung zu finden wissen, sobald wir dieselbe
aufgeben. Die Schmerlingsche Politik, deren Seitenstück Ihnen
als Ideal für Preußen vorschwebt, hat ihr Fiasco gemacht. Unsre
von Ihnen im Frühjahr sehr lebhaft bekämpfte Politik hat sich in
der polnischen Sache bewährt, die Schmerlingsche bittre Früchte
für Oestreich getragen. Ist es denn nicht der vollständigste Sieg,
den wir erringen konnten, daß Oestreich zwei Monate nach dem
Reformversuch froh ist, wenn von demselben nicht mehr gesprochen
wird, und mit uns identische Noten an seine frühern Freunde
schreibt, mit uns seinem Schooßkinde, der Bundestags=Majorität,
drohend erklärt, es werde sich nicht majorisiren lassen? Wir haben
diesen Sommer erreicht, wonach wir 12 Jahre lang vergebens
strebten, die Sprengung der Bregenzer Coalition, Oestreich hat
unser Programm adoptirt, was es im October v. J. öffentlich ver=
höhnte; es hat die preußische Allianz statt der Würzburger gesucht,
empfängt seine Beihülfe von uns, und wenn wir ihm heut den
Rücken kehren, so stürzen wir das Ministerium. Es ist noch nicht
dagewesen, daß die Wiener Politik in diesem Maße en gros
et en détail von Berlin aus geleitet wurde. Dabei sind wir von
Frankreich gesucht, Fleury bietet mehr als der König mag; unsre

Stimme hat in London und Petersburg das Gewicht, was ihr seit 20 Jahren verloren war; und das acht Monate, nachdem Sie mir die gefährlichste Isolirung wegen unsrer polnischen Politik prophezeiten. Wenn wir jetzt den Großmächten den Rücken drehn, um uns der in dem Netze der Vereinsdemokratie gefangenen Politik der Kleinstaaten in die Arme zu werfen, so wäre das die elendeste Lage, in die man die Monarchie nach Innen und Außen bringen könnte. Wir würden geschoben statt zu schieben; wir würden uns auf Elemente stützen, die wir nicht beherrschen und die uns nothwendig feindlich sind, denen wir uns aber auf Gnade oder Ungnade zu ergeben hätten. Sie glauben, daß in der ‚deutschen öffentlichen Meinung‘, Kammern, Zeitungen 2c. irgend etwas steckt, was uns in einer Unions- oder Hegemonie-Politik stützen und helfen könnte. Ich halte das für einen radicalen Irrthum, für ein Phantasiegebilde. Unsre Stärkung kann nicht aus Kammern- und Preßpolitik, sondern nur aus waffenmäßiger Großmachtspolitik hervorgehn, und wir haben nicht nachhaltiger Kraft genug, um sie in falscher Front und für Phrasen und Augustenburg zu verpuffen. Sie überschätzen die ganze dänische Frage und lassen sich dadurch blenden, daß dieselbe das allgemeine Feldgeschrei der Demokratie geworden ist, die über das Sprachrohr von Presse und Vereinen disponirt und diese an sich mittelmäßige Frage zum Moussiren bringt. Vor zwölf Monaten hieß es zweijährige Dienstzeit, vor acht Monaten Polen, jetzt Schleswig-Holstein. Wie sahn Sie selbst die europäische Lage im Sommer an? Sie fürchteten Gefahren jeder Art für uns und haben in Kissingen kein Hehl gemacht über die Unfähigkeit unsrer Politik; sind denn nun diese Gefahren durch den Tod des Königs von Dänemark plötzlich geschwunden und sollen wir jetzt an der Seite von Pfordten, Coburg und Augustenburg, gestützt auf alle Schwätzer und Schwindler der Bewegungspartei, plötzlich stark genug sein, alle vier Großmächte zu brüskiren, und sind letztre plötzlich so gutmüthig oder so machtlos geworden, daß wir uns dreist in jede Verlegen-

heit stürzen können, ohne etwas von ihnen zu besorgen zu
haben?

Sie nennen es eine ‚wundervolle‘ Politik, daß wir das
Gagern'sche Programm ohne Reichsverfassung hätten verwirklichen
können. Ich sehe nicht ein, wie wir hätten dazu gelangen sollen,
wenn wir im B u n d e mit den Würzburgern, auf deren Unter=
stützung angewiesen, Europa hätten besiegen müssen. Entweder
standen die Regirungen uns ehrlich bei, und der Kampfpreis
war ein Großherzog mehr in Deutschland, der aus Sorge
für seine neue Souveränetät am Bunde gegen Preußen stimmt,
ein Würzburger mehr; oder wir mußten, und das war das Wahr=
scheinlichere, unsern Verbündeten d u r c h eine Reichsverfassung den
Boden unter den Füßen wegziehn und dennoch dabei auf ihre
Treue rechnen. Mißlang das, wie zu glauben, so waren wir
blamirt; gelang es, so hatten wir die Union m i t d e r Reichsver=
fassung.

Sie sprechen von dem Staatencomplex von 70 Millionen mit
einer Million Soldaten, der in compacter Weise Europa trotzen
soll, muthen also Oestreich ein Aushalten auf Tod und Leben
bei einer Politik zu, die Preußen zur Hegemonie führen soll, und
trauen doch dem Staate, der 35 dieser 70 Millionen hat, nicht über
den Weg. Ich auch nicht; aber ich finde es für jetzt richtig, Oest=
reich bei uns zu haben; ob der Augenblick der Trennung kommt
und von wem, das werden wir sehn. Sie fragen: wann in aller
Welt sollen wir denn Krieg führen, wozu die Armeereorganisation?
und Ihre eignen Berichte schildern uns das Bedürfniß Frankreichs,
im Frühjahr Krieg zu haben, die Aussicht auf eine Revolution in
Galizien daneben. Rußland hat 200000 Mann über den polnischen
Bedarf auf den Beinen und kein Geld zu Phantasie=Rüstungen,
muß also muthmaßlich doch auf Krieg gefaßt sein; ich bin es auf
Krieg und mit Revolution combinirt. Sie sagen dann, daß wir
uns dem Kriege garnicht aussetzen; das vermag ich mit Ihren
eignen Berichten aus den letzten drei Monaten nicht in Einklang

zu bringen. Ich bin dabei in keiner Weise kriegsscheu, im Gegen=
theil; bin auch gleichgültig gegen Revolutionär oder Conservativ,
wie gegen alle Phrasen; Sie werden sich vielleicht sehr bald über=
zeugen, daß der Krieg auch in meinem Programme liegt; ich halte
nur Ihren Weg, dazu zu gelangen, für einen staatsmännisch un=
richtigen. Daß Sie dabei im Einverständniß mit Pfordten, Beust,
Dalwigk und wie unsre Gegner alle heißen, sich befinden, macht
für mich die Seite, die Sie vertreten, weder zur revolutionären
noch zur conservativen, aber nicht zur richtigen für Preußen. Wenn
der Bierhaus=Enthusiasmus in London und Paris imponirt, so
freut mich das, es paßt ganz in unsern Kram; deshalb imponirt
er mir aber noch nicht und liefert uns im Kampfe keinen Schuß
und wenig Groschen. Mögen Sie den Londoner Vertrag revo=
lutionär nennen: die Wiener Tractate waren es zehnmal mehr
und zehnmal ungerechter gegen viele Fürsten, Stände und Länder,
das europäische Recht wird eben durch europäische Tractate ge=
schaffen. Wenn man aber an letztre den Maßstab der Moral
und Gerechtigkeit legen wollte, so müßten sie ziemlich alle ab=
geschafft werden.

Wenn Sie statt meiner hier im Amte wären, so glaube ich,
daß Sie sich von der Unmöglichkeit der Politik, die Sie mir heut
empfehlen und als so ausschließlich ‚patriotisch‘ ansehn, daß Sie
die Freundschaft darüber kündigen, sehr bald überzeugen würden.
So kann ich nur sagen: la critique est aisée; die Regirung,
namentlich eine solche, die ohnehin in manches Wespennest hat
greifen müssen, unter dem Beifall der Massen zu tadeln, hat nichts
Schwieriges; beweist der Erfolg, daß die Regirung richtig verfuhr,
so ist von Tadeln nicht weiter die Rede; macht die Regirung
Fiasco in Dingen, die menschliche Einsicht und Wille überhaupt
nicht beherrschen, so hat man den Ruhm, rechtzeitig vorhergesagt
zu haben, daß die Regirung auf dem Holzwege sei. Ich habe
eine hohe Meinung von Ihrer politischen Einsicht; aber ich halte
mich selbst auch nicht für dumm; ich bin darauf gefaßt, daß Sie

sagen, dies sei eine Selbsttäuschung. Vielleicht steigen mein Patrio=
tismus und meine Urtheilskraft in Ihrer Ansicht, wenn ich Ihnen
sage, daß ich mich seit 14 Tagen auf der Basis der Vorschläge
befinde, die Sie in Ihrem Bericht Nro. — machen. Mit einiger
Mühe habe ich Oestreich bestimmt, die holsteinischen Stände zu
berufen, falls wir es in Frankfurt durchsetzen; wir müssen erst
darin sein im Lande. Die Prüfung der Erbfolgefrage am Bunde
erfolgt mit unserm Einverständniß, wenn wir auch mit Rücksicht
auf England nicht dafür stimmen; ich hatte Sydow ohne Instruction
gelassen, er ist zur Ausführung subtiler Instructionen nicht gemacht.

Vielleicht werden noch andre Phasen folgen, die Ihrem Pro=
gramm nicht sehr fern liegen; wie aber soll ich mich entschließen,
mich über meine letzten Gedanken frei gegen Sie auszulassen, nach=
dem Sie mir politisch den Krieg erklärt haben und sich ziemlich
unumwunden zu dem Vorsatz bekennen, das jetzige Ministerium und
seine Politik zu bekämpfen, also zu beseitigen? Ich urtheile dabei
blos nach dem Inhalt Ihres Schreibens an mich und lasse alles
bei Seite, was mir durch Colportage und dritte Hand über Ihre
mündlichen und schriftlichen Auslassungen in Betreff meiner zugeht.
Und doch muß ich als Minister, wenn das Staatsinteresse nicht
leiden soll, gegen den Botschafter in Paris rückhaltlos offen bis
zum letzten Worte meiner Politik sein. Die Friction, welche Jeder
in meiner Stellung mit den Ministern und Räthen, am Hofe, mit
den occulten Einflüssen, Kammern, Presse, den fremden Höfen zu
überwinden hat, kann nicht dadurch vermehrt werden, daß die
Disciplin meines Ressorts einer Concurrenz zwischen dem Minister
und dem Gesandten Platz macht, und daß ich die unentbehrliche
Einheit des Dienstes durch Discussion im Wege des Schriftwechsels
herstelle. Ich kann selten so viel schreiben wie heut in der Nacht
am heiligen Abend, wo alle Beamte beurlaubt sind, und ich würde
an niemanden als an Sie den vierten Theil des Briefes schreiben.
Ich thue es, weil ich mich nicht entschließen kann, Ihnen amtlich
und durch die Bureaus in derselben Höhe des Tones zu schreiben,

bei welchem Ihre Berichte angelangt sind. Ich habe nicht die
Hoffnung, Sie zu überzeugen, aber ich habe das Vertrauen zu Ihrer
eignen dienstlichen Erfahrung und zu Ihrer Unparteilichkeit, daß
Sie mir zugeben werden, es kann nur Eine Politik auf einmal
gemacht werden, und das muß die sein, über welche das Ministerium
mit dem Könige einig ist. Wollen Sie dieselbe und damit das
Ministerium zu werfen suchen, so müssen Sie das hier in der
Kammer und der Presse an der Spitze der Opposition unternehmen,
aber nicht von Ihrer jetzigen Stellung aus; und dann muß ich
mich ebenfalls an Ihren Satz halten, daß in einem Conflict des
Patriotismus und der Freundschaft der Erstre entscheidet. Ich
kann Sie aber versichern, daß mein Patriotismus von so starker
und reiner Natur ist, daß eine Freundschaft, die neben ihm zu
kurz kommt, dennoch eine sehr herzliche sein kann"[1].

II.

Die Abstufungen, welche in der dänischen Frage erreichbar
erschienen und deren jede für die Herzogthümer einen Fortschritt
zum Bessern im Vergleich mit dem vorhandenen Zustande bedeutete,
gipfelten m. E. in der Erwerbung der Herzogthümer für Preußen,
wie ich sofort nach dem Tode Friedrichs VII. in einem Conseil ausgesprochen habe. Ich erinnerte den König daran, daß jeder seiner
nächsten Vorfahren — selbst seinen Bruder nicht ausgenommen —
für den Staat einen Zuwachs gewonnen habe, Friedrich Wilhelm IV. Hohenzollern und das Jahdegebiet, Friedrich Wilhelm III.
die Rheinprovinz, Friedrich Wilhelm II. Polen, Friedrich II.
Schlesien, Friedrich Wilhelm I. Altvorpommern, der Große Kurfürst Hinterpommern und Magdeburg, Minden u. s. w., und er-
munterte ihn, ein Gleiches zu thun. In dem Protokolle fehlte diese

---

[1] Vgl. Bismarck-Jahrbuch V 232 ff. Goltzens Antwort auf diesen Brief
mit Bismarck's Randbemerkungen s. im Bismarck-Jahrbuch V 238 ff.

meine Aeußerung. Der Geh. Rath Costenoble, der die Protokolle zu führen hatte, sagte, von mir zur Rede gestellt, der König hätte gemeint, es würde mir lieber sein, wenn meine Auslassungen nicht protokollarisch festgelegt würden; Seine Majestät schien geglaubt zu haben, daß ich unter bacchischen Eindrücken eines Frühstücks ge= sprochen hätte und froh sein würde, nichts weiter davon zu hören. Ich bestand aber auf der Einschaltung, die auch erfolgte. Der Kronprinz hatte, während ich sprach, die Hände zum Himmel er= hoben, als wenn er an meinen gesunden Sinnen zweifelte; meine Collegen verhielten sich schweigend.

Wäre das höchste Ziel nicht zu erreichen gewesen, so konnten wir trotz aller Augustenburgischen Verzichtleistungen auf die Ein= setzung dieser Dynastie und die Herstellung eines neuen Mittelstaates eingehn, wenn die preußischen und deutsch=nationalen Interessen sichergestellt wurden, die durch das Wesentliche der nachmaligen Februarbedingungen, Militärconvention, Kiel als Bundeshafen und den Nord=Ostsee=Canal, gedeckt waren.

Wäre auch das nach der europäischen Situation und nach dem Willen des Königs nicht zu erreichen gewesen ohne Isolirung Preußens von allen Großmächten einschließlich Oestreichs, so stand zur Frage, auf welchem Wege für die Herzogthümer, sei es in Form der Personalunion oder in einer andern, ein vorläufiger Abschluß er= reichbar bliebe, der immerhin eine Verbesserung der Lage der Herzogthümer hätte sein müssen. Ich habe von Anfang an die Annexion unverrückt im Auge behalten, ohne die andern Abstufungen aus dem Gesichtsfelde zu verlieren. Als die Situation, welche ich absolut glaubte vermeiden zu müssen, betrachtete ich diejenige, welche in der öffentlichen Meinung von unsern Gegnern als Programm aufgestellt war, d. h. den Kampf und Krieg Preußens für die Errich= tung eines neuen Großherzogthums, durchzufechten an der Spitze der Zeitungen, der Vereine, der Freischaaren und der Bundesstaaten außer Oestreich, und ohne die Sicherheit, daß die Bundesregirungen die Sache auf jede Gefahr hin durchführen würden. Dabei hatte die in dieser Richtung entwickelte öffentliche Meinung, auch der Präsident Ludwig von Gerlach, ein kindliches Vertrauen zu dem Beistande, den England dem isolirten Preußen leisten würde. Viel leichter als die englische wäre die französische Genossenschaft zu erlangen gewesen, wenn wir den Preis hätten zahlen wollen, den sie uns voraussichtlich gekostet haben würde. Ich habe nie in der Ueberzeugung geschwankt, daß Preußen, gestützt nur auf die Waffen und Genossen von 1848, öffentliche Meinung, Landtage, Vereine, Freischaaren und die kleinen Contingente in ihrer damaligen Verfassung, sich auf ein hoffnungsloses Beginnen eingelassen und unter den großen Mächten nur Feinde gefunden hätte, auch in England. Ich hätte den Minister als Schwindler und Landesverräther betrachtet, der in die falsche Politik von 1848, 49, 50 zurückgefallen wäre, die uns ein neues Olmütz bereiten mußte. Sobald aber Oestreich mit uns war, schwand die Wahrscheinlichkeit einer Coalition der andern Mächte gegen uns.

Wenn auch durch Landtagsbeschlüsse, Zeitungen und Schützenfeste die deutsche Einheit nicht hergestellt werden konnte, so übte doch der Liberalismus einen Druck auf die Fürsten, der sie zu Concessionen für das Reich geneigter machte. Die Stimmung der Höfe schwankte zwischen dem Wunsche, dem Andringen der Liberalen gegenüber die fürstliche Stellung in particularistischer und autokratischer Sonderpolitik zu befestigen, und der Sorge vor Friedensstörungen durch äußere oder innere Gewalt. An ihrer deutschen Gesinnung ließ keine deutsche Regirung einen Zweifel, doch über die Art, wie die deutsche Zukunft gestaltet werden sollte, stimmten weder die Regirungen noch die Parteien überein. Es ist nicht wahrscheinlich, daß Kaiser Wilhelm als Regent und später als König auf dem Wege, den er zuerst unter dem Einflusse seiner Gemalin mit der neuen Aera betreten hatte, je dahin gebracht worden wäre, das zur Erreichung der Einheit Nothwendige zu thun, indem er dem Bunde absagte und die preußische Armee für die deutsche Sache einsetzte. Auf der andern Seite aber ist es auch nicht wahrscheinlich, daß er ohne seine vorhergehenden Versuche und Bestrebungen in liberaler Richtung, ohne die Verbindlichkeiten, in die er dadurch gerathen war, in die Wege zum dänischen und damit zum böhmischen Kriege hätte geleitet werden können. Vielleicht wäre es nicht einmal gelungen, ihn von dem Frankfurter Fürsten= congreß 1863 fern zu halten, wenn die liberalen Antecedentien nicht ein gewisses Popularitätsbedürfniß in liberaler Richtung auch bei dem Herrn zurückgelassen hätten, das ihm vor Olmütz fremd gewesen, seitdem aber die natürliche psychologische Folge des Ver= langens gewesen war, für die seinem preußischen Ehrgefühl auf dem Gebiete der deutschen Politik geschlagene Wunde auf demselben Gebiete Heilung und Genugthuung zu suchen. Die holsteinische Frage, der dänische Krieg, Düppel und Alsen, der Bruch mit Oest= reich und die Entscheidung der deutschen Frage auf dem Schlacht= felde, in dieses ganze Wagesystem wäre er ohne die schwierige Stellung, in die ihn die neue Aera gebracht hatte, vielleicht nicht eingegangen.

Es kostete freilich noch 1864 viel Mühe, die Fäden zu lösen, durch welche der König unter Mitwirkung des liberalisirenden Ein= flusses seiner Gemalin mit jenem Lager in Verbindung stand. Ohne die verwickelten Rechtsfragen der Erbfolge untersucht zu haben, blieb er dabei: „Ich habe kein Recht auf Holstein." Meine Vorhaltung, daß die Augustenburger kein Recht hätten auf den herzoglichen und den Schaumburgischen Antheil, nie ein solches gehabt und auf den Königlichen Theil zweimal 1721 und 1852 entsagt hätten, daß Dänemark am Bundestage in der Regel mit Preußen gestimmt habe, der Herzog von Schleswig=Holstein aus Furcht vor preußischem Uebergewicht es mit Oestreich halten werde, machte keinen Eindruck. Wenn auch die Erwerbung dieser von zwei Meeren umspülten Provinzen und meine geschichtliche Erinne= rung in der Conseilsitzung vom December 1863 auf das dynastische Gefühl des Herrn nicht ohne Wirkung war, so war auf der andern Seite die Vergegenwärtigung der Mißbilligung wirksam, die der

König, wenn er den Augustenburger aufgab, bei seiner Gemalin, bei dem kronprinzlichen Paare, bei verschiedenen Dynastien und bei denen zu erwarten hatte, welche damals in seiner Auffassung die öffentliche Meinung Deutschlands bildeten.

Die öffentliche Meinung war in den gebildeten Mittelständen Deutschlands ohne Zweifel augustenburgisch, in derselben Urtheils= losigkeit, welche sich früher den Polonismus und später die künstliche Begeisterung für die battenbergische Bulgarei als deutsches National= interesse unterschieben ließ. Die Mache der Presse war in diesen beiden etwas analogen Lagen betrübend erfolgreich und die öffent= liche Dummheit für ihre Wirkung so empfänglich wie immer. Die Neigung zur Kritik der Regirung war 1864 auf der Höhe des Satzes: Nein, er gefällt mir nicht, der neue Bürgermeister. Ich weiß nicht, ob es heut noch Jemanden gibt, der es für vernünftig hielte, wenn nach Befreiung der Herzogthümer aus ihnen ein neues Großherzogthum hergestellt worden wäre, mit Stimmberechtigung am Bundestage und dem sich von selbst ergebenden Berufe, sich vor Preußen zu fürchten und es mit seinen Gegnern zu halten; damals aber wurde die Erwerbung der Herzogthümer für Preußen als eine Ruchlosigkeit von allen denen betrachtet, welche seit 1848 sich als die Vertreter der nationalen Gedanken aufgespielt hatten. Mein Respect vor der sogenannten öffentlichen Meinung, das heißt, vor dem Lärm der Redner und der Zeitungen, war niemals groß gewesen, wurde aber in Betreff der auswärtigen Politik in den beiden oben verglichenen Fällen noch erheblich herabgedrückt. Wie stark die Anschauungsweise des Königs bis dahin von dem landläufigen Liberalismus durch den Einfluß der Gemalin und der Bethmann-Hollwegschen Streberfraction imprägnirt war, beweist die Zähigkeit, mit der er an dem Widerspruch festhielt, in welchem das Oestreichisch-Frankfurter-Augustenburger Programm mit dem preußischen Streben nach nationaler Einheit stand. Logisch be= gründet konnte diese Politik dem König gegenüber unmöglich werden; er hatte sie, ohne eine chemische Analyse ihres Inhalts vorzunehmen, als Zubehör des Altliberalismus vom Standpunkt der frühern Thronfolgerkritik und der Rathgeber der Königin im Sinne von Goltz, Pourtalès u. s. w. überkommen. Ich greife in der Zeit vor, indem ich hier das letzte Lebenszeichen der Wochenblattspartei einschalte, das Schreiben des Herrn von Bethmann-Hollweg an den König vom 15. Juni 1866, dessen Hauptsätze lauten [1]):

„Was Eure Majestät stets gefürchtet und vermieden, was alle Einsichtigen voraussahen, daß ein ernstliches Zerwürfniß mit Oesterreich von Frankreich benutzt werden würde, um sich auf Kosten Deutschlands zu vergrößern (wo?) [2]), liegt jetzt in L. Napoleons ausgesprochenem Programm aller Welt vor Augen.   Die ganzen Rheinlande für die Herzogthümer wäre für ihn kein schlechter Tausch, denn mit den früher beanspruchten petites rectifications des frontières wird er sich gewiß nicht begnügen. Und Er ist der allmächtige Gebieter in Europa!   Gegen den Urheber dieser (unsrer) Politik hege ich keine feindliche Gesinnung.   Ich erinnere mich gerne, daß ich 1848 Hand in Hand mit ihm ging, um den König zu stärken. Im März 1862 rieth ich Eurer Majestät, einen Steuermann von conservativen Antecedentien zu wählen, der Ehrgeiz, Kühnheit und Geschick genug besitze, um das Staatsschiff aus den Klippen, in die es gerathen, herauszuführen, und ich würde Herrn von Bismarck genannt haben, hätte ich geglaubt, daß er mit jenen Eigenschaften die Besonnenheit und Folgerichtigkeit des Denkens und Handelns verbände, deren Mangel der Jugend kaum verziehen wird, bei einem Manne aber für den Staat, den er führt, lebensgefährlich ist.   In der That war des Grafen Bismarck Thun von Anfang an voller Widersprüche.   Von jeher ein entschiedener Vertreter der russisch-französischen Allianz, knüpfte er an die im preußischen Interesse Rußland zu leistende Hilfe gegen den polnischen Aufstand politische Projecte [3]),

---

[1]) Vollständig veröffentlicht in L. Schneider, Aus dem Leben Kaiser Wilhelms I. I 334 ff., auch in Kohl, Bismarck-Regesten I 287 f.

[2]) Randbemerkung von Bismarck's Hand.

[3]) Vergl. Bd. I 309 ff.

die ihm beide Staaten entfremden mußten. Als ihm 1863 mit
dem Tode des Königs von Dänemark eine Aufgabe in den Schooß
fiel, so glücklich, wie sie nur je einem Staatsmanne zu Theil ge=
worden, verschmähte er es, Preußen an die Spitze der einmüthigen
Erhebung Deutschlands (in Resolutionen)[1]) zu stellen, dessen Einigung
unter Preußens Führung sein Ziel war, verband sich vielmehr mit
Oesterreich, dem principiellen Gegner dieses Planes, um später sich
mit ihm unversöhnlich zu verfeinden. Den Prinzen von Augusten=
burg, dem Ew. M. wohlwollten, und von dem damals Alles zu
erhalten war, mißhandelte er *), um ihn bald darauf durch den
Grafen Bernstorff auf der Londoner Conferenz für den Berechtigten
erklären zu lassen. Dann verpflichtet er Preußen im Wiener Frieden,
nur im Einverständniß mit Oesterreich definitiv über die befreiten
Herzogthümer zu disponiren **), und läßt in denselben Einrichtungen
treffen, welche die beabsichtigte ‚Annexion‘ deutlich verkünbigen.

Viele betrachten diese und ähnliche Maßregeln, die stets, weil in
sich widersprechend, in das Gegentheil des Bezweckten umschlugen,
als Fehler der Unbesonnenheit. Andern erscheinen sie als Schritte
eines Mannes, der auf Abenteuer ausgeht, Alles durcheinander=
wirft und es darauf ankommen läßt, was ihm zur Beute wird,
oder eines Spielers, der nach jedem Verlust höher pointirt und
endlich va banque sagt.

Dies Alles ist schlimm, aber noch viel schlimmer in meinen
Augen, daß Graf Bismarck sich in dieser Handlungsweise mit der
Gesinnung und den Zielen seines Königs in Widerspruch setzte
und sein größtes Geschick darin bewies, daß er ihn Schritt für
Schritt dem entgegengesetzten Ziele näher führte, bis die Umkehr
unmöglich schien, während es nach meinem Dafürhalten die erste
Pflicht eines Ministers ist, seinen Fürsten treu zu berathen, ihm die=

─────────

*) Vergl. den Brief des Prinzen vom 11. December 1863, S. 26.
**) Warum nicht: Verpflichtete er Oestreich, nur im Einverständniß mit
Preußen u. s. w.?
[1]) Einschaltung Bismarcks.

Mittel zur Ausführung seiner Absichten darzureichen und vor Allem
deſſen Bild vor der Welt rein zu erhalten. Eurer Majeſtät gerader,
gerechter und ritterlicher Sinn iſt weltbekannt und hat Allerhöchſt=
demſelben das allgemeine Vertrauen, die allgemeine Verehrung zu=
gewendet. Graf Bismarck aber hat es dahin gebracht, daß Eurer
Majeſtät edelſte Worte dem eigenen Lande gegenüber, weil nicht ge=
glaubt, wirkungslos verhallen, und daß jede Verſtändigung mit andern
Mächten unmöglich geworden, weil die erſte Vorbedingung derſelben,
das Vertrauen, durch eine ränkevolle Politik zerſtört worden iſt.
Noch iſt kein Schuß gefallen, noch iſt Verſtändigung unter einer
Bedingung möglich. Nicht die Kriegsrüſtungen ſind einzuſtellen,
vielmehr, wenn es nöthig iſt, zu verdoppeln, um Gegnern, die
unſre Vernichtung wollen, ſiegreich entgegen zu treten oder mit
vollen Ehren aus dem verwickelten Handel herauszukommen. Aber
jede Verſtändigung iſt unmöglich, ſo lange der Mann an Eurer
Majeſtät Seite ſteht, Ihr entſchiedenes Vertrauen beſitzt, der dieſes
Eurer Majeſtät bei allen andern Mächten geraubt hat" [1].

III.

Als der König dieſes Schreiben erhielt, war er ſchon aus der
Verſtrickung der darin wiederholten Argumente frei geworden durch
den Gaſteiner Vertrag vom 14./20. Auguſt 1865. Mit welchen
Schwierigkeiten ich bei den Verhandlungen über dieſen noch zu
kämpfen hatte, welche Vorſicht zu beachten war, zeigt mein nach=
ſtehendes Schreiben an Se. Majeſtät:

"Gaſtein, 1. Auguſt 1865.

Eure Majeſtät wollen mir huldreich verzeihn, wenn eine viel=
leicht zu weit getriebene Sorge für die Intereſſen des allerhöchſten

[1] König Wilhelm eröffnete den Brief erſt in Nikolsburg im Juli 1866;
ſeine Antwort begann: "In Nikolsburg eröffnete ich erſt Ihren Brief, und
Ort und Datum der Antwort wären Antwort genug! 2c."; vgl. Schneider
a. a. O. I 341.

Dienstes mich veranlaßt, auf die Mittheilungen zurückzukommen, welche
Eure Majestät soeben die Gnade hatten mir zu machen. Der Gedanke
einer Theilung auch nur der Verwaltung der Herzogthümer würde,
wenn er im Augustenburgischen Lager ruchbar würde, einen heftigen
Sturm in Diplomatie und Presse erregen, weil man den Anfang
der definitiven Theilung darin erblicken und nicht zweifeln würde,
daß die Landestheile, welche der ausschließlich preußischen Verwaltung
anheimfallen, für Augustenburg verloren sind. Ich glaube mit Eurer
Majestät, daß J. M. die Königin die Mittheilungen geheim halten
werde; wenn aber von Coblenz im Vertrauen auf die verwand-
schaftlichen Beziehungen eine Andeutung an die Königin Victoria,
an die kronprinzlichen Herrschaften, nach Weimar oder nach Baden
gelangte, so könnte allein die Thatsache, daß von uns das Geheimniß, welches ich dem Grafen Blome auf sein Verlangen zu-
sagte, nicht bewahrt worden ist, das Mißtrauen des Kaisers Franz
Joseph wecken und die Unterhandlung zum Scheitern bringen.
Hinter diesem Scheitern steht aber fast unvermeidlich der Krieg mit
Oestreich; Eure Majestät wollen es nicht nur meinem Interesse für
den allerhöchsten Dienst, sondern meiner Anhänglichkeit an Allerhöchstdero Person zu Gute halten, wenn ich von dem Eindrucke beherrscht
bin, daß Eure Majestät in einen Krieg mit einem andern Gefühle
und mit freierem Muthe hineingehn werden, wenn die Nothwendigkeit
dazu sich aus der Natur der Dinge und aus den monarchischen
Pflichten ergiebt, als wenn der Hintergedanke Raum gewinnen kann,
daß eine vorzeitige Kundwerdung der beabsichtigten Lösung den
Kaiser abgehalten habe, zu dem letzten für Eure Majestät annehmbaren Auskunftsmittel die Hand zu bieten. Vielleicht ist meine Sorge
thöricht und selbst wenn sie begründet wäre und Eure Majestät darüber
hinweggehn wollten, so würde ich denken, daß Gott Eurer Majestät Herz
lenkt, und meinen Dienst deshalb nicht minder freudig thun, aber
zur Wahrung des Gewissens doch ehrfurchtsvoll anheimgeben, ob
Eure Majestät mir nicht befehlen wollen, den Feldjäger telegraphisch
von Salzburg zurückzurufen. †) Die äußere Veranlassung dazu könnte

die ministerielle Expedition bieten, und es könnte morgen ein andrer an seiner Statt oder derselbe rechtzeitig abgehn. Eine Abschrift dessen, was ich an Werther über die Verhandlung mit Graf Blome telegraphirt habe, lege ich alleruntertänigst bei. Zu Eurer Majestät bewährter Gnade habe ich das ehrfurchtsvolle Vertrauen, daß Aller=höchstdieselben, wenn Sie meine Bedenken nicht gutheißen, deren Geltendmachung dem aufrichtigen Streben verzeihn wollen, Eurer Majestät nicht nur pflichtmäßig, sondern auch zu Allerhöchstdero persönlicher Befriedigung zu dienen."

An der mit †) bezeichneten Stelle dieses Schreibens hat der König an den Rand geschrieben:

"Einverstanden. — Ich that der Sache deshalb Erwähnung, weil in den letzten 24 Stunden ihrer nicht mehr Erwähnung ge=schah, und ich sie als ganz aus der Combination fallengelassen ansah, nachdem die wirkliche Trennung und Besitzergreifung an die Stelle getreten war. Durch meine Mittheilung an die Königin wollte ich den Uebergang dereinst anbahnen zur Besitzergreifung, die sich nach und nach aus der Administrations=Theilung entwickelt hätte. Indessen dies kann ich auch später so darstellen, wenn die Eigenthumstheilung wirklich erfolgt, an die ich noch immer nicht glaube, da Oesterreich zu stark zurückstecken muß, nachdem es sich für Augustenburg und gegen Besitznahme, wenn freilich die ein=seitige, zu sehr avancirte.   W."[1]

Nach dem Gasteiner Vertrage und der Besitznahme von Lauen=burg, der ersten Mehrung des Reichs unter König Wilhelm, fand meiner Wahrnehmung nach ein psychologischer Wandel in seiner Stimmung, ein Geschmackfinden an Eroberungen statt, aber doch mit vorwiegender Befriedigung darüber, daß dieser Zuwachs, der Hafen von Kiel, die militärische Stellung in Schleswig und das Recht,

---

[1] Bismarck=Jahrbuch VI 202 f.

einen Canal durch Holstein zu bauen, in Friede und Freundschaft
mit Oestreich gewonnen worden war.

Ich denke mir, daß das Verfügungsrecht über den Kieler Hafen
bei Sr. Majestät schwerer in das Gewicht gefallen ist, als der
Eindruck der neuerworbenen freundlichen Landschaft von Ratzeburg
mit seinem See. Die deutsche Flotte, und der Kieler Hafen als
Unterlage ihrer Errichtung, war seit 1848 einer der zündenden
Gedanken gewesen, an deren Feuer die deutschen Einheitsbestrebungen
sich zu erwärmen und zu versammeln pflegten. Einstweilen aber
war der Haß meiner parlamentarischen Gegner stärker als das
Interesse für die deutsche Flotte, und es schien mir, daß die Fort=
schrittspartei damals die neuerworbenen Rechte Preußens auf Kiel
und die damit begründete Aussicht auf unsre maritime Zukunft
lieber in den Händen des Auctionators Hannibal Fischer, als in
denen des Ministeriums Bismarck gesehn hätte¹). Das Recht zu
Klagen und Vorwürfen über die Vernichtung deutscher Hoffnungen
durch diese Regirung hätte den Abgeordneten größere Befriedigung
gewährt als der gewonnene Fortschritt auf dem Wege zu ihrer
Erfüllung. Ich schalte einige Stellen aus der Rede ein, welche
ich am 1. Juni 1865 für den außerordentlichen Geldbedarf der
Marine gehalten habe²).

„Es hat wohl keine Frage die öffentliche Meinung in Deutsch=
land in den letzten 20 Jahren so einstimmig interessirt, wie
grade die Flottenfrage. Wir haben gesehn, daß die Vereine, die
Presse, die Landtage ihren Sympathien Ausdruck gaben, diese
Sympathien haben sich in Sammlung von verhältnißmäßig recht
bedeutenden Beträgen bethätigt. Den Regirungen, der conser=
vativen Partei wurden Vorwürfe gemacht über die Langsamkeit
und über die Kargheit, mit der in dieser Richtung vorgegangen
würde; es waren besonders die liberalen Parteien, die dabei thätig

¹) Vgl. die Rede vom 1. Juni 1865, Politische Reden II 356.
²) Politische Reden a. a. O. S. 355 ff.

waren. Wir glaubten deshalb, Ihnen eine rechte Freude mit dieser
Vorlage zu machen.

Ich war nicht darauf gefaßt, in dem Bericht der Commission
eine indirecte Apologie Hannibal Fischers zu finden, der die deutsche
Flotte unter den Hammer brachte. Auch diese deutsche Flotte
scheiterte daran, daß in den deutschen Gebieten, ebenso in den
höhern, regirenden Kreisen, wie in den niedern die Parteileiden=
schaft mächtiger war, als der Gemeinsinn. Ich hoffe, daß der
unsrigen dasselbe nicht beschieden sein wird. Ich war einigermaßen
überrascht ferner darüber, daß dem Gebiete der Technik ein so
großer Raum in dem Berichte angewiesen war. Ich zweifle nicht
daran, daß es viele unter Ihnen giebt, die vom Seewesen mehr
verstehn als ich, und mehr zur See gewesen sind als ich, die Mehr=
zahl unter Ihnen, meine Herrn, ist es aber nicht, und doch muß
ich sagen, ich würde mir nicht getrauen, über technische Details
der Marine ein Urtheil zu fällen, welches meine Abstimmung
motiviren, welches mir Motive zur Verwerfung einer Marine=
vorlage geben könnte. Ich kann mich deshalb auch mit der Wider=
legung dieses Theils Ihrer Einwendungen nicht beschäftigen.
Ihre Zweifel, ob es mir gelingen wird, Kiel zu erwerben, berührt
mein Ressort näher. Wir besitzen in den Herzogthümern mehr als
Kiel, wir besitzen die volle Souveränetät in den Herzogthümern in
Gemeinschaft mit Oestreich, und ich wüßte nicht, wer uns dieses
Pfand, das dem von uns erstrebten Object an Werth so viel über=
legen ist, nehmen könnte anders, als durch einen für Preußen
unglücklichen Krieg. Fassen wir aber diese Eventualität in's Auge,
so können wir jeden in unserm Besitz befindlichen Hafen ebenso
gut verlieren. Unser Besitz ist ein gemeinsamer, das ist wahr, mit
Oestreich. Nichtsdestoweniger ist er ein Besitz, für dessen Auf=
gebung wir berechtigt sein würden, unsre Bedingungen zu stellen.
Eine dieser Bedingungen, und zwar eine der ganz unerläßlichen,
ohne deren Erfüllung wir diesen Besitz nicht aufgeben wollen, ist
das künftige alleinige Eigenthum des Kieler Hafens für Preußen. . . .

Angesichts der Rechte, die sich in unsern Händen und in denen Oestreichs befinden und die unantastbar sind, so lange nicht einem der Herrn Prätendenten es gelingt, zu unsrer Ueberzeugung ein besseres Recht als das auf uns übergegangene des Königs Christian IX. von Dänemark nachzuweisen, angesichts der Rechte, welche in voller Souveränetät von uns und Oestreich besessen werden, sehe ich nicht ein, wie uns die schließliche Erfüllung unsrer Bedingungen entgehn sollte, sobald wir nur nicht die Geduld verlieren, sondern ruhig abwarten, ob sich Jemand findet, der es unternimmt, Düppel zu belagern, wenn die Preußen darin sind.

Zweifeln Sie dennoch an der Möglichkeit, unsre Absichten zu verwirklichen, so habe ich schon in der Commission ein Auskunftsmittel empfohlen: limitiren Sie die Anleihe dahin, daß die erforderlichen Beträge nur dann zahlbar sind, wenn wir wirklich Kiel besitzen, und sagen Sie: „Kein Kiel, kein Geld!' Ich glaube, daß Sie andern Ministern als denen, die jetzt die Ehre haben, sich des Vertrauens Sr. Majestät des Königs zu erfreuen, eine solche Bedingung nicht abschlagen würden.

Das Vertrauen der Bevölkerung zur Weisheit des Königs ist groß genug, daß sie sich sagt, sollte das Land dabei (durch Einführung der zweijährigen Dienstzeit) zu Grunde gehn oder in Schaden kommen, so wird es ja der König nicht leiden. Die Leute unterschätzen eben die Bedeutung der Verfassung in Folge der frühern Traditionen. Ich bin überzeugt, daß ihr in die Weisheit des Königs gesetztes Vertrauen sie nicht täuschen wird; aber ich kann doch nicht leugnen, daß es mir einen peinlichen Eindruck macht, wenn ich sehe, daß angesichts einer großen nationalen Frage, die seit 20 Jahren die öffentliche Meinung beschäftigt hat, diejenige Versammlung, die in Europa für die Concentration der Intelligenz und des Patriotismus in Preußen gilt, zu keiner andern Haltung, als zu der einer impotenten Negative sich erheben kann. Es ist dies, meine Herrn, nicht die Waffe, mit der Sie dem Königthum das Scepter aus der Hand winden werden, es ist auch nicht das

Mittel, durch das es Ihnen gelingen wird, unsern constitutionellen Einrichtungen diejenige Festigkeit und weitere Ausbildung zu geben, deren sie bedürfen." —

Die Forderung für die Marine wurde abgelehnt.

Es liegt im Rückblick auf diese Situation ein bedauerlicher Beweis, bis zu welchem Maße von Unehrlichkeit und Vaterlands= losigkeit die politischen Parteien bei uns auf dem Wege des Parteihaffes gelangen. Es mag Aehnliches anderswo vorgekommen sein, doch weiß ich kein Land, wo das allgemeine Nationalgefühl und die Liebe zum Gesammtvaterlande den Ausschreitungen der Parteileidenschaft so geringe Hindernisse bereitet wie bei uns. Die für apokryph gehaltene Aeußerung, welche Plutarch dem Cäsar in den Mund legt, lieber in einem elenden Gebirgsdorfe der Erste, als in Rom der Zweite sein zu wollen, hat mir immer den Ein= druck eines ächt deutschen Gedankens gemacht. Nur zu viele unter uns denken im öffentlichen Leben so und suchen das Dörfchen, und wenn sie es geographisch nicht finden können, die Fraction, resp. Unterfraction und Coterie, wo sie die Ersten sein können. Diese Sinnesrichtung, die man nach Belieben Egoismus oder Unabhängig= keit nennen kann, hat in der ganzen deutschen Geschichte von den rebellischen Herzogen der ersten Kaiserzeiten bis auf die unzähligen reichsunmittelbaren Landesherrn, Reichs = Städte, Reichs = Dörfer, =Abteien und =Ritter und die damit verbundene Schwäche und Wehrlosigkeit des Reiches ihre Bethätigung gefunden. Einstweilen findet sie im Parteiwesen, welches die Nation zerklüftet, stärkern Ausdruck als in der rechtlichen oder dynastischen Zerrissenheit. Die Parteien scheiden sich weniger durch Programme und Prinzipien als durch die Personen, welche als Condottieri an der Spitze einer jeden stehn und für sich eine möglichst große Gefolgschaft von Abgeordneten und publicistischen Strebern anzuwerben suchen, die hoffen, mit dem Führer oder den Führern zur Macht zu gelangen. Prinzipielle programmatische Unterschiede, durch welche die Fractionen zu Kampf und Feindschaft gegen einander genöthigt würden, liegen

nicht in einer Stärke vor, die hinreichte, um die leidenschaftlichen
Kämpfe zu motiviren, welche die Fractionen gegen einander glauben
ausfechten zu müssen und Conservative und Freiconservative in
getrennte Lager verweisen. Auch innerhalb der conservativen Partei
haben wohl viele das Gefühl, daß sie mit der Kreuzzeitung und
ihrem Zubehör nicht im Einverständnisse sind. Aber die prinzipielle Scheidelinie in einem Programme zu präcisiren und über-
zeugend auszudrücken, würden auch die Führer und Unterführer
für eine schwere Aufgabe halten, grade so wie confessionelle Fanatiker, und nicht blos Laien, in der Regel der Nothwendigkeit ausweichen, oder die Auskunft schuldig bleiben, wenn man sie nach
den unterscheidenden Merkmalen der verschiedenen Bekenntnisse und
Glaubensrichtungen und nach dem Schaden fragt, welchen sie für
ihr Seelenheil befürchten, wenn sie eine der Abweichungen des
Andersgläubigen nicht angriffsweise bekämpfen. So weit die Parteien sich nicht lediglich nach wirthschaftlichen Interessen gruppiren,
kämpfen sie im Interesse der rivalisirenden Führer der Fractionen
und nach deren persönlichem Willen und Streberthum; nicht Verschiedenheit von Prinzipien, sondern „Kephisch oder Paulinisch?" ist
die Frage.

Ein Andenken an den Gasteiner Vertrag ist das nachstehende
Schreiben des Königs[1]):

„Berlin, den 15. September 1865.
Mit dem heutigen Tage vollzieht sich ein Act, die Besitzergreifung des Herzogthums Lauenburg, als eine Folge meiner,
von Ihnen mit so großer und ausgezeichneter Umsicht und Einsicht
befolgten Regierung. Preußen hat in den vier Jahren, seit welchen
ich Sie an die Spitze der Staats-Regierung berief, eine Stellung
eingenommen, die seiner Geschichte würdig ist und demselben auch
eine fernere glückliche und glorreiche Zukunft verheißt. Um Ihrem

---

[1]) Bismarck-Jahrbuch VI 203 f.

hohen Verdienste, dem ich so oft Gelegenheit hatte, meinen Dank auszusprechen, auch einen öffentlichen Beweis desselben zu geben, erhebe ich Sie hiermit mit Ihrer Descendenz in den Grafen Stand, eine Auszeichnung, welche auch immerhin beweisen wird, wie hoch ich Ihre Leistungen um das Vaterland zu würdigen mußte.

Ihr

Wohlgeneigter König
Wilhelm."

IV.

Die Verhandlungen zwischen Berlin und Wien, zwischen Preußen und den übrigen deutschen Staaten, welche die Zeit von dem Gasteiner Vertrage bis zum Ausbruch des Krieges ausfüllten, sind actenmäßig bekannt. In Süddeutschland tritt Streit und Kampf mit Preußen zum Theil hinter deutsch-patriotische Gefühle zurück; in Schleswig-Holstein beginnen diejenigen, deren Wünsche nicht in Erfüllung gingen, sich mit der neuen Ordnung der Dinge aus- zusöhnen; nur die Welfen werden des Federkrieges über die Ereig- nisse von 1866 nicht müde.

Die unvortheilhafte Gestaltung, die Preußen auf dem Wiener Congreß als Lohn seiner Anstrengungen und Leistungen davon getragen hatte, war nur haltbar, wenn wir mit den zwischen beide Theile der Monarchie eingeschobenen Staaten des alten Bünd- nisses aus dem siebenjährigen Kriege sicher waren. Ich bin lebhaft bemüht gewesen, Hanover und den mir befreundeten Grafen Platen dafür zu gewinnen, und es war alle Aussicht vorhanden, daß wenig- stens ein Neutralitätsvertrag zu Stande kommen werde, als am 21. Januar 1866 Graf Platen in Berlin mit mir über die Ver- heirathung der hanöverschen Prinzessin Friederike mit unserm jungen Prinzen Albrecht verhandelte, und wir das Einverständniß beider Höfe so weit zu Stande brachten, daß nur noch eine per- sönliche Begegnung der jungen Herrschaften vorbehalten wurde, um deren gegenseitigen Eindruck festzustellen.

Aber schon im März oder April fing man in Hanover unter fadenscheinigen Vorwänden an, Reserven einzuberufen. Es hatten Einflüsse auf den König Georg stattgefunden, namentlich durch seinen Halbbruder, den östreichischen General Prinzen Solms, der nach Hanover gekommen war und den König umgestimmt hatte durch übertriebene Schilderung der östreichischen Heereskräfte, von denen 800 000 Mann bereit seien, und wie ich aus intimen hanöverschen Quellen vernommen habe, auch durch ein Erbieten von territorialer Vergrößerung, mindestens durch den Regirungs= Bezirk Minden. Meine amtlichen Anfragen bezüglich der Rüstungen Hanovers wurden mit der fast höhnisch klingenden Auskunft beant= wortet, daß die Herbstübungen aus wirthschaftlichen Gründen schon im Frühjahr abgehalten werden sollten [1]).

Mit dem Thronfolger in Kur=Hessen, Prinzen Friedrich Wil= helm, hatte ich in Berlin noch am 14. Juni eine Besprechung [2]), in der ich ihm empfahl, mit einem Extrazuge nach Kassel zu fahren und die Neutralität Kurhessens oder doch der dortigen Truppen sicher zu stellen, sei es durch Beeinflussung des Kurfürsten, sei es unabhängig von diesem. Der Prinz weigerte sich früher als mit dem fahrplanmäßigen Zuge zu reisen. Ich stellte ihm vor, er würde dann zu spät kommen, um den Krieg zwischen Preußen und Hessen zu hindern und den Fortbestand des Kurstaats zu sichern. Wenn die Oestreicher siegten, so würde er immer vis major gel= tend machen können, seine neutrale Haltung ihm sogar vielleicht preußische Landestheile einbringen; wenn wir aber siegten, nachdem er sich geweigert, neutral zu bleiben, so würde der Kurstaat nicht fortbestehn; der hessische Thron sei immer einen Extrazug werth. Der Prinz machte der Unterredung ein Ende mit den Worten: „Wir sehn uns wohl noch einmal in diesem Leben wieder, und 800 000 gute östreichische Truppen haben auch noch ein Wort

---

[1]) Vgl. Politische Reden IV 137.
[2]) Vgl. Sybel IV 439 Anm. 1

mitzureden." Hatte doch auch die von dem Könige noch aus Horſitz
am 6. und aus Pardubitz am 8. Juli in dem freundſchaftlichſten
Tone an den Kurfürſten gerichtete Aufforderung, ein Bündniß mit
Preußen zu ſchließen und ſeine Truppen aus dem feindlichen Lager
zurückzurufen, keinen Erfolg.

Auch der Erbprinz von Auguſtenburg hatte durch Ablehnung
der ſogenannten Februarbedingungen den günſtigen Moment ver-
ſäumt. Von welfiſcher Seite [1]) iſt neuerdings folgende Verſion
verbreitet worden: Der Verfaſſer behauptet, von dem Prinzen erfahren zu haben, daß derſelbe ſich in einer Audienz bei dem Könige
Wilhelm zu den geforderten Zugeſtändniſſen verpflichtet, der König
ihm die Einſetzung als Herzog zugeſichert und die formelle Erledigung durch den Miniſterpräſidenten auf den nächſten Tag zu-
geſagt habe. Ich hätte mich am folgenden Tage bei dem Prinzen
eingeſtellt, ihm aber geſagt, mein Wagen hielte vor der Thüre, ich
müſſe in dieſem Augenblicke nach Biarritz zum Kaiſer Napoleon
reiſen, der Prinz ſei aufgefordert worden, einen Bevollmächtigten
in Berlin zurückzulaſſen, und nicht wenig erſtaunt geweſen, am
nächſten Tage in den Berliner Zeitungen zu leſen, daß er die
preußiſchen Vorſchläge abgelehnt habe.

Es iſt das eine plumpe Erfindung, in der Hauptſache und in
allen Einzelheiten. Die Verhandlungen mit dem Erbprinzen ſind
von Sybel [2]) nach den Acten dargeſtellt; ich habe dazu aus meiner
Erinnerung und meinen Papieren Einiges nachzutragen. Der König
iſt niemals mit dem Erbprinzen einig geweſen; ich war nie in des
Letztern Wohnung und habe ihm gegenüber nie die Namen Biarritz
und Napoleon ausgeſprochen; ich bin 1864 am 1. October nach
Baden, von dort am 5. nach Biarritz, 1865 am 30. September
direct dorthin gereiſt und 1863 garnicht in Biarritz geweſen. Eine

---

[1]) Erinnerungen und Erlebniſſe des Generalmajor Dammers (Hannover
1890) S. 94 f.
[2]) Bd. III 337 f.

Unterredung mit ihm habe ich zweimal gehabt; auf die erste (am 18. November 1863) bezieht sich sein nachstehender Brief[1]):

„Ew. Excellenz wollen mir erlauben, daß ich mich in einigen Zeilen an Sie wende, die veranlaßt sind durch einen Artikel, den No. 282 der Kreuzzeitung [vom 3. December] bringt, und von welchem ich erst nachträglich Kenntniß erhalten habe. In diesem Artikel wird u. A. von mir berichtet, ich habe einem Deputirten gegenüber die Aeußerung gethan, ‚Herr von Bismarck sei mein Freund nicht'. Den Wortlaut dessen, was ich bei jener Gelegen=heit gesagt habe, vermag ich nicht anzugeben, da es sich hier um eine in der Conversation gefallene Aeußerung handelt. Es ist recht wohl möglich, daß ich mein Bedauern darüber ausgesprochen habe, daß Ew. Excellenz politische Anschauungen über die gegenwärtige Lage der schleswig=holsteinschen Angelegenheit nicht mit den meinigen übereinstimmen, wie ich keinen Anstand genommen habe, dies Ihnen selbst gegenüber bei meiner letzten Anwesenheit in Berlin offen auszusprechen. Ich bin mir jedoch vollkommen bewußt, daß ich die in der Zeitung referirte Aeußerung nicht gethan habe, da ich mir stets zur festen Regel gemacht habe, das Politische von dem Per=sönlichen zu trennen. Ich bedauere daher aufrichtig, daß eine solche Nachricht ihren Weg in die Zeitungen gefunden hat.

Ich habe mich umsomehr verpflichtet gefühlt, mit dieser Er=klärung nicht zurückzuhalten, je mehr ich die loyale Weise anerkennen muß, in welcher Ew. Excellenz mir in Berlin offen sagten, daß Sie zwar persönlich von meinem Rechte überzeugt seien und es billigten, wenn ich suchte meinem Rechte Geltung zu verschaffen, daß Sie je=doch in Berücksichtigung der von Preußen eingegangenen Verbind=lichkeiten, sowie der allgemeinen Weltlage mir keine Versprechungen zu machen vermöchten.

Mit 2c. 2c.

Gotha, den 11. Dec. 63.　　　　　　　　　Friedrich."

_____

[1]) Bismarck=Jahrbuch V 256.

Am 16. Januar 1864 schrieb mir Seine Majestät[1]):

„Mein Sohn kam heute Abend noch zu mir, um mir die Bitte des Erbprinzen von Augustenburg vorzutragen, aus den Händen des Herrn Samwer ein Schreiben desselben entgegenzunehmen, und ob ich nicht dieserhalb seine Soirée besuchen wolle, wo ich ganz unbemerkt den pp. S. in einem abgelegenen Zimmer finden könne. Ich lehnte dies ab, bis ich den Brief des Prinzen gelesen haben würde, weshalb ich meinem Sohn aufgab, mir denselben zuzusenden. Dies ist geschehen und lege ich den Brief hier bei[2]). Er enthält nichts Verfängliches außer am Schluß, wo er mich fragt, ob ich dem pp. S. nicht einige Hoffnung geben könne? Vielleicht könnten Sie mir eine Antwort morgen noch fertigen lassen, die ich dem pp. S. mitgeben kann[3]). Wenn ich ihn incognito bei meinem Sohne doch noch sehen wollte, so könnte ich ihm keine andere Hoffnung geben, als die, welche in der Punctation[4]) angedeutet sind, d. h., daß man nach dem Siege sehen würde, welche neue Basen für die Zukunft aufzustellen wären, und den Ausspruch in F. a/M. über die Succession abzuwarten.   B."

Und am 18. Januar[5]):

„Ich berichte Ihnen, daß ich mich doch entschloß, den Samwer bei meinem Sohn zu sehen ungefähr 6—10 Minuten in dessen Gegenwart[6]). Ich sprach ihm ganz im Sinne der projectirten Antwort[7]), aber noch etwas kühler und sehr ernst. Vor Allem sagte

---

[1]) Bismarck-Jahrbuch V 254 f.

[2]) Veröffentlicht in Jansen-Samwer, Schleswig-Holsteins Befreiung S. 695 Beil. 11.

[3]) S. dieses von Bismarck verfaßte Schreiben des Königs vom 18. Januar bei Jansen-Samwer S. 601 f. Beil. 13.

[4]) Am 16. Januar von Rechberg und Werther unterzeichnet.

[5]) Bismarck-Jahrbuch V 255.

[6]) Ueber den Verlauf der Unterredung berichtet die Aufzeichnung Samwer's a. a. O. 696 ff. Beil. 12.

[7]) Des Schreibens vom 18., das im Entwurfe dem Könige am 17. vorgelegt worden ist.

ich bestimmt, daß der Prinz keinen Falls nach Schleswig ein=
fallen dürfe.   W."

In einer Denkschrift vom 26. Februar 1864 bezeichnete der
Kronprinz folgende Forderungen Preußens als sachlich begründet[1]):
Rendsburg Bundesfestung, Kiel eine preußische Marinestation, Bei=
tritt zum Zollverein, Bau eines Canals zwischen beiden Meeren
und eine Militär= und Marine-Convention mit Preußen; er hegte
die Hoffnung, daß der Erbprinz bereitwillig darauf eingehn werde.

Nachdem die preußischen Bevollmächtigten am 28. Mai 1864 auf
der Londoner Conferenz die Erklärung abgegeben hatten, daß die
deutschen Mächte die Constituirung Schleswig-Holsteins als eines
selbständigen Staates unter der Souveränetät des Erbprinzen von
Augustenburg begehrten, hatte ich mit dem Letztern am 1. Juni
1864, Abends von 9 bis 12 Uhr, in meiner Wohnung eine Be=
sprechung, um festzustellen, ob ich dem Könige zur Vertretung
seiner Candidatur rathen könne. Die Unterredung drehte sich haupt=
sächlich um die von dem Kronprinzen in der Denkschrift vom
26. Februar bezeichneten Punkte. Die Erwartung Seiner König=
lichen Hoheit, daß der Erbprinz bereitwillig darauf eingehn würde,
fand ich nicht bestätigt. Die Substanz der Erklärungen des Letztern
ist von Sybel nach den Acten gegeben[2]). Am lebhaftesten widersprach
er den Landabtretungen behufs der Anlage von Befestigungen; sie
könnten sich ja auf eine Quadratmeile belaufen, meinte er. Ich
mußte unsre Forderung als abgelehnt, eine weitere Verhandlung
als aussichtslos betrachten, auf die der Prinz hinzudeuten schien,
indem er beim Abschiede sagte: „Wir sehn uns wohl noch" —

---

[1]) Sie fußt auf dem Schreiben des Erbprinzen Friedrich vom 19. Febr.
1864, bei Jansen-Samwer S. 705 ff.

[2]) Sybel III 337 ff.; zu vergleichen sind der Bericht Bismarck's über
diese Unterredung im Staatsanzeiger vom 2. Juli 1865, sowie die Aeuße=
rungen in den Reden vom 13. Juni 1865 und 20. December 1866, Politische
Reden III 387. 389, IV 102 ff.; das Referat des Herzogs in Jansen-Samwer
S. 731 (vgl. S. 336 ff.).

nicht in dem drohenden Sinne, in welchem Prinz Friedrich von
Hessen zwei Jahre später mit dieselben Worte sagte, sondern als
Ausdruck seiner Unentschiedenheit. Wiedergesehn habe ich den Erb=
prinzen erst am Tage nach der Schlacht von Sedan in bairischer
Generalsuniform. Nachdem am 30. October 1864 der Friede mit
Dänemark geschlossen war, wurden die Bedingungen formulirt,
unter denen wir die Bildung eines neuen Staates Schleswig=Hol=
stein nicht als eine Gefahr für die Interessen Preußens und Deutsch=
lands ansehn würden. Unter dem 22. Februar 1865 wurden sie
nach Wien mitgetheilt. Sie deckten sich mit den vom Kronprinzen
empfohlnen.

V.

Eine der Anlagen, zu denen ich die Berechtigung gefordert
hatte, ist nach langem Zögern jetzt [1]) in der Ausführung begriffen:
der Nord=Ostsee=Canal. Im Interesse der deutschen Seemacht, die
damals nur unter preußischem Namen entwicklungsfähig war, hatte
ich, und nicht ich allein, einen hohen Werth auf die Herstellung des
Canals und den Besitz und die Befestigung seiner beiden Mün=
dungen gelegt. Das Verlangen, die Concentrirung der Streit=
kräfte zur See vermittelst Durchbrechung der Landstrecke, die
beide Meere trennt, möglich zu machen, war in Nachwirkung des
beinahe krankhaften Flottenenthusiasmus von 1848 noch sehr leb=
haft, schlief aber zeitweise ein, als wir freie Verfügung über das
Territorium erworben hatten. In meinem Bemühn, das Interesse
wieder zu erwecken, stieß ich auf Widerspruch bei der Landes=
vertheidigungs=Commission, deren Vorsitzender der Kronprinz, deren
eigentliche Spitze der Graf Moltke war. Letzterer erklärte als Mit=
glied des Reichstags am 23. Juni 1873 [2]), der Canal werde nur im

---

[1]) D. h. zur Zeit der Niederschrift dieser Erinnerungen 1891/92.
[2]) Moltke's Reden. Werke VII 25 ff.

Sommer benützbar und von zweifelhaftem militärischen Werthe sein;
für 40 bis 50 Millionen Thaler, die er kosten werde, baue man
besser eine zweite Flotte. Die Gründe, die mir in der Bewerbung
um die königliche Entscheidung entgegen gesetzt wurden, hatten ihr
Gewicht mehr in dem großen Ansehn, das die militärischen
Kreise bei Sr. Majestät genossen, als in ihrem materiellen Inhalt; sie gipfelten in dem Argument, daß ein so kostspieliges Werk
wie der Canal zu seinem Schutze im Kriege eine Truppenmasse
erfordern würde, die wir der Landarmee nicht ohne Schaden
entziehn könnten. Es wurde die Ziffer von 60 000 Mann angegeben, die im Falle eines dänischen Anschlusses an feindliche
Landungen zum Schutze des Canals verfügbar gehalten werden
müßten. Ich wandte dagegen ein, daß wir Kiel mit seinen Anlagen, Hamburg und den Weg von dort nach Berlin immer
würden decken müssen, auch wenn kein Canal vorhanden sei. Unter
der Last des Uebermaßes andrer Geschäfte und den mannich-
fachen Kämpfen der siebziger Jahre konnte ich nicht die Kraft und
Zeit aufwenden, um den Widerstand der genannten Behörde vor
dem Kaiser zu überwinden; die Sache blieb in den Acten liegen.
Ich schreibe den Widerstand mehr der militärischen Eifersucht zu,
mit der ich 1866, 1870 und später Kämpfe zu bestehn hatte, die
meinem Gemüthe peinlicher gewesen sind als die meisten andern.

Bei meinem Bemühn, die Zustimmung des Kaisers zu gewinnen, hatte ich weniger die handelspolitischen Vortheile, als die
ihm mehr eingänglichen militärischen Erwägungen in den Vordergrund gestellt. Die holländische Kriegsmarine hat den Vortheil,
Canäle im Binnenlande benutzen zu können, die den größten
Schiffen den Durchgang gestatten. Unser analoges Bedürfniß einer
Canalverbindung wird durch das Vorhandensein der dänischen Halb-
insel und die Vertheilung unsrer Flotte auf zwei getrennten Meeren
wesentlich gesteigert. Wenn unsre gesammte Flotte aus dem Kieler
Hafen, der Elbmündung und eventuell, bei Verlängerung des Canals,
der Jahde ausfallen kann, ohne daß ein blockirender Feind es vor-

her weiß, so ist der letztre genöthigt, in jedem der beiden Meere ein unsrer ganzen Flotte äquivalentes Geschwader zu unterhalten. Aus diesen und andern Gründen war ich der Meinung, daß die Herstellung des Canals unsrer Küstenvertheidigung nützlicher sein würde, als die Verwendung der Canalkosten auf Festungsbau und Mehranschaffung von Schiffen, für deren Bemannung wir nicht über unbegrenzte Kräfte verfügen. Mein Wunsch war, den Canal von der Niederelbe in westlicher Richtung so weit fortzusetzen, daß die Wesermündung, die Jahde und eventuell auch die Emsmündung zu Ausfallpforten, welche der blockirende Feind zu beobachten hätte, hergerichtet würden. Die westliche Fortsetzung des Canals wäre verhältnißmäßig weniger kostspielig, als die Durchschneidung des holsteinischen Landrückens, da sich Linien von gleichmäßigem Niveau darbieten, auch zur Umgehung der hohen Geest an der Landspitze zwischen der Weser und der Elbemündung.

Im Hinblick auf eine, voraussichtlich französische, Blockade war bisher die Deckung Helgolands durch die englische Neutralität für uns nützlich; ein französisches Geschwader konnte daselbst kein Kohlendepot haben, sondern war genöthigt, zur Beschaffung des Kohlenbedarfs in bestimmten, nicht zu langen Zeiträumen nach französischen Häfen zurückzukehren oder eine große Anzahl von Frachtschiffen hin= und hergehn zu lassen. Jetzt haben wir den Felsen mit eigner Kraft zu vertheidigen, wenn wir verhindern wollen, daß die Franzosen im Falle des Krieges sich daselbst fest= setzen. Welche Gründe um das Jahr 1885 den Widerstand der Landesvertheidigungs=Commission abgeschwächt haben, weiß ich nicht; vielleicht hatte Graf Moltke sich inzwischen überzeugt, daß der Gedanke eines deutsch=dänischen Bündnisses, mit dem er sich früher getragen hatte, unausführbar sei.

Zwanzigstes Kapitel.

Nikolsburg.

I.

Am 30. Juni 1866 Abends traf Seine Majestät mit dem Hauptquartier in Reichenberg ein. Die Stadt von 28,000 Einwohnern beherbergte 1800 östreichische Gefangne und war nur von 500 preußischen Trainsoldaten mit alten Carabinern besetzt; nur einige Meilen davon lag die sächsische Reiterei. Diese konnte in einer Nacht Reichenberg erreichen und das ganze Hauptquartier mit Sr. Majestät aufheben. Daß wir in Reichenberg Quartier hatten, war telegraphisch publicirt geworden. Ich erlaubte mir den König hierauf aufmerksam zu machen, und infolge dieser Anregung wurde befohlen, daß die Trainsoldaten sich einzeln und unauffällig nach dem Schlosse begeben sollten, wo der König Quartier genommen hatte. Die Militärs waren über diese meine Einmischung empfindlich, und um ihnen zu beweisen, daß ich um meine Sicherheit nicht besorgt sei, verließ ich das Schloß, wohin Seine Majestät mich befohlen hatte, und behielt mein Quartier in der Stadt. Es war damit schon der Keim zu einer der Ressort=Eifersucht entspringenden Verstimmung der Militärs gegen mich wegen meiner persönlichen Stellung zu Sr. Majestät gelegt, die sich im Laufe des Feldzugs und des französischen Krieges weiter entwickelte.

Nach der Schlacht von Königgrätz war die Situation der= artig, daß ein Eingehn auf die erste Annäherung Oestreichs zu Friedensunterhandlungen nicht nur möglich, sondern durch die Ein= mischung Frankreichs geboten erschien. Letztre datirte von dem in der Nacht vom 4. zum 5. Juli in Horritz *) eingetroffenen, an Seine Majestät gerichteten Telegramm, in welchem Louis Napoleon dem Könige mittheilte, daß der Kaiser Franz Joseph ihm Venetien abgetreten und seine Vermittlung angerufen habe. Der glänzende Erfolg der Waffen des Königs nöthige Napoleon aus seiner bis= herigen Zurückhaltung herauszutreten ¹). Die Einmischung war her= vorgerufen durch unsern Sieg, nachdem Napoleon bis dahin auf unsre Niederlage und Hülfsbedürftigkeit gerechnet hatte. Wenn unsrerseits der Sieg von Königgrätz durch Eingreifen des Generals v. Etzel und durch energische Verfolgung des geschlagnen Feindes vermittelst unsrer intacten Cavallerie vollständig ausgenutzt worden wäre, so würde wahrscheinlich die Sendung des Generals von Gab= lenz in das preußische Hauptquartier schon zu dem Abschluß nicht nur eines Waffenstillstandes, sondern auch der Basen des künftigen Friedens geführt haben, bei der Mäßigung, welche unsrerseits und damals auch noch bei dem Könige in Bezug auf die Bedingungen des Friedens vorwaltete, eine Mäßigung, die damals von Oestreich doch schon mehr als nützlich beanspruchte, und uns als künftige Genossen alle bisherigen Bundesglieder, aber alle verkleinert und verletzt, gelassen hätte. Auf meinen Antrag antwortete Seine Majestät dem Kaiser Napoleon dilatorisch, aber doch mit Ablehnung jedes Waffenstillstandes ohne Friedensbürgschaften.

Ich fragte später in Nikolsburg den General von Moltke, was er thun würde, wenn Frankreich militärisch eingriffe. Seine Antwort war: Eine defensive Haltung gegen Oestreich, mit Be=

---

*) So schreibt der Generalstab, gesprochen wird es Horsitz.
¹) S. den Text bei L. Schneider a. a. O. I 253 f.

schränkung auf die Elblinie, inzwischen Führung des Krieges gegen
Frankreich.

Dieses Gutachten befestigte mich noch mehr in meinem Entschlusse, Seiner Majestät den Frieden auf der Basis der territorialen Integrität Oestreichs anzurathen. Ich war der Ansicht,
daß wir im Falle der französischen Einmischung entweder sofort
unter mäßigen Bedingungen mit Oestreich Frieden und wo möglich
ein Bündniß schließen müßten, um Frankreich anzugreifen, oder daß
wir Oestreich durch raschen Anlauf und durch Förderung des Conflicts in Ungarn, vielleicht auch in Böhmen, schnell vollends lahm
zu legen, und bis dahin gegen Frankreich, nicht, wie Moltke wollte,
gegen Oestreich, uns nur defensiv zu verhalten hätten. Ich war
des Glaubens, daß der Krieg gegen Frankreich, den Moltke, wie
er sagte, zuerst und schnell führen wollte, nicht so leicht sein, daß
Frankreich zwar für die Offensive wenig Kräfte übrig haben, aber
in der Defensive nach geschichtlicher Erfahrung im Lande selbst bald
stark genug werden würde, um den Krieg in die Länge zu ziehn,
so daß wir dann vielleicht unsre Defensive gegen Oestreich an der
Elbe nicht siegreich würden halten können, wenn wir einen In-
vasionskrieg in Frankreich, mit Oestreich und Süddeutschland feindlich im Rücken, zu führen hätten. Ich wurde durch diese Perspec-
tive zur lebhafteren Anstrengung im Sinne des Friedens bestimmt.

Eine Betheiligung Frankreichs am Kriege hätte damals vielleicht nur 60 000 Mann französischer Truppen sofort nach Deutschland in das Gefecht geführt, vielleicht noch weniger; diese Zuthat
zu dem Bestande der süddeutschen Bundesarmee wäre jedoch ausreichend gewesen, um für die letzte die einheitliche und energische
Führung, wahrscheinlich unter französischem Obercommando, herzustellen. Allein die bairische Armee soll zur Zeit des Waffenstillstandes 100 000 Köpfe stark gewesen sein, und mit den übrigen ver-
fügbaren deutschen Truppen, an sich guten und tapfern Soldaten, und
60 000 Franzosen wäre uns von Südwesten her eine Armee von
200 000 Mann unter einheitlicher, kräftiger französischer Leitung

anstatt der frühern, schüchternen und zwiespältigen entgegengetreten, der wir vorwärts Berlin keine gleichwerthigen Streitkräfte gegen= überzustellen hatten, ohne Wien gegenüber zu schwach zu werden. Mainz war von Bundestruppen unter dem Befehl des bairischen Generals Grafen Rechberg besetzt; wären die Franzosen einmal darin gewesen, so würde es harte Arbeit gekostet haben, sie daraus zu entfernen.

Unter dem Druck der französischen Intervention und zu einer Zeit, als es sich noch nicht übersehn ließ, ob es gelingen werde, sie auf dem diplomatischen Gebiete festzuhalten, entschloß ich mich, dem Könige den Appell an die ungarische Nationalität anzurathen. Wenn Napoleon in der angedeuteten Weise in den Krieg eingriff, Rußlands Haltung zweifelhaft blieb, namentlich aber die Cholera in unsrer Armee weitere Fortschritte machte, so konnte unsre Lage eine so schwierige werden, daß wir zu jeder Waffe, die uns die entfesselte nationale Bewegung nicht nur in Deutschland, sondern auch in Ungarn und Böhmen darbieten konnte, greifen mußten, um nicht zu unterliegen [1]).

II.

Am 12. Juli fand in dem Marschquartier Czernahora Kriegs= rath, oder, wie die Militärs die Sache genannt haben wollen, Generalsvortrag Statt — ich behalte der Kürze und des allgemeinen Verständnisses wegen den erstern auch von Roon [*]) gebrauchten Ausdruck bei, obwohl der Feldmarschall Moltke in einem dem Professor von Treitschke am 9. Mai 1881 übergebenen Aufsatze bemerkt hat, daß in beiden Kriegen niemals Kriegsrath gehalten worden sei [2]). Zu diesen unter dem Vorsitz des Königs gehaltenen

[*]) In dem Briefe an seine Gemalin vom 7. Februar 1871 (Denkwürdig= keiten III⁴ 297).

[1]) Vgl. die Aeußerung in der Rede vom 16. Januar 1874, Politische Reden VI 140.

[2]) Vgl. Moltke, Gesammelte Schriften III 415 ff.

Berathungen, die anfangs regelmäßig, später in größern Abständen
Statt fanden, wurde ich 1866 zugezogen, wenn ich erreichbar war.
An jenem Tage handelte es sich um die Richtung des weitern
Vorgehns gegen Wien; ich war verspätet zur Besprechung er-
schienen, und der König orientirte mich, daß es sich darum handle,
die Befestigungen der Floridsdorfer Linien zu überwältigen, um
nach Wien zu gelangen, daß dazu nach der Beschaffenheit der
Werke schweres Geschütz aus Magdeburg herbeigeführt werden müsse*)
und daß dazu eine Transportzeit von 14 Tagen erforderlich sei.
Nachdem Bresche gelegt, sollten die Werke gestürmt werden, wofür
ein muthmaßlicher Verlust von 2000 Mann veranschlagt wurde.
Der König verlangte meine Meinung über die Frage. Mein erster
Eindruck war, daß wir 14 Tage nicht verlieren durften, ohne
die Gefahr mindestens der französischen Einmischung sehr viel
näher zu rücken, als sie ohnehin lag**). Ich machte meine Besorgniß
geltend und sagte: „Vierzehn Tage abwartender Pause können wir nicht
verlieren, ohne das Schwergewicht des französischen Arbitriums gefährlich zu verstärken." Ich stellte die Frage, ob wir überhaupt die
Floridsdorfer Befestigungen stürmen müßten, ob wir sie nicht umgehn könnten. Mit einer Viertelschwenkung links könnte die Richtung
auf Preßburg genommen und die Donau dort mit leichterer Mühe
überschritten werden. Entweder würden die Oestreicher dann
den Kampf in ungünstiger Lage mit Front nach Osten südlich der
Donau aufnehmen oder vorher auf Ungarn ausweichen; dann sei
Wien ohne Schwertstreich zu nehmen. Der König ließ sich eine

---

*) In dem Werke des Generalstabs heißt es S. 484 unter dem 14. Juli:
„Nach Dresden wurde an den Obersten Mertens telegraphirt, 50 dorthin
dirigirte [also wohl noch nicht eingetroffene] schwere Geschütze so bereit zu halten,
daß sie, sobald es befohlen würde, ohne Zeitverlust auf der Eisenbahn abge-
sandt werden könnten. Die Eisenbahn jenseits Lundenburg war zerstört; der
General von Hinderfin wurde daher beauftragt, an dem genannten Orte einen
Park von Transportmitteln zusammen zu bringen."

**) Die Situation war ähnlich wie 1870 vor Paris.

Karte reichen und sprach sich zu Gunsten dieses Vorschlags aus;
die Ausführung wurde, wie mir schien widerstrebend, in Angriff
genommen, aber sie geschah.

Nach dem Generalstabswerke, S. 522, erging erst unter dem
19. Juli folgender Erlaß des Großen Hauptquartiers:

„Es ist die Absicht Sr. Majestät des Königs, die Armee in einer
Stellung hinter dem Rußbach zu concentriren. — In dieser Stellung
soll die Armee zunächst in der Lage sein, einem Angriff entgegen
zu treten, welchen der Feind mit etwa 150 000 Mann von Floridsd=
dorf aus zu unternehmen vermöchte; demnächst soll sie aus der=
selben entweder die Floridsdorfer Verschanzungen recognosciren und
angreifen, oder aber, unter Zurücklassung eines Observationscorps
gegen Wien, möglichst schnell nach Preßburg abmarschiren können.
— Beide Armeen schieben ihre Vortruppen und Recognoscirungen
an den Rußbach in der Richtung auf Wolkersdorf und Deutsch=
Wagram vor. Gleichzeitig mit diesem Vorrücken soll der Versuch
gemacht werden, Preßburg durch überraschenden Angriff zu nehmen
und den eventuellen Donauübergang daselbst zu sichern."

Mir kam es für unsre spätern Beziehungen zu Oestreich
darauf an, kränkende Erinnerungen nach Möglichkeit zu verhüten,
wenn es sich ohne Beeinträchtigung unsrer deutschen Politik thun
ließ. Der siegreiche Einzug des preußischen Heeres in die feind=
liche Hauptstadt wäre für unsre Militärs natürlich eine be=
friedigende Erinnerung gewesen, für unsre Politik war er kein
Bedürfniß; in dem östreichischen Selbstgefühl hätte er gleich jeder
Abtretung alten Besitzes an uns eine Verletzung hinterlassen,
die, ohne für uns ein zwingendes Bedürfniß zu sein, die
Schwierigkeit unsrer künftigen gegenseitigen Beziehungen unnöthig
gesteigert haben würde. Es war mir schon damals nicht zweifel=
haft, daß wir die Errungenschaften des Feldzugs in fernern Kriegen
zu vertheidigen haben würden, wie Friedrich der Große die Er=
gebnisse seiner beiden ersten schlesischen Kriege in dem schärfern
Feuer des siebenjährigen. Daß ein französischer Krieg auf den

öſtreichiſchen folgen werde, lag in der hiſtoriſchen Conſequenz,
ſelbſt dann, wenn wir dem Kaiſer Napoleon die kleinen Speſen,
die er für ſeine Neutralität von uns erwartete, hätten bewilligen
können. Auch nach ruſſiſcher Seite hin konnte man zweifeln, welche
Wirkung eintreten werde, wenn man ſich dort klar machte, welche
Erſtarkung für uns in der nationalen Entwicklung Deutſchlands
lag. Wie ſich die ſpätern Kriege um die Behauptung des Gewon=
nenen geſtalten würden, war nicht vorauszuſehn; in allen Fällen
aber war es von hoher Wichtigkeit, ob die Stimmung, die wir bei
unſern Gegnern hinterließen, unverſöhnlich, die Wunden, die wir
ihnen und ihrem Selbſtgefühl geſchlagen, unheilbar ſein würden.
In dieſer Erwägung lag für mich ein politiſcher Grund, einen
triumphirenden Einzug in Wien, nach Napoleoniſcher Art, eher zu
verhüten als herbeizuführen. In Lagen, wie die unſrige damals
war, iſt es politiſch geboten, ſich nach einem Siege nicht zu fragen,
wie viel man dem Gegner abdrücken kann, ſondern nur zu er=
ſtreben, was politiſches Bedürfniß iſt. Die Verſtimmung, die
mein Verhalten mir in militäriſchen Kreiſen eintrug, habe ich als
die Wirkung einer militäriſchen Reſſortpolitik betrachtet, der ich
den entſcheidenden Einfluß auf die Staatspolitik und deren Zukunft
nicht einräumen konnte.

III.

Als es darauf ankam, zu dem Telegramm Napoleons vom
4. Juli Stellung zu nehmen, hatte der König die Friedens=
bedingungen ſo ſkizzirt: Bundesreform unter preußiſcher Leitung,
Erwerb Schleswig=Holſteins, Oeſtreichiſch=Schleſiens, eines böhmi=
ſchen Grenzſtrichs, Oſtfrieslands, Erſetzung der feindlichen Sou=
veräne von Hanover, Kurheſſen, Meiningen, Naſſau durch ihre
Thronfolger. Später traten andre Wünſche hervor, die theils in
dem Könige ſelbſt entſtanden, theils durch äußere Einflüſſe erzeugt

waren. Der König wollte Theile von Sachsen, Hanover, Hessen annectiren, besonders aber Ansbach und Bayreuth wieder an sein Haus bringen. Seinem starken und berechtigten Familiengefühl lag der Rückerwerb der fränkischen Fürstenthümer nahe.

Ich erinnere mich, auf einem der ersten Hoffeste, denen ich in den 30er Jahren beiwohnte, einem Costümballe bei dem damaligen Prinzen Wilhelm, diesen in der Tracht des Kurfürsten Friedrich I. gesehn zu haben. Die Wahl des Costüms außerhalb der Richtung der übrigen, war der Ausdruck des Familiengefühls, der Abstammung, und selten wird dieses Costüm natürlicher und kleidsamer getragen worden sein, als von dem damals etwa 37 Jahre alten Prinzen Wilhelm, dessen Bild darin mir stets gegenwärtig geblieben ist. Der starke dynastische Familiensinn war vielleicht in Kaiser Friedrich III. noch schärfer ausgeprägt, aber gewiß ist, daß 1866 der König auf Ansbach und Bayreuth noch schwerer verzichtete als auf Oestreichisch=Schlesien, Deutsch=Böhmen und Theile von Sachsen. Ich legte an Erwerbungen von Oestreich und Baiern den Maßstab der Frage, ob die Einwohner in etwaigen Kriegen bei einem Rückzuge der preußischen Behörden und Truppen dem Könige von Preußen noch treu bleiben, Befehle von ihm annehmen würden, und ich hatte nicht den Eindruck, daß die Bevölkerung dieser Gebiete, die in die bairischen und östreichischen Verhältnisse eingelebt ist, in ihrer Gesinnung den Hohenzollernschen Neigungen entgegenkommen würde.

Das alte Stammland der Brandenburger Markgrafen im Süden und Osten von Nürnberg etwa zu einer preußischen Provinz mit Nürnberg als Hauptstadt gemacht, wäre kaum ein Landestheil gewesen, den Preußen in Kriegsfällen von Streitkräften entblößen und unter den Schutz seiner dynastischen Anhänglichkeit hätte stellen können. Die letztre hat während der kurzen Zeit des preußischen Besitzes keine tiefen Wurzeln geschlagen, trotz der geschickten Verwaltung durch Harden=berg, und war seither in der bairischen Zeit vergessen, so weit sie nicht durch confessionelle Vorgänge in Erinnerung gebracht wurde,

was selten und vorübergehend der Fall war. Wenn auch gelegentlich
das Gefühl der bairischen Protestanten verletzt wurde, so hat sich
die Empfindlichkeit darüber niemals in Gestalt einer Erinnerung
an Preußen geäußert. Uebrigens wäre auch nach einer solchen
Beschneidung der bairische Stamm von den Alpen bis zur Ober-
pfalz in der Verbitterung, in welche die Verstümmelung des Königs-
reichs ihn versetzt haben würde, immer als ein schwer zu ver-
söhnendes und nach der ihm innewohnenden Stärke gefährliches
Element für die zukünftige Einigkeit zu betrachten gewesen. Es
gelang mir jedoch in Nikolsburg nicht, dem Könige meine Ansichten
über den zu schließenden Frieden annehmbar zu machen. Ich mußte
daher Herrn von der Pfordten, der am 24. Juli dorthin gekommen
war, unverrichteter Sache abreisen lassen und mich mit einer Kritik
seines Verhaltens vor dem Kriege begnügen. Er war ängstlich, die
östreichische Anlehnung vollständig aufzugeben, obgleich er sich auch
dem Wiener Einfluß gern entzogen hätte, wenn es ohne Gefahr
möglich war; aber Rheinbunds-Velleitäten, Reminiscenzen an die
Stellung, die die deutschen Kleinstaaten unter französischem Schutze
von 1806 bis 1814 gehabt hatten, waren bei ihm nicht vorhanden
— ein ehrlicher und gelehrter, aber politisch nicht geschickter deutscher
Professor.

Dieselbe Erwägung, wie in Betreff der fränkischen Fürstenthümer, machte ich Sr. Majestät gegenüber geltend in Betreff
Oestreichisch-Schlesiens, das eine der kaisertreuesten Provinzen,
überdies vorwiegend slavisch bevölkert ist, und in Betreff der
böhmischen Gebiete, die der König auf Andringen des Prinzen
Friedrich Carl als Glacis vor den sächsischen Bergen behalten
wollte, Reichenberg, das Egerthal, Karlsbad. Es kam später hinzu,
daß Karolyi jede Landabtretung kategorisch ablehnte, selbst die von
mir ihm gegenüber berührte des kleinen Gebiets von Braunau,
dessen Besitz für uns ein Eisenbahninteresse hatte. Ich zog vor, auch
darauf zu verzichten, sobald das Festhalten den Abschluß zu verschlep-
pen und die Gefahr französischer Einmischung zu verschärfen drohte.

Der Wunsch des Königs, Westsachsen, Leipzig, Zwickau und Chemnitz zur Herstellung der Verbindung mit Bayreuth zu behalten, stieß auf die Erklärung Karolyis, daß er die Integrität Sachsens als conditio sine qua non der Friedensbedingungen festhalten müsse. Dieser Unterschied in der Behandlung der Bundesgenossen beruhte auf den persönlichen Beziehungen zum Könige von Sachsen und auf dem Verhalten der sächsischen Truppen nach der Schlacht bei Königgrätz, die bei dem Rückzuge den festesten und intactesten militärischen Körper gebildet hatten. Die andern deutschen Truppen hatten sich tapfer geschlagen, wo sie in's Gefecht kamen, aber spät und ohne praktische Erfolge, und es waltete in Wien der den Umständen nach unberechtigte Eindruck vor, von den Bundesgenossen, namentlich von Baiern und Würtemberg, unzulänglich unterstützt zu sein.

Das Generalstabswerk sagt unter dem 21. Juli:

„In Nikolsburg hatten seit mehreren Tagen Verhandlungen Statt gefunden, deren nächstes Ziel eine fünftägige Waffenruhe war. Vor Allem galt es, für die Diplomatie Zeit zu gewinnen*). Jetzt, wo das preußische Heer das Marchfeld betrat, stand eine neue Katastrophe unmittelbar bevor."

Ich fragte Moltke, ob er unser Unternehmen bei Preßburg für gefährlich oder für unbedenklich halte. Bis jetzt hätten wir keinen Flecken auf der weißen Weste. Sei mit Sicherheit auf einen guten Ausgang zu rechnen, so müßten wir die Schlacht sich vollziehn, die Waffenruhe einen halben Tag später beginnen lassen; der Sieg würde unsre Stellung in der Verhandlung natürlich stärken. Im andern Fall wäre besser auf das Unternehmen zu verzichten. Er gab mir die Antwort, daß er den Ausgang für zweifelhaft und die Operation für eine gewagte halte; aber im Kriege sei alles gefährlich. Dies bestimmte mich, die Verabredung über die Waffenruhe Sr. Majestät in der Art zu empfehlen, daß

---

*) Die Diplomatie hatte aber Angesichts der französischen Einmischung weniger Zeit zu verlieren als die Heeresleitung.

Sonntag den 22. Mittags die Feindseligkeiten eingestellt und nicht
vor Mittag des 27. wieder aufgenommen werden sollten. Der
General von Fransecky erhielt am 22. Morgens 7½ Uhr die Nach=
richt von der an demselben Tage eintretenden Waffenruhe und die
Weisung, damit sein Verhalten in Einklang zu bringen. Der
Kampf, in welchem er bei Blumenau stand, mußte daher um 12 Uhr
abgebrochen werden.

IV.

Inzwischen hatte ich in den Conferenzen mit Karolyi und mit
Benedetti, dem es Dank dem Ungeschick unsrer militärischen Polizei
im Rücken des Heeres gelungen war, in der Nacht vom 11. zum
12. Juli nach Zwittau zu gelangen und dort plötzlich vor meinem
Bette zu erscheinen, die Bedingungen ermittelt, unter denen der
Friede erreichbar war. Benedetti erklärte für die Grundlinie der
Napoleonischen Politik, daß eine Vergrößerung Preußens um
höchstens 4 Millionen Seelen in Norddeutschland, unter Festhaltung
der Mainlinie als Südgrenze, keine französische Einmischung nach
sich ziehn werde. Er hoffte wohl, einen süddeutschen Bund als
französische Filiale auszubilden. Oestreich trat aus dem Deutschen
Bunde aus und war bereit, alle Einrichtungen, die der König in
Norddeutschland treffen werde, vorbehaltlich der Integrität Sachsens,
anzuerkennen. Diese Bedingungen enthielten Alles, dessen wir be=
durften: freie Bewegung in Deutschland.

Ich war nach allen vorstehenden Erwägungen fest entschlossen,
die Annahme des von Oestreich gebotenen Friedens zur Cabinets=
frage zu machen. Die Lage war eine schwierige; allen Generalen
war die Abneigung gemeinsam, den bisherigen Siegeslauf ab=
zubrechen, und der König war militärischen Einflüssen im Laufe
jener Tage öfter und bereitwilliger zugänglich als den meinigen;
ich war der Einzige im Hauptquartier, dem eine politische Verant=
wortlichkeit als Minister oblag und der sich nothwendig der Situation

gegenüber eine Meinung bilden und einen Entschluß fassen mußte, ohne sich für den Ausfall auf irgend eine andre Autorität in Gestalt collegialischen Beschlusses oder höherer Befehle berufen zu können. Ich konnte die Gestaltung der Zukunft und das von ihr abhängige Urtheil der Welt ebenso wenig voraussehn wie irgend ein Andrer, aber ich war der einzige Anwesende, der gesetzlich verpflichtet war, eine Meinung zu haben, zu äußern und zu vertreten. Ich hatte sie mir in sorgsamer Ueberlegung der Zukunft unsrer Stellung in Deutschland und unsrer Beziehungen zu Oestreich gebildet, war bereit, sie zu verantworten und bei dem Könige zu vertreten. Es war mir bekannt, daß man mich im Generalstabe den „Questen= berg im Lager" nannte, und die Identificirung mit dem Wallen= steinschen Hofkriegsrath war mir nicht schmeichelhaft.

Am 23. Juli fand unter dem Vorsitze des Königs ein Kriegs= rath Statt, in dem beschlossen werden sollte, ob unter den gebotenen Bedingungen Friede zu machen oder der Krieg fortzusetzen sei. Eine schmerzhafte Krankheit, an der ich litt, machte es nothwendig, die Berathung in meinem Zimmer zu halten. Ich war dabei der einzige Civilist in Uniform. Ich trug meine Ueberzeugung dahin vor, daß auf die östreichischen Bedingungen der Friede geschlossen werden müsse, blieb aber damit allein; der König trat der mili= tärischen Mehrheit bei. Meine Nerven widerstanden den mich Tag und Nacht ergreifenden Eindrücken nicht, ich stand schweigend auf, ging in mein anstoßendes Schlafzimmer und wurde dort von einem heftigen Weinkrampf befallen. Während desselben hörte ich, wie im Nebenzimmer der Kriegsrath aufbrach. Ich machte mich nun an die Arbeit, die Gründe zu Papier zu bringen, die m. E. für den Friedensschluß sprachen, und bat den König, wenn er diesen meinen verantwortlichen Rath nicht annehmen wolle, mich meiner Aemter als Minister bei Weiterführung des Krieges zu entheben. Mit diesem Schriftstücke✻) begab ich mich am folgenden Tage zum

---

✻) Zum Theil abgedruckt in Sybel V 294 ff.

mündlichen Vortrag. Im Vorzimmer fand ich zwei Obersten mit Berichten über das Umsichgreifen der Cholera unter ihren Leuten, von denen kaum die Hälfte dienstfähig war*). Die erschreckenden Zahlen befestigten meinen Entschluß, aus dem Eingehn auf die östreichischen Bedingungen die Cabinetsfrage zu machen. Ich be= fürchtete neben politischen Sorgen, daß bei Verlegung der Opera= tionen nach Ungarn die mir bekannte Beschaffenheit dieses Landes die Krankheit schnell übermächtig machen würde. Das Klima, besonders im August, ist gefährlich, der Wassermangel groß, die ländlichen Ortschaften mit Feldmarken von mehren Quadratmeilen weit verstreut, dazu Reichthum an Pflaumen und Melonen. Mir schwebte als warnendes Beispiel unser Feldzug von 1792 in der Champagne vor, wo wir nicht durch die Franzosen, sondern durch die Ruhr zum Rückzug gezwungen wurden.

Ich entwickelte dem Könige an der Hand meines Schriftstücks die politischen und militärischen Gründe, die gegen die Fort= setzung des Krieges sprachen.

Oestreich schwer zu verwunden, dauernde Bitterkeit und Revanchebedürfniß mehr als nöthig zu hinterlassen, mußten wir vermeiden, vielmehr uns die Möglichkeit, uns mit dem heutigen Gegner wieder zu befreunden, wahren und jedenfalls den öst= reichischen Staat als einen Stein im europäischen Schachbrett und die Erneuerung guter Beziehungen mit demselben als einen für uns offen zu haltenden Schachzug ansehn. Wenn Oestreich schwer geschädigt wäre, so würde es der Bundesgenosse Frankreichs und jedes Gegners werden; es würde selbst seine antirussischen Inter= essen der Revanche gegen Preußen opfern.

Auf der andern Seite könnte ich mir keine für uns annehm= bare Zukunft der Länder, welche die östreichische Monarchie bildeten, denken, falls letzte durch ungarische und slavische Aufstände zer= stört oder in dauernde Abhängigkeit versetzt werden sollte. Was

---

*) Während des Feldzuges sind 6427 Mann der Seuche erlegen.

sollte an die Stelle Europas gesetzt werden, welche der östreichische Staat von Tyrol bis zur Bukowina bisher ausfüllt? Neue Bildungen auf dieser Fläche könnten nur dauernd revolutionärer Natur sein. Deutsch-Oestreich könnten wir weder ganz, noch theilweise brauchen, eine Stärkung des preußischen Staates durch Erwerbung von Provinzen wie Oestreichisch-Schlesien und Stücken von Böhmen nicht gewinnen, eine Verschmelzung des deutschen Oestreichs mit Preußen würde nicht erfolgen, Wien als ein Zubehör von Berlin aus nicht zu regiren sein.

Wenn der Krieg fortgesetzt würde, so wäre der wahrscheinliche Kampfplatz Ungarn. Die östreichische Armee, die, wenn wir bei Preßburg über die Donau gegangen, Wien nicht würde halten können, würde schwerlich nach Süden ausweichen, wo sie zwischen die preußische und die italienische Armee geriethe und durch ihre Annäherung an Italien die gesunkene und durch Louis Napoleon eingeschränkte Kampflust der Italiener neu beleben würde; sondern sie würde nach Osten ausweichen und die Vertheidigung in Ungarn fortsetzen, wenn auch nur in der Hoffnung auf die in Aussicht stehende Einmischung Frankreichs und die durch Frankreich vorbereitete Desinteressirung Italiens. Uebrigens hielte ich auch unter dem rein militärischen Gesichtspunkte nach meiner Kenntniß des ungarischen Landes die Fortsetzung des Krieges dort für undankbar, die dort zu erreichenden Erfolge für nicht im Verhältniß stehend zu den bisher gewonnenen Siegen, also unser Prestige vermindernd — ganz abgesehn davon, daß die Verlängerung des Krieges der französischen Einmischung die Wege ebnen würde. Wir müßten rasch abschließen, ehe Frankreich Zeit zur Entwicklung weiterer diplomatischer Action auf Oestreich gewönne.

Gegen alles dies erhob der König keine Einwendung; aber die vorliegenden Bedingungen erklärte er für ungenügend, ohne jedoch seine Forderungen bestimmt zu formuliren. Nur so viel war klar, daß seine Ansprüche seit dem 4. Juli gewachsen waren. Der Hauptschuldige könne doch nicht ungestraft ausgehn, die Verführten

könnten wir dann leichter davonkommen lassen, sagte er, und bestand
auf den schon erwähnten Gebietsabtretungen von Oestreich. Ich
erwiderte: Wir hätten nicht eines Richteramts zu walten, sondern
deutsche Politik zu treiben; Oestreichs Rivalitätskampf gegen uns
sei nicht strafbarer als der unsrige gegen Oestreich; unsre Aufgabe sei Herstellung oder Anbahnung deutsch-nationaler
Einheit unter Leitung des Königs von Preußen.

Auf die deutschen Staaten übergehend, sprach er von verschiedenen Erwerbungen durch Beschneidung der Länder aller Gegner.
Ich wiederholte, daß wir nicht vergeltende Gerechtigkeit zu üben,
sondern Politik zu treiben hätten, daß ich vermeiden wolle, in dem
künftigen deutschen Bundesverhältniß verstümmelte Besitze zu sehn,
in denen bei Dynastie und Bevölkerung der Wunsch nach Wieder-
erlangung des frühern Besitzes mit fremder Hülfe nach mensch-
licher Schwäche leicht lebendig werden könnte; es würden das un-
zuverlässige Bundesgenossen werden. Dasselbe würde der Fall sein,
wenn man zur Entschädigung Sachsens etwa Würzburg oder Nürnberg von Baiern verlangen wollte, ein Plan, der außerdem mit
der dynastischen Vorliebe Sr. Majestät für Ansbach in Concurrenz
treten würde. Ebenso hatte ich Pläne zu bekämpfen, die auf eine
Vergrößerung des Großherzogthums Baden hinausliefen, Annexion
der bairischen Pfalz, und eine Ausdehnung in der untern Main-
gegend. Das Aschaffenburger Gebiet Baierns wurde dabei als geeignet angesehn, um Hessen-Darmstadt für den durch die Maingrenze
gebotenen Verlust von Oberhessen zu entschädigen. Später in Berlin
stand von diesen Plänen nur noch zur Verhandlung die Abtretung
des auf dem rechten Mainufer gelegenen bairischen Gebiets einschließlich der Stadt Bayreuth an Preußen, wobei die Frage zur Erörterung kam, ob die Grenze auf dem nördlichen rothen oder süd-
lichen weißen Main gehn sollte. Vorwiegend schien mir bei Sr.
Majestät die von militärischer Seite gepflegte Abneigung gegen die
Unterbrechung des Siegeslaufes der Armee. Der Widerstand, den ich
den Absichten Sr. Majestät in Betreff der Ausnutzung der militäri-

schen Erfolge und seiner Neigung, den Siegeslauf fortzusetzen, meiner
Ueberzeugung gemäß leisten mußte, führte eine so lebhafte Erregung
des Königs herbei, daß eine Verlängerung der Erörterung unmög=
lich war und ich mit dem Eindruck, meine Auffassung sei abgelehnt,
das Zimmer verließ mit dem Gedanken, den König zu bitten, daß
er mir erlauben möge, in meiner Eigenschaft als Offizier in mein
Regiment einzutreten. In mein Zimmer zurückgekehrt, war ich in
der Stimmung, daß mir der Gedanke nahe trat, ob es nicht besser
sei, aus dem offenstehenden, vier Stock hohen Fenster zu fallen,
und ich sah mich nicht um, als ich die Thür öffnen hörte, obwohl ich
vermuthete, daß der Eintretende der Kronprinz sei, an dessen Zim=
mer ich auf dem Corridor vorübergegangen war. Ich fühlte seine
Hand auf meiner Schulter, während er sagte: „Sie wissen, daß
ich gegen den Krieg gewesen bin, Sie haben ihn für nothwendig
gehalten und tragen die Verantwortlichkeit dafür. Wenn Sie
nun überzeugt sind, daß der Zweck erreicht ist und jetzt Friede
geschlossen werden muß, so bin ich bereit, Ihnen beizustehn und
Ihre Meinung bei meinem Vater zu vertreten." Er begab sich
dann zum Könige, kam nach einer kleinen halben Stunde zurück in
derselben ruhigen und freundlichen Stimmung, aber mit den Worten:
„Es hat sehr schwer gehalten, aber mein Vater hat zugestimmt."
Diese Zustimmung hatte ihren Ausdruck gefunden in einem mit
Bleistift an den Rand einer meiner letzten Eingaben geschriebenen
Marginale ungefähr des Inhalts: „Nachdem mein Ministerpräsident
mich vor dem Feinde im Stiche läßt und ich hier außer Stande
bin, ihn zu ersetzen, habe ich die Frage mit meinem Sohne erörtert,
und da sich derselbe der Auffassung des Ministerpräsidenten an=
geschlossen hat, sehe ich mich zu meinem Schmerze gezwungen, nach
so glänzenden Siegen der Armee in diesen sauren Apfel zu
beißen und einen so schmachvollen Frieden anzunehmen." — Ich
glaube mich nicht im Wortlaut zu irren, obschon mir das Acten=
stück gegenwärtig nicht zugänglich ist; der Sinn war jedenfalls
der angegebene und mir damals trotz der Schärfe der Ausdrücke

eine erfreuliche Lösung der für mich unerträglichen Spannung. Ich nahm die Königliche Zustimmung zu dem von mir als politisch nothwendig Erkannten gern entgegen, ohne mich an ihrer unverbindlichen Form zu stoßen. Im Geiste des Königs waren eben die militärischen Eindrücke damals die vorherrschenden, und das Bedürfniß, die bis dahin so glänzende Siegeslaufbahn fortzusetzen, war vielleicht stärker als die politischen und diplomatischen Erwägungen.

Von dem erwähnten Marginale des Königs, das mir der Kronprinz überbrachte, blieb mir als einziges Residuum die Erinnerung an die heftige Gemüthsbewegung, in die ich meinen alten Herrn hatte versetzen müssen, um zu erlangen, was ich im Interesse des Vaterlandes für geboten hielt, wenn ich verantwortlich bleiben sollte. Noch heut haben diese und analoge Vorgänge bei mir keinen andern Eindruck hinterlassen, als die schmerzliche Erinnerung, daß ich einen Herrn, den ich persönlich liebte wie diesen, so habe verstimmen müssen.

V.

Nachdem die Präliminarien mit Oestreich unterzeichnet waren, fanden sich Bevollmächtigte von Würtemberg, Baden und Darmstadt ein. Den würtembergischen Minister von Varnbüler zu empfangen, lehnte ich zunächst ab, weil die Verstimmung gegen ihn bei uns stärker war als gegen Pfordten. Er war politisch gewandter als der Letzte, aber auch weniger durch deutsch-nationale Skrupel behindert. Seine Stimmung beim Ausbruch des Krieges hatte sich in dem Vae victis! ausgedrückt und war zu erklären aus den Stuttgarter Beziehungen zu Frankreich, die insbesondre durch die Vorliebe der Königin von Holland, einer würtembergischen Prinzessin, getragen waren.

Dieselbe hatte, so lange ich in Frankfurt war, viel für mich übrig, ermuthigte mich in meinem Widerstande gegen Oestreichs

Politik und gab ihre antiöstreichische Gesinnung dadurch zu er=
kennen, daß sie im Hause ihres Gesandten Herrn von Scherff mich,
nicht ohne Unhöflichkeit gegen den östreichischen Präsidial=Gesandten
Baron Prokesch, tendenziös auszeichnete, zu einer Zeit, wo Louis
Napoleon noch Hoffnung auf ein preußisches Bündniß gegen Oest=
reich hegte und den italienischen Krieg bereits im Sinne hatte.
Ich lasse unentschieden, ob schon damals die Vorliebe für das
Napoleonische Frankreich allein die Politik der Königin von Holland
bestimmte, oder ob nur das unruhige Bedürfniß, überhaupt Politik
zu treiben, sie zu einer Parteinahme in dem preußisch=östreichischen
Streit und zu einer auffällig schlechten Behandlung meines öst=
reichischen Collegen und Bevorzugung meiner bewog. Jedenfalls
habe ich nach 1866 die mir früher so gnädige Fürstin unter den
schärfsten Gegnern meiner in Voraussicht des Bruches von 1870
befolgten Politik gefunden. Im Jahre 1867 wurden wir zuerst
durch amtliche französische Kundgebungen verdächtigt, Absichten auf
Holland zu haben, namentlich in der Aeußerung des Ministers
Rouher in einer Rede gegen Thiers, 16. März 1867, daß Frank=
reich unser Vordringen an die „Zuider=See" nicht dulden könne.
Es ist nicht wahrscheinlich, daß die Zuider=See von dem Franzosen
selbständig entdeckt worden und sogar die Orthographie des Namens
in der französischen Presse ohne fremde Hülfe richtig gegeben worden
ist: man darf vermuthen, daß der Gedanke an dieses Gewässer von
Holland aus dem französischen Mißtrauen suppeditirt worden war.
Auch die niederländische Abstammung des Herrn Drouyn de Lhuys
berechtigt mich nicht, eine so genaue Localkenntniß in der Geo=
graphie außerhalb der französischen Grenzen bei seinem·Collegen
vorauszusetzen.

Die Einschätzung der würtembergischen Politik in die Rhein=
bundkategorie bestimmte mich, den Empfang des Herrn von Varn=
büler in Nikolsburg zunächst abzulehnen. Auch eine Unterredung
zwischen uns, die der Prinz Friedrich von Würtemberg, der

Bruder des Commandirenden unsers Gardecorps, und die uns sehr
wohlwollende Großfürstin Helene vermittelt hatten, verlief politisch
fruchtlos. Erst später in Berlin habe ich mit Herrn von Varn=
büler verhandelt; und seine bewegliche Empfänglichkeit für die
politischen Eindrücke jeder Situation bethätigte sich dort darin, daß
er der erste unter den süddeutschen Ministern war, mit dem ich
einen Bündniß=Vertrag der bekannten Art abschließen konnte.

Einundzwanzigstes Kapitel.

Der Norddeutsche Bund.

I.

In Berlin war ich äußerlich mit dem Verhältniß Preußens zu den neuerworbenen Provinzen und den übrigen norddeutschen Staaten, innerlich mit der Stimmung der auswärtigen Mächte und Erwägung ihres wahrscheinlichen Verhaltens beschäftigt. Unsre innere Lage hatte für mich und vielleicht für Jeden den Charakter des Provisoriums und der Unreife. Die Rückwirkung der Vergrößerung Preußens, der bevorstehenden Verhandlungen über den Norddeutschen Bund und seine Verfassung ließen unsre innere Entwicklung ebenso sehr im Fluß begriffen erscheinen wie unsre Beziehungen zum deutschen und außerdeutschen Auslande es waren vermöge der europäischen Situation, in der der Krieg abgebrochen wurde. Ich nahm als sicher an, daß der Krieg mit Frankreich auf dem Wege zu unsrer weitern nationalen Entwicklung, sowohl der intensiven als der über den Main hinaus extensiven, nothwendig werde geführt werden müssen, und daß wir diese Eventualität bei allen unsern Verhältnissen im Innern wie nach Außen im Auge zu behalten hätten. Louis Napoleon sah in einiger Vergrößerung Preußens in Norddeutschland nicht nur keine Gefahr für Frankreich, sondern ein Mittel gegen die Einigung und nationale Entwicklung Deutschlands, er glaubte, daß dessen außerpreußische

Glieder sich dann des französischen Schutzes um so bedürftiger fühlen würden. Er hatte Rheinbundreminiscenzen und wollte die Entwicklung in der Richtung eines Gesammt-Deutschlands hindern. Er glaubte es zu können, weil er die nationale Stimmung des Tages nicht kannte und die Situation nach seinen süddeutschen Schulerinnerungen und nach diplomatischen Berichten beurtheilte, die nur auf ministerielle und sporadisch dynastische Stimmungen gegründet waren. Ich war überzeugt, daß ihr Gewicht schwinden würde; ich nahm an, daß ein Gesammt-Deutschland nur eine Frage der Zeit, und daß zu deren Lösung der Norddeutsche Bund die erste Etappe sei, daß aber die Feindschaft Frankreichs und vielleicht Ruß- lands, das Revanchebedürfniß Oestreichs für 1866 und der preußisch- dynastische Particularismus des Königs nicht zu früh in die Schranken gerufen werden dürfe. Ich war nicht zweifelhaft, daß ein deutsch- französischer Krieg werde geführt werden müssen, bevor die Gesammt- Einrichtung Deutschlands sich verwirklichte. Diesen Krieg hinauszu- schieben, bis unsre Streitkräfte durch Anwendung der preußischen Wehrgesetzgebung nicht blos auf Hanover, Hessen und Holstein, son- dern, wie ich damals schon nach der Fühlung mit den Süddeutschen hoffen durfte, auch auf diese, gestärkt wären, war ein Gedanke, der mich damals beherrschte. Ich hielt einen Krieg mit Frankreich im Hinblick auf die Erfolge der Franzosen im Krimkriege und in Italien für eine Gefahr, die ich damals überschätzte, indem mir die für Frank- reich erreichbare Truppenziffer, die Ordnung und die Organisation und das Geschick in der Führung als höher und besser vorschwebten, als sich 1870 bestätigt hat. Die Tapferkeit des französischen Troupiers und die Höhe des nationalen Gefühls und der verletzten Eitelkeit haben sich vollkommen in dem Maße bewährt, wie ich sie für die Even- tualität einer deutschen Invasion in Frankreich eingeschätzt hatte, in Erinnerung an die Erlebnisse von 1814, 1792, und zu Anfang des vorigen Jahrhunderts im spanischen Erbfolgekriege, wo das Ein- dringen fremder Heere stets ähnliche Erscheinungen wie das Stö- fern in einem Ameisenhaufen hervorgerufen hat. Für leicht habe

ich den französischen Krieg niemals gehalten, ganz abgesehn von
den Bundesgenossen, die Frankreich in dem östreichischen Revanche-
gefühl und in dem russischen Gleichgewichtsbedürfniß finden konnte.
Mein Bestreben, diesen Krieg hinauszuschieben, bis die Wirkung
unsrer Wehrgesetzgebung und militärischen Erziehung auf alle nicht
altpreußischen Landestheile sich vollständig hätte entwickeln können,
war also natürlich, und dieses mein Ziel war 1867 bei der
Luxemburger Frage nicht annähernd erreicht. Jedes Jahr Aufschub des Krieges stärkte unser Heer um mehr als 100 000 gelernte
Soldaten. Bei der Indemnitätsfrage dem Könige gegenüber und
bei der Verfassungsfrage im preußischen Landtage aber stand ich
unter dem Druck des Bedürfnisses, dem Auslande keine Spur von
vorhandenen oder bevorstehenden Hemmnissen durch unsre innre
Lage, sondern nur die einige nationale Stimmung zur Anschauung
zu bringen, um so mehr, als sich nicht ermessen ließ, welche Bundesgenossen Frankreich im Kriege gegen uns haben werde. Die Verhandlungen und Annäherungsversuche zwischen Frankreich und Öst-
reich in Salzburg und anderswo bald nach 1866, konnten unter
Leitung des Herrn von Beust erfolgreich sein, und schon die Berufung dieses verstimmten sächsischen Ministers zur Leitung der
Wiener Politik ließ darauf schließen, daß sie die Richtung der Revanche einschlagen würde.

Die Haltung Italiens war nach der Fügsamkeit gegen Napoleon, die wir 1866 kennen gelernt hatten, unberechenbar, sobald
französischer Druck stattfand. Der General Govone war, als ich
in Berlin im Frühjahr 1866 mit ihm verhandelte, erschrocken,
als ich den Wunsch äußerte, er möge zu Haus anfragen, ob wir
auch gegen Napoleonische Verstimmungen auf Italiens Vertragstreue rechnen dürften. Er sagte, daß eine solche Rückfrage an
demselben Tage nach Paris telegraphirt werden würde, mit der
Anfrage, „was man antworten solle?" In der öffentlichen Meinung
Italiens konnte ich auf sichern Anhalt nicht rechnen, nach der
Haltung der italienischen Politik während des Krieges, nicht blos

auf Grund der persönlichen Freundschaft Victor Emanuels für
Louis Napoleon, sondern auch nach Maßgabe der durch Garibaldi im
Namen der öffentlichen Meinung Italiens bekundeten Parteinahme.
Der Bund Italiens mit Frankreich und Oestreich lag nicht blos
nach meiner Befürchtung, sondern nach der öffentlichen Meinung
in Europa nicht außerhalb der Wahrscheinlichkeit.

Von Rußland war einer solchen Coalition gegenüber activer
Beistand schwerlich zu erwarten. Mir selbst hatte der russenfreund=
liche Einfluß, den ich in der Zeit des Krimkrieges auf die Ent=
schließungen Friedrich Wilhelms IV. auszuüben vermochte, das
Wohlwollen des Kaisers Alexander erworben, und sein Vertrauen
zu mir war in der Zeit meiner Gesandschaft in Petersburg ge=
wachsen. Inzwischen aber hatte in dem dortigen Cabinet unter
Gortschakows Leitung der Zweifel an der Nützlichkeit einer so be=
deutenden Kräftigung Preußens für Rußland die Wirkung der
kaiserlichen Freundschaft für den König Wilhelm und der Dank=
barkeit für unsre Politik in der polnischen Frage von 1863
auszuwiegen angefangen. Wenn die Mittheilung richtig ist, die
Drouyn de Lhuys dem Grafen Vitzthum von Eckstädt *) gemacht
hat, so hat Gortschakow im Juli 1866 den Kaiser Napoleon zu
einem gemeinsamen Proteste gegen die Beseitigung des Deutschen
Bundes aufgefordert und eine Ablehnung erfahren. Der Kaiser
Alexander hatte in der ersten Ueberraschung und nach der Sendung
Manteuffels nach Petersburg dem Ergebniß der Nikolsburger Prä=
liminarien generell und obiter zugestimmt; der Haß gegen Oest=
reich, der seit dem Krimkriege die öffentliche Meinung der russi=
schen „Gesellschaft" beherrschte, hatte zunächst seine Befriedigung
gefunden in den Niederlagen Oestreichs; dieser Stimmung standen
aber russische Interessen gegenüber, die sich an den zarischen Ein=
fluß in Deutschland und an dessen Bedrohung durch Frankreich
knüpften.

---

*) London, Gastein und Sadowa. Stuttgart 1890. S. 243.

Ich nahm zwar an, daß wir gegen eine Coalition, die Frankreich etwa gegen uns aufbringen würde, auf russischen Beistand würden zählen können, aber doch erst, wenn wir das Unglück gehabt haben sollten, Niederlagen zu erleiden, vermöge deren die Frage näher gerückt wäre, ob Rußland die Nachbarschaft einer siegreichen französisch-östreichischen Coalition an seinen polnischen Grenzen vertragen könne. Die Unbequemlichkeit einer solchen Nachbarschaft wäre vielleicht noch größer geworden, wenn statt des antipäpstlichen Königreichs Italien das Papstthum selbst der Dritte im Bunde der beiden katholischen Großmächte geworden wäre. Bis zum Näherrücken solcher Gefährlichkeit infolge preußischer Niederlagen hielt ich aber für wahrscheinlich, daß Rußland es nicht ungern sähe, wenigstens es nicht hindern würde, wenn eine numerisch überlegne Coalition einiges Wasser in unsern Wein von 1866 gegossen hätte.

Von England durften wir einen activen Beistand gegen den Kaiser Napoleon nicht erwarten, obschon die englische Politik einer starken befreundeten Continentalmacht mit vielen Bataillonen bedarf und dieses Bedürfniß unter Pitt, Vater und Sohn, zu Gunsten Preußens, später Oestreichs, und dann unter Palmerston bis zu den spanischen Heirathen, dann wieder unter Clarendon zu Gunsten Frankreichs gepflegt hatte. Das Bedürfniß der englischen Politik war entweder entente cordiale mit Frankreich oder Besitz eines starken Bundesgenossen gegen Frankreichs Feindschaft. England ist wohl bereit, das stärkere Deutsch-Preußen als Ersatz für Oestreich hinzunehmen, und in der Lage vom Herbst 1866 konnten wir auf platonisches Wohlwollen und belehrende Zeitungsartikel dort allenfalls zählen; aber bis zum activen Beistande zu Wasser und zu Lande würde sich die theoretische Sympathie schwerlich verdichtet haben. Die Vorgänge von 1870 haben gezeigt, daß ich in der Einschätzung Englands Recht hatte. Mit einer für uns jedenfalls verstimmenden Bereitwilligkeit übernahm man in London die Vertretung Frankreichs in Norddeutschland, und während des

Krieges hat man sich niemals zu unsern Gunsten so weit com=
promittirt, daß nicht die französische Freundschaft gewahrt worden
wäre; im Gegentheil.

II.

Es geschah hauptsächlich unter dem Einfluß dieser Erwägungen
auf dem Gebiete der auswärtigen Politik, daß ich mich entschloß,
jeden Schachzug im Innern danach einzurichten, ob der Eindruck
der Solidität unsrer Staatskraft dadurch gefördert oder geschädigt
werden könne. Ich sagte mir, daß das nächste Hauptziel die Selb=
ständigkeit und Sicherheit nach Außen sei, daß zu diesem Zwecke
nicht nur die thatsächliche Beseitigung innern Zwiespaltes, sondern
auch jeder Schein davon nach dem Auslande und in Deutschland
vermieden werden müsse; daß, wenn wir erst Unabhängigkeit von
dem Auslande hätten, wir auch in unsrer innern Entwicklung uns
frei bewegen könnten, wir uns dann so liberal oder so reactionär
einrichten könnten, wie es gerecht und zweckmäßig erschiene; daß
wir alle innern Fragen vertagen könnten bis zur Sicherstellung
unsrer nationalen Ziele nach Außen. Ich zweifelte nicht an der
Möglichkeit, der königlichen Macht die nöthige Stärke zu geben,
um unsre innere Uhr richtig zu stellen, wenn wir erst nach Außen
die Freiheit erworben haben würden, als große Nation selb=
ständig zu leben. Bis dahin war ich bereit, der Opposition nach
Bedürfniß black-mail zu zahlen, um zunächst unsre volle Kraft
und in der Diplomatie den Schein dieser einigen Kraft und die
Möglichkeit in die Wagschale werfen zu können, im Falle der Noth
auch revolutionäre Nationalbewegungen gegen unsre Feinde ent=
fesseln zu können.

In einer Commissionssitzung des Landtags wurde ich von
der Fortschrittspartei, wohl nicht ohne Kenntniß von den Be=
strebungen der äußersten Rechten, darüber interpellirt, ob die Re=
girung bereit sei, die preußische Verfassung in den neuen Pro=

vinzen einzuführen. Eine ausweichende Antwort würde das Miß=
trauen der Verfassungsparteien hervorgerufen oder belebt haben.
Nach meiner Ueberzeugung war es überhaupt nothwendig, die Ent=
wicklung der deutschen Frage durch keinen Zweifel an der Verfassungs=
treue der Regirung zu hemmen; durch jeden neuen Zwiespalt zwischen
Regirung und Opposition wäre der vom Auslande zu erwartende
äußere Widerstand gegen nationale Neubildungen gestärkt worden.
Aber meine Bemühungen, die Opposition und ihre Redner zu über=
zeugen, daß sie wohlthäten, innere Verfassungsfragen gegenwärtig
zurücktreten zu lassen, daß die deutsche Nation, wenn erst geeinigt,
in der Lage sein werde, ihre innern Verhältnisse nach ihrem Er=
messen zu ordnen; daß unsre gegenwärtige Aufgabe sei, die Nation
in diese Lage zu versetzen, alle diese Erwägungen waren der bor=
nirten und kleinstädtischen Parteipolitik der Oppositionsredner gegen=
über erfolglos, und die durch sie hervorgerufenen Erörterungen
stellten das nationale Ziel zu sehr in den Vordergrund nicht nur
dem Auslande, sondern auch dem Könige gegenüber, der damals
noch mehr die Macht und Größe Preußens als die verfassungs=
mäßige Einheit Deutschlands im Auge hatte. Ihm lag ehrgeizige
Berechnung nach deutscher Richtung hin fern; den Kaisertitel be=
zeichnete er noch 1870 geringschätzig als den „Charaktermajor", wor=
auf ich erwiderte, daß Se. Majestät die Competenzen der Stellung
allerdings schon verfassungsmäßig besäßen und der „Kaiser" nur die
äußerliche Sanction enthalte, gewissermaßen als ob ein mit Füh=
rung eines Regiments beauftragter Offizier definitiv zum Comman=
deur ernannt werde. Für das dynastische Gefühl war es schmeichel=
hafter, grade als geborner König von Preußen und nicht als er=
wählter und durch ein Verfassungsgesetz hergestellter Kaiser die
betreffende Macht auszuüben, analog wie ein prinzlicher Regiments=
Commandeur es vorzieht, nicht Herr Oberst, sondern Königliche
Hoheit genannt zu werden und der gräfliche Lieutenant nicht Herr
Lieutenant, sondern Herr Graf. Ich hatte mit diesen Eigenthüm=
lichkeiten meines Herrn zu rechnen, wenn ich mir sein Vertrauen

erhalten wollte, und ohne ihn und sein Vertrauen war mein Weg
in deutscher Politik überhaupt nicht gangbar.

III.

Im Hinblick auf die Nothwendigkeit, im Kampfe gegen eine
Uebermacht des Auslandes im äußersten Nothfall auch zu revo=
lutionären Mitteln greifen zu können, hatte ich auch kein Bedenken
getragen, die damals stärkste der freiheitlichen Künste, das all=
gemeine Wahlrecht, schon durch die Circulardepesche vom 10. Juni
1866 mit in die Pfanne zu werfen, um das monarchische Ausland
abzuschrecken von Versuchen, die Finger in unsre nationale omelette
zu stecken. Ich habe nie gezweifelt, daß das deutsche Volk, sobald
es einsieht, daß das bestehende Wahlrecht eine schädliche Institution
sei, stark und klug genug sein werde, sich davon frei zu machen.
Kann es das nicht, so ist meine Redensart, daß es reiten könne,
wenn es erst im Sattel säße [1]), ein Irrthum gewesen. Die Annahme
des allgemeinen Wahlrechts war eine Waffe im Kampfe gegen Oest=
reich und weitres Ausland, im Kampfe für die deutsche Einheit, zugleich
eine Drohung mit letzten Mitteln im Kampfe gegen Coalitionen. In
einem Kampfe derart, wenn er auf Tod und Leben geht, sieht man
die Waffen, zu denen man greift, und die Werthe, die man durch
ihre Benutzung zerstört, nicht an: der einzige Rathgeber ist zunächst
der Erfolg des Kampfes, die Rettung der Unabhängigkeit nach
Außen; die Liquidation und Aufbesserung der dadurch angerichteten
Schäden hat nach dem Frieden stattzufinden. Außerdem halte ich
noch heut das allgemeine Wahlrecht nicht blos theoretisch, sondern
auch praktisch für ein berechtigtes Prinzip, sobald nur die Heimlich=
keit beseitigt wird, die außerdem einen Charakter hat, der mit den
besten Eigenschaften des germanischen Blutes in Widerspruch steht.

---

[1]) Rede vom 11. März 1867, Politische Reden III 184.

Die Einflüsse und Abhängigkeiten, die das praktische Leben der Menschen mit sich bringt, sind gottgegebene Realitäten, die man nicht ignoriren kann und soll. Wenn man es ablehnt, sie auf das politische Leben zu übertragen, und im letztern den Glauben an die geheime Einsicht Aller zum Grunde legt, so geräth man in einen Widerspruch des Staatsrechts mit den Realitäten des mensch= lichen Lebens, der praktisch zu stehenden Frictionen und schließlich zu Explosionen führt und theoretisch nur auf dem Wege social= demokratischer Verrücktheiten lösbar ist, deren Anklang auf der Thatsache beruht, daß die Einsicht großer Massen hinreichend stumpf und unentwickelt ist, um sich von der Rhetorik geschickter und ehr= geiziger Führer unter Beihülfe eigner Begehrlichkeit stets einfangen zu lassen.

Das Gegengewicht dagegen liegt in dem Einflusse der Ge= bildeten, der sich stärker geltend machen würde, wenn die Wahl öffentlich wäre[1], wie für den preußischen Landtag. Die größere Besonnenheit der intelligenteren Classen mag immerhin den mate= riellen Untergrund der Erhaltung des Besitzes haben; der andre des Strebens nach Erwerb ist nicht weniger berechtigt, aber für die Sicherheit und Fortbildung des Staates ist das Uebergewicht derer, die den Besitz vertreten, das nützlichere. Ein Staatswesen, dessen Regiment in den Händen der Begehrlichen, der novarum rerum cupidi, und der Redner liegt, welche die Fähigkeit, urtheils= lose Massen zu belügen, in höherm Maße wie Andre besitzen, wird stets zu einer Unruhe der Entwicklung verurtheilt sein, der so gewichtige Massen, wie staatliche Gemeinwesen sind, nicht folgen können, ohne in ihrem Organismus geschädigt zu werden. Schwere Massen, zu denen große Nationen in ihrem Leben und ihrer Ent= wicklung gehören, können sich nur mit Vorsicht bewegen, da die

---

[1] Die geheime Abstimmung wurde bekanntlich erst durch den Antrag Frieß in das Gesetz hineingebracht, während die Regirungsvorlage öffentliche Abstimmung forderte.

Bahnen, in denen sie einer unbekannten Zukunft entgegenlaufen, nicht geglättete Eisenschienen haben. Jedes große staatliche Ge= meinwesen, in welchem der vorsichtige und hemmende Einfluß der Besitzenden, materiellen oder intelligenten Ursprungs, verloren geht, wird immer in eine der Entwicklung der ersten französischen Revolution ähnliche, den Staatswagen zerbrechende Geschwindigkeit gerathen. Das begehrliche Element hat das auf die Dauer durchschlagende Uebergewicht der größern Masse. Es ist im Interesse dieser Masse selbst zu wünschen, daß dieser Durch= schlag ohne gefährliche Beschleunigung und ohne Zertrümmerung des Staatswagens erfolge. Geschieht die letztre dennoch, so wird der geschichtliche Kreislauf immer in verhältnißmäßig kurzer Zeit zur Dictatur, zur Gewaltherrschaft, zum Absolutismus zurück= führen, weil auch die Massen schließlich dem Ordnungsbedürfniß unterliegen, und wenn sie es a priori nicht erkennen, so sehn sie es infolge mannigfaltiger Argumente ad hominem schließlich immer wieder ein und erkaufen die Ordnung von Dictatur und Cäsarismus durch bereitwilliges Aufopfern auch des berechtigten und festzuhaltenden Maßes von Freiheit, das europäische staatliche Gesellschaften vertragen, ohne zu erkranken.

Ich würde es für ein erhebliches Unglück und für eine wesent= liche Verminderung der Sicherheit der Zukunft ansehn, wenn wir auch in Deutschland in den Wirbel dieses französischen Kreislaufes geriethen. Der Absolutismus wäre die ideale Verfassung für europäische Staatsgebilde, wenn der König und seine Beamten nicht Menschen blieben wie jeder Andre, denen es nicht gegeben ist, mit übermenschlicher Sachkunde, Einsicht und Gerechtigkeit zu regiren. Die einsichtigsten und wohlwollendsten absoluten Regenten unterliegen den menschlichen Schwächen und Unvollkommenheiten, wie der Ueberschätzung der eignen Einsicht, dem Einfluß und der Beredsamkeit von Günstlingen, ohne von weiblichen, legitimen und illegitimen Einflüssen zu reden. Die Monarchie und der idealste Monarch, wenn er nicht in seinem Idealismus gemein=

ſchädlich werden ſoll, bedarf der Kritik, an deren Stacheln er ſich zurechtfindet, wenn er den Weg zu verlieren Gefahr läuft. Joſeph II. iſt ein warnendes Beiſpiel.

Die Kritik kann nur geübt werden durch eine freie Preſſe und durch Parlamente im modernen Sinne. Beide Corrective können ihre Wirkung durch Mißbrauch abſtumpfen und ſchließlich verlieren. Dies zu verhüten, iſt eine der Aufgaben erhaltender Politik, die ſich ohne Bekämpfung von Parlament und Preſſe nicht löſen läßt. Das Abmeſſen der Schranken, die in dieſem Kampfe innegehalten werden müſſen, um die dem Lande unentbehrliche Controlle der Regirung weder zu hindern, noch zur Herrſchaft werden zu laſſen, iſt eine Sache des politiſchen Tactes und Augenmaßes.

Wenn ein Monarch dafür das hinreichende Augenmaß beſitzt, ſo iſt das ein Glück für ſein Land, freilich ein vergängliches, wie alles menſchliche Glück. Die Möglichkeit, Miniſter an's Ruder zu bringen, welche die entſprechenden Eigenſchaften beſitzen, muß in dem Verfaſſungsleben gegeben werden, aber auch die Möglichkeit, Miniſter, die dieſem Bedürfniß genügen, ſowohl gegen gelegent=liche Majoritäts=Abſtimmungen als auch gegen Hof= und Camarilla=Einflüſſe zu halten. Dieſes Ziel war bis zu dem nach menſchlicher Unvollkommenheit überhaupt erreichbaren Grade annähernd erreicht unter der Regirung Wilhelms I.

IV.

Die Eröffnung des Landtags ſtand unmittelbar nach unſrer Ankunft in Berlin bevor, und die Thronrede kam in Prag zur Berathung. Dort trafen Abgeordnete der conſervativen Fraction ein, die während des Conflicts zeitweiſe bis auf elf Mitglieder herabgegangen war und durch die Wahlen am 3. Juli unter dem Eindruck der erſten Siege vor Königgrätz ſich auf mehr als

hundert gehoben hatte. Das Ergebniß würde der Regirung noch
günstiger gewesen sein, wenn die Wahl einige Tage nach der
entscheidenden Schlacht stattgefunden hätte; aber auch so war es
in Verbindung mit der schwunghaften Stimmung im Lande immer=
hin geeignet, nicht blos conservativen, sondern auch reactionären
Bestrebungen Hoffnung auf Gelingen zu geben. Für diejenigen,
welche nach der Rückbildung zum Absolutismus oder doch nach
einer Restauration im ständischen Sinne strebten, war durch die
Vergrößerung der Monarchie, durch die parlamentarische Situation
beim Ausbruch des Krieges und den ungeschickten und ehrgeizigen
Eigensinn der Führer der Opposition ein Anknüpfungspunkt ge=
geben, um die preußische Verfassung zu suspendiren und zu revi=
diren. Sie war auf das vergrößerte Preußen nicht zugeschnitten,
noch weniger aber auf die Einschichtung in die zukünftige Ver=
fassung Deutschlands. Die Verfassungsurkunde selbst enthielt einen
Artikel (118), welcher, entstanden unter dem Eindruck der nationalen
Stimmung zur Zeit der Verfassungsbildung und aus dem Entwurf
von 1848 entnommen, zur Unterordnung der preußischen Verfassung
unter eine neu zu schaffende deutsche berechtigte. Es war also eine
Gelegenheit gegeben, mit dem formalen Anstrich der Legalität die
Verfassung und die Bestrebungen der Conflictsmajorität nach par=
lamentarischer Herrschaft aus den Angeln zu heben, und dies lag
im Hintergrunde des Bemühns der äußersten Rechten und ihrer
nach Prag abgeordneten Mitglieder.

Eine andre Gelegenheit, den innern Conflict zugleich mit der
deutschen Frage zu erledigen, hatte sich dem Könige dargeboten,
als der Kaiser Alexander 1863 zur Zeit des polnischen Aufstandes
und des Ueberrumpelungsversuchs für den Frankfurter Fürsten=
congreß ein preußisch=russisches Bündniß in eigenhändiger Cor=
respondenz lebhaft befürwortet hatte. Auf mehren eng geschriebenen
Bogen in der feinen Hand des Kaisers, weit ausgesponnen und
mit mehr Declamation, als in seiner Feder lag, konnte der Brief
an Hamlets Wort:

Whether 't is nobler in the mind, to suffer
The slings and arrows of outrageous fortune,
Or to take arms against a sea of troubles,
And by opposing end them? —

erinnern, wenn man es aus dem Zweifel in die Affirmative über=
setzt: der Kaiser ist der westmächtlichen und östreichisch=polnischen
Chikanen müde und entschlossen den Degen zu ziehn, um sich von
ihnen frei zu machen; an die Freundschaft und die gleichen
Interessen des Königs appellirend, fordert er ihn zu gemeinsamem
Handeln auf, so zu sagen in erweitertem Sinne der Alvensleben=
schen Convention vom Februar desselben Jahres. Dem Könige
wurde es schwer, einerseits dem nahen Verwandten und nächsten
Freunde eine ablehnende Antwort zu geben, andrerseits sich mit
dem Entschlusse vertraut zu machen, seinem Lande die Uebel
eines großen Krieges aufzuerlegen, dem Staate und der Dy=
nastie die Gefahren eines solchen zuzumuthen. Auch die Seite
seines Gemüthslebens, die ihn geneigt machte, die Frankfurter
Fürstenversammlung zu besuchen, das Gefühl der Zusammen=
gehörigkeit mit allen alten Fürstenhäusern, trat in ihm der Ver=
suchung entgegen, der Anrufung des befreundeten Neffen und den
preußisch=russischen Familientraditionen eine Folge zu geben, die
zu dem Bruch mit dem deutschen Bundesverhältniß und der Ge=
sammtheit der deutschen Fürstenfamilien führen mußte. In meinem
mehre Tage dauernden Vortrage vermied ich es, die Seite der
Sache zu betonen, welche für unsre innere Politik von Gewicht
gewesen sein würde, weil ich nicht der Meinung war, daß ein
Krieg grade im Bunde mit Rußland gegen Oestreich und alle
Gegner, mit denen wir es 1866 zu thun bekamen, uns der Er=
füllung unsrer nationalen Aufgabe näher gebracht haben würde.
Es ist ja ein namentlich in der französischen Politik gebräuchliches
Mittel, innere Schwierigkeiten durch Kriege zu überwinden; in
Deutschland aber würde dieses Mittel nur dann wirksam gewesen
sein, wenn der betreffende Krieg in der Linie der nationalen Ent=

wicklung gelegen hätte. Dazu wäre vor Allem erforderlich gewesen,
daß er nicht mit der, unklugerweise noch immer von der öffent=
lichen Meinung verurtheilten russischen Assistenz geführt wurde.
Die deutsche Einheit mußte ohne fremde Einflüsse zu Stande
kommen, aus eigner nationaler Kraft. Ueberdies hatte der innere
Conflict, von dem der König bei meinem Eintritt in das Mini=
sterium bis zu dem Entschlusse zur Abdication beeindruckt war,
an Herrschaft über seine Entschließungen erheblich eingebüßt, seit=
dem er Minister gefunden hatte, die bereit waren, seine Politik offen,
ohne Winkelzüge zu vertreten. Er hatte seitdem die Ueberzeugung
gewonnen, daß die Krone, wenn es zum revolutionären Bruche ge=
kommen wäre, stärker gewesen sein würde; die Einschüchterungen der
Königin und der Minister der neuen Aera hatten ihre Kraft ver=
loren. Dagegen hielt ich in meinen Vorträgen mit meiner Ansicht
von der militärischen Stärke, die ein deutsch=russisches Bündniß,
namentlich im ersten Anlauf haben würde, nicht zurück.

Die geographische Lage der drei großen Ostmächte ist der Art,
daß eine jede von ihnen, sobald sie von den beiden andern ange=
griffen wird, sich strategisch im Nachtheil befindet, auch wenn sie in
Westeuropa England oder Frankreich zum Verbündeten hat. Am
meisten würde Oestreich, isolirt, gegen einen russisch=deutschen Angriff
im Nachtheil sein, am wenigsten Rußland gegen Oestreich und Deutsch=
land; aber auch Rußland würde bei einem concentrischen Vorstoß
der beiden deutschen Mächte gegen den Bug zu Anfang des Krieges
in einer schwierigen Lage sein. Bei seiner geographischen Lage
und ethnographischen Gestaltung ist Oestreich im Kampfe gegen
die beiden benachbarten Kaiserreiche deshalb sehr im Nachtheil,
weil die französische Hülfe kaum rechtzeitig eintreffen würde, um
das Gleichgewicht herzustellen. Wäre aber Oestreich einer deutsch=
russischen Coalition von Hause aus unterlegen, wäre durch einen
klugen Friedensschluß der drei Kaiser unter sich das gegnerische
Bündniß gesprengt oder auch nur durch eine Niederlage Oestreichs
geschwächt, so wäre das deutsch=russische Uebergewicht entscheidend.

Gleich gute Führung und gleiche Tapferkeit bei den großen Heeren vorausgesetzt, liegt in der territorialen Gestaltung der einzelnen Machtgebiete eine große Stärke der deutsch=russischen Combination, wenn sie von Hause aus sicher zusammenhält. Die Berechnung militärischen Erfolges und der Glaube an einen solchen sind aber an sich unsicher und werden noch unsichrer, wenn die veranschlagte diesseitige Macht keine einheitliche ist, sondern auf Bündnissen beruht.

In meinem Entwurf der Antwort, der noch länger ausfallen mußte als der Brief des Kaisers Alexander, war hervorgehoben, daß ein gemeinsamer Krieg gegen die Westmächte in seiner schließ= lichen Entwicklung sich wegen der geographischen Verhältnisse und wegen der französischen Begehrlichkeit nach den Rheinlanden noth= wendig zu einem preußisch=französischen condensiren müsse, daß die preußisch=russische Initiative zu dem Kriege unsre Stellung in Deutschland verschlechtern werde, daß Rußland, entfernt von dem Kriegsschauplatze, von den Leiden des Krieges weniger betroffen sein, Preußen dagegen nicht nur die eignen, sondern auch die russischen Heere materiell zu erhalten haben und daß die russische Politik dann — wenn mein Gedächtniß mich nicht täuscht, habe ich den Ausdruck gebraucht — an dem längern Arme des Hebels sitzen würde, und uns auch, wenn wir siegreich wären, ähnlich wie in dem Wiener Congreß und mit noch mehr Gewicht werde vorschreiben können, wie unser Friede beschaffen sein solle, ebenso wie Oestreich es 1859 bezüglich unsrer Friedensbedingungen mit Frankreich hätte machen können, wenn wir damals in den Kampf gegen Frankreich und Italien eingetreten wären. Ich habe den Text meiner Argumentation nicht in der Erinnerung, obschon ich ihn vor wenigen Jahren behufs unsrer Auseinandersetzung mit der russischen Politik wieder unter Augen gehabt und mich gefreut habe, daß ich damals die Arbeits= kraft besessen hatte, ein so langes Concept eigenhändig in einer für den König lesbaren Schrift herzustellen, eine Handarbeit, die für den Erfolg meiner Gasteiner Cur nicht förderlich gewesen sein

wird. Obwohl der König die Frage nicht in demselben Maße wie
ich unter den deutsch=nationalen Gesichtspunkt zog, so unterlag er
doch nicht der Versuchung, der Ueberhebung der östreichischen Politik
und der Landtagsmajorität, der Geringschätzung, die beide der
preußischen Krone bezeigten, im Bunde mit Rußland ein gewalt=
thätiges Ende zu machen. Wenn er auf die russische Zumuthung
einging, so würden wir bei der Schnelligkeit unsrer Mobilisirung,
bei der Stärke der russischen Armee in Polen und bei der damaligen
militärischen Schwäche Oestreichs wahrscheinlich, mit oder ohne den
Beistand der damals noch unbefriedigten Begehrlichkeit Italiens,
Oestreich übergelaufen haben, bevor Frankreich ihm wirksame Hülfe
leisten konnte. Wenn man sicher gewesen wäre, daß das Ergebniß
dieses Ueberlaufens ein Dreikaiserbündniß unter Schonung Oest=
reichs gewesen wäre, so wäre meine Beurtheilung der Situation
vielleicht nicht zutreffend zu nennen gewesen. Aber diese Sicherheit
war Angesichts der divergirenden Interessen Rußlands und Oest=
reichs im Orient nicht vorhanden; es war kaum wahrscheinlich und
auch der russischen Politik nicht zusagend, daß eine siegreiche preußisch=
russische Coalition Oestreich gegenüber auch nur mit dem Maße
von Schonung verführe, welches von preußischer Seite 1866 im
Interesse der Möglichkeit künftiger Wiederannäherung beobachtet
worden ist. Ich fürchtete deshalb, daß wir im Falle unsres Sieges
über die Zukunft Oestreichs mit Rußland nicht einig sein würden,
und daß Rußland selbst bei weitern Erfolgen gegen Frankreich
nicht darauf werde verzichten wollen, Preußen in einer unter=
stützungsbedürftigen Stellung an seiner Westgrenze zu erhalten; am
allerwenigsten wäre von Rußland eine Hülfe für eine nationale
Politik im Sinne der preußischen Hegemonie zu erwarten gewesen.
Tilsit, Erfurt, Olmütz und andre historische Erinnerungen sagten:
vestigia terrent. Kurz, ich hatte nicht das Vertrauen zu der
Gortschakowschen Politik, daß wir auf dieselbe Sicherheit rechnen
könnten, welche Alexander I. 1813 gewährte, bis die Zukunftsfragen,
was aus Polen und Sachsen werden und ob Deutschland gegen

französische Invasionen eine von ruffischen Entschließungen unab=
hängige Deckung haben, Straßburg Bundesfestung werden solle,
in Wien zur Verhandlung kamen. So mannigfache Erwägungen
hatte ich anzustellen, um zu einem Entschlusse über die Anträge,
welche ich dem Könige machen, und die Faffung des Conceptes,
das ich ihm vorlegen wollte, zu gelangen. Ich zweifle nicht, daß
eine Zeit kommen wird, in der auch über diese Vorgänge unsre
Archive der Oeffentlichkeit zugänglich werden, es sei denn, daß in=
zwischen die angeregte Zerstörung der Documente sich vollzieht, die
von meiner politischen Thätigkeit Zeugniß geben.

Die Verfuchung war groß gewesen für einen Monarchen, deffen
Stellung den maßlosen Angriffen der Fortschrittspartei und dem
Druck der öftreichischen Diplomatie nicht blos auf dem nationalen
Gebiete des Frankfurter Fürstencongreffes, sondern auch auf dem
polnischen von Seiten der drei großen verbündeten Mächte Eng=
land, Frankreich und Oeftreich ausgesetzt war.

Daß der König 1863 seine schwer gekränkte Empfindung als
Monarch und als Preuße nicht über die politischen Erwägungen
Herr werden ließ, beweist, wie stark in ihm das nationale Ehr=
gefühl und der gesunde Menschenverstand in der Politik waren.

V.

Im Jahre 1866 konnte der König über die Frage, ob er aus
eigner Kraft den parlamentarischen Widerstand brechen und einer
Wiederkehr deffelben vorbeugen solle, nicht so schnell mit sich in's
Reine kommen, so gewichtige Gründe auch dagegen sprachen. Mit
der Suspendirung und Revision der Verfaffung, mit der Demüthi=
gung der Landtagsopposition wäre allen mit den Erfolgen von 1866
Unzufriedenen in Deutschland und Oeftreich eine wirksame Waffe
gegen Preußen für die vorauszusehenden künftigen Kämpfe gegeben
worden. Man hätte sich darauf gefaßt machen müffen, einstweilen

in Preußen gegen Parlament und Presse ein Regirungssystem durchzuführen, das von dem ganzen übrigen Deutschland bekämpft wurde. Maßregeln, die bei uns gegen die Presse zu ergreifen gewesen sein würden, würden in Dessau keine Gültigkeit gehabt haben, und Oestreich und Süddeutschland würden ihre Revanche einstweilen dadurch genommen haben, daß sie die von Preußen verlassene Führung auf liberalem und nationalem Gebiete übernahmen. Die nationale Partei in Preußen selbst würde mit den Gegnern der Regirung sympathisirt haben; wir konnten dann innerhalb der verbesserten preußischen Grenzen staatsrechtlich eine Stärkung des Königthums gewinnen, aber doch in Gegenwart stark dissentirender einheimischer Elemente, denen sich die Opposition in den neuen Provinzen angeschlossen haben würde. Wir hätten dann einen preußischen Eroberungskrieg geführt, aber der nationalen Politik Preußens würden die Sehnen durchschnitten worden sein. In dem Bestreben, der deutschen Nation die Möglichkeit einer ihrer geschichtlichen Bedeutung entsprechenden Existenz durch Einheit zu verschaffen, lag das gewichtigste Argument zur Rechtfertigung des geführten deutschen „Bruderkrieges"; die Erneuerung eines solchen wurde unabwendbar, wenn der Kampf zwischen den deutschen Stämmen lediglich im Interesse der Stärkung des preußischen Sonderstaates fortgesetzt wurde.

Ich halte den Absolutismus für keine Form einer in Deutschland auf die Dauer haltbaren oder erfolgreichen Regirung. Die preußische Verfassung ist, wenn man von einigen, aus der belgischen übersetzten Phrasenartikeln absieht, in ihrem Hauptprinzip vernünftig; sie hat drei Factoren, den König und zwei Kammern, deren jeder durch sein Votum willkürliche Aenderungen des gesetzlichen status quo hindern kann. Darin liegt eine gerechte Vertheilung der gesetzgebenden Gewalt. Wenn man letztre von der öffentlichen Kritik der Presse und der parlamentarischen Behandlung emancipirt, so wird die Gefahr erhöht, daß sie auf Abwege geriethe. Absolutismus der Krone ist ebenso wenig haltbar wie Absolutismus

der parlamentarischen Majoritäten, das Erforderniß der Verständi=
gung beider für jede Aenderung des gesetzlichen status quo ist ein
gerechtes, und wir hatten nicht nöthig, an der preußischen Ver=
fassung Erhebliches zu bessern. Es läßt sich mit derselben regiren,
und die Bahn deutscher Politik wäre verschüttet worden, wenn wir
1866 daran änderten. Vor dem Siege würde ich nie von „Indemnität"
gesprochen haben; jetzt, nach dem Siege, war der König in der
Lage, sie großmüthig zu gewähren und Frieden zu schließen, nicht
mit seinem Volke — der war nie unterbrochen worden, wie der
Verlauf des Krieges gezeigt hat, — sondern mit dem Theile der
Opposition, welcher irre geworden war an der Regirung, mehr
aus nationalen, als aus parteipolitischen Gründen.

Dies waren ungefähr die Gedanken und Argumente, mit denen
ich während der viele Stunden langen Fahrt von Prag nach Berlin
(4. August) die Schwierigkeiten zu bekämpfen suchte, die die eignen
Ansichten, noch mehr aber andre Einflüsse, namentlich auch der Ein=
fluß der conservativen Deputation, in dem Könige hinterlassen hatten.
Es kam dazu eine staatsrechtliche Auffassung Sr. Majestät, die ihm ein
Verlangen nach Indemnität als ein Eingeständniß begangenen Un=
rechts erscheinen ließ✳). Ich suchte vergeblich diesen sprachlichen
und rechtlichen Irrthum zu entkräften, indem ich geltend machte,
daß in Gewährung der Indemnität nichts weiter liege als die An=
erkennung der Thatsache, daß die Regirung und ihr königlicher
Chef rebus sic stantibus richtig gehandelt hätten; die Forderung
der Indemnität sei ein Verlangen nach dieser Anerkennung. In
jedem constitutionellen Leben, in dem Spielraum, den es den
Regirungen gestatte, liege es, daß der Regirung nicht für jede
Situation eine Zwangsroute in der Verfassung angewiesen sein
könne. Der König blieb bei seiner Abneigung gegen Indemnität,

---

✳) Die Angabe in Roon's Denkwürdigkeiten („Deutsche Revue" 1891 Bd. I
S. 133, Ausgabe in Buchform II⁴ 482): „Für Bismarck's Zustimmung war es
jedenfalls entscheidend, daß er die versöhnlichen Anschauungen seines Monarchen
genau kannte", ist irrthümlich.

während es mir nothwendig schien, den parlamentarischen Gegnern, von denen doch höchstens diejenigen, die später die freisinnige Partei bildeten, böswillig, die Andern aber nur verrannt waren, sei es politisch, sei es sprachlich, eine goldne Brücke zu bauen, um den innern Frieden Preußens herzustellen und von dieser festen preußischen Basis aus die deutsche Politik des Königs fortzusetzen. Die viele Stunden lange und für mich sehr angreifende Unter=redung, weil sie meinerseits stets in vorsichtigen Formen geführt werden mußte, fand im Eisenbahncoupé zu Dreien Statt, mit dem Könige und dem Kronprinzen. Der Letztre aber unterstützte mich nicht, obschon er in dem leichtbeweglichen Ausdruck seines Mienen=spiels mich wenigstens durch Kundgebung seines vollen Einverständ=nisses seinem Herrn Vater gegenüber stärkte.

Durch eine Correspondenz, die ich von Nikolsburg aus mit den übrigen Ministern geführt hatte, war der Entwurf der Thron=rede zu Stande gekommen und von Sr. Majestät genehmigt worden mit Ausnahme des auf die Indemnität bezüglichen Satzes. Schließ=lich gab der König mit Widerstreben auch dazu seine Einwilligung, so daß der Landtag am 5. August mit einer Thronrede eröffnet werden konnte, die ankündigte, daß die Landesvertretung in Be=zug auf die ohne Staatshaushaltsgesetz geführte Verwaltung um nachträgliche Verwilligung angegangen werden solle. In verbis simus faciles!

VI.

Das nächste Geschäft war die Regelung unsres Verhältnisses zu den verschiedenen deutschen Staaten, mit denen wir im Kriege gewesen waren. Wir hätten die Annexionen für Preußen ent=behren und Ersatz dafür in der Bundesverfassung suchen können. Se. Majestät aber hatte an praktische Effecte von Verfassungs=paragraphen keinen bessern Glauben wie an den alten Bundestag und bestand auf der territorialen Vergrößerung Preußens, um die

Kluft zwischen den Ost= und den Westprovinzen auszufüllen und
Preußen ein haltbar abgerundetes Gebiet auch für den Fall des
frühern oder spätern Mißlingens der nationalen Neubildung zu
schaffen. Bei der Annexion von Hanover und Kurhessen handelte
es sich also um Herstellung einer unter allen Eventualitäten
wirksamen Verbindung zwischen den beiden Theilen der Monarchie.
Die Schwierigkeiten der Zollverbindung zwischen unsern beiden
Gebietstheilen und die Haltung Hanovers im letzten Kriege hatten
das Bedürfniß eines unbeschränkt in einer Hand befindlichen terri=
torialen Zusammenhanges im Norden von Neuem anschaulich ge=
macht. Wir durften der Möglichkeit, bei künftigen östreichischen
oder andern Kriegen ein oder zwei feindliche Corps von guten
Truppen im Rücken zu haben, nicht von Neuem ausgesetzt werden.
Die Besorgniß, daß die Dinge sich einmal so gestalten könnten,
wurde verschärft durch die überschwängliche Auffassung, die der
König Georg V. von seiner und seiner Dynastie Mission hatte.
Man ist nicht jeden Tag in der Lage, einer gefährlichen
Situation der Art abzuhelfen, und der Staatsmann, den die
Ereignisse in den Stand setzen, letztres zu thun, und der sie
nicht benutzt, nimmt eine große Verantwortlichkeit auf sich, da
die völkerrechtliche Politik und das Recht der deutschen Nation,
ungetheilt als solche zu leben und zu athmen, nicht nach privat=
rechtlichen Grundsätzen beurtheilt werden kann. Der König von
Hanover schickte durch einen Adjutanten nach Nikolsburg einen
Brief an den König, den ich Se. Majestät nicht anzunehmen bat,
weil wir nicht gemüthliche, sondern politische Gesichtspunkte im
Auge zu halten hätten, und weil die Selbständigkeit Hanovers mit
der völkerrechtlichen Befugniß, seine Truppen nach dem jedesmaligen
Ermessen des Souveräns gegen oder für Preußen in's Feld führen
zu können, mit der Durchführung deutscher Einheit unvereinbar war.
Die Haltbarkeit der Verträge allein ohne die Bürgschaft einer hin=
reichenden Hausmacht des leitenden Fürsten hat niemals hingereicht,
der deutschen Nation Frieden und Einheit im Reiche zu sichern.

Es gelang mir, den König von dem Gedanken abzubringen, mit Hanover und Hessen auf der Basis der Zerstückelung dieser Länder und des Bündnisses mit den frühern Herrschern als Theil= fürsten eines Restes zu verhandeln. Wenn der Kurfürst Fulda und Hanau, und Georg V. Kalenberg mit Lüneburg und der Aussicht auf die Erbfolge in Braunschweig behalten hätte, so würden weder die Hanoveraner und Hessen, noch die beiden Fürsten zufriedene Theilnehmer des Norddeutschen Bundes geworden sein. Dieser Plan würde uns unzufriedene und behufs Wiedererwerb des Verlornen zur Rheinbündelei geneigte Bundesgenossen gegeben haben.

Auch eine so unbedingte Hingebung für Oestreich, wie sie Nassau bewiesen hatte, in der unmittelbaren Nähe von Coblenz, war eine gefährliche Erscheinung, besonders in der Eventualität französisch=östreichischer Bündnisse, wie sie sich während des Krim= krieges und der polnischen Wirren von 1863 in bedrohliche Aus= sicht gestellt hatten. Die Abneigung Sr. Majestät gegen Nassau war ein väterliches Erbtheil. Friedrich Wilhelm III. pflegte durch das Herzogthum zu reisen, ohne den Herzog zu sehn. Das Con= tingent des Herzogs hatte sich in der Rheinbundzeit in Preußen besonders unangenehm gemacht, und König Wilhelm I. wurde gegen Concessionen an den Herzog durch den leidenschaftlichen Widerspruch der Deputationen früherer nassauischer Unterthanen eingenommen; die stehende Rede derselben war: „Schütze Se uns vor dem Fürste und sei' Jagdknechte.“

Es blieben Friedensverträge zu schließen mit Sachsen und den süddeutschen Staaten. Herr von Varnbüler bewies dieselbe Lebhaftigkeit des Temperaments wie bei den Vorbereitungen zum Kriege und war der erste, mit dem der Abschluß gelang [1]). Es handelte sich unter Anderm darum, ob wir, da Würtemberg das preußische Hohenzollern in Besitz genommen hatte, jetzt, wie der König wollte, den Spieß umkehren und eine Vergrößerung Hohen=

---

[1]) S. o. S. 48. 50.

zollerns auf Kosten Würtembergs fordern wollten. Ich konnte darin
weder für Preußen noch für die nationale Zukunft einen Nutzen
sehn und hielt überhaupt das Vergeltungsprinzip nicht für eine
vernünftige Basis unsrer Politik[1]), die auch da, wo unser Gefühl
verletzt war, nicht von der eignen Verstimmung, sondern von der
objectiven Erwägung geleitet werden sollte. Grade weil Varnbüler
uns gegenüber einige diplomatische Sünden auf dem Conto hatte,
war er für mich ein nützlicher Unterhändler, und indem ich mich
dazu verstand, die Vergangenheit zu vergessen, gewann ich durch
den Vorgang Würtembergs im Abschluß des Bündnisses (13. August)
den Weg zu den andern.

Ich weiß nicht, ob Roggenbach bei den Friedensschlüssen im Auf=
trage des Großherzogs von Baden handelte, indem er mir vorstellte,
daß Baiern durch seine Größe ein Hinderniß der deutschen Einigung
sei, sich leichter in eine künftige Neugestaltung Deutschlands ein=
fügen werde, wenn es kleiner gemacht wäre, und daß es sich des=
halb empfehle, ein besseres Gleichgewicht in Süddeutschland da=
durch herzustellen, daß Baden vergrößert und durch Angliederung
der Pfalz in unmittelbare Grenznachbarschaft mit Preußen ge=
bracht würde, wobei auch weitere Verschiebungen in Anlehnung an
preußische Wünsche, die dynastischen Stammlande Ansbach=Bayreuth
wiederzugewinnen, und mit Einbeziehung Würtembergs in Aussicht
genommen waren. Ich ließ mich auf diese Anregung nicht ein,
sondern lehnte sie a limine ab. Auch wenn ich sie ausschließlich
unter dem Gesichtspunkte der Nützlichkeit hätte auffassen wollen,
so verrieth sie einen Mangel an Augenmaß für die Zukunft und
eine Verdunklung des politischen Blickes durch badische Hauspolitik.
Die Schwierigkeit, Baiern gegen seinen Willen in eine ihm nicht
zusagende Reichsverfassung hinein zu zwingen, wäre dieselbe ge=
blieben, auch wenn man die Pfalz an Baden gegeben hätte; und
ob die Pfälzer ihre bairische Angehörigkeit bereitwillig gegen die

---

[1]) S. o. S. 46.

badische vertauscht haben würden, ist fraglich.   Als vorübergehend
davon die Rede war, Hessen für sein Gebiet nördlich des Mains
mit bairischem Lande in der Richtung von Aschaffenburg zu ent=
schädigen, gingen mir aus dem letztern Gebiete Proteste zu, die,
obschon aus streng katholischer Bevölkerung kommend, darin gipfelten,
wenn die Unterzeichner nicht Baiern bleiben könnten, so wollten
sie lieber Preußen werden, aber von Baiern zu Hessen gemacht
zu werden, sei ihnen unannehmbar.   Sie schienen von der Er=
wägung des Ranges der Landesherrn beherrscht und von der
Stimmenordnung am Bundestage, wo Baiern vor Hessen rangirte.
In derselben Richtung ist mir aus meiner Frankfurter Zeit die
Aeußerung eines preußischen Reservisten zu einem kleinstaatlichen
erinnerlich: „Sei du ganz stille, du hast ja nicht einmal einen
König.“   Ich hielt Aenderungen der Staatsgrenzen in Süddeutsch=
land für keinen Fortschritt zur Einigung des Ganzen.

Eine Verkleinerung Baierns im Norden wäre dem damaligen
Wunsche des Königs entgegengekommen, Ansbach und Bayreuth in
der alten Ausdehnung wiederzugewinnen.   Mit meinen politischen
Auffassungen stimmte auch dieser Plan, so sehr er meinem ver=
ehrten und geliebten Herrn am Herzen lag, ebenso wenig wie der
badische überein, und ich habe ihm erfolgreich Widerstand geleistet.
Im Herbst 1866 war eine Voraussicht über die zukünftige Haltung
Oestreichs noch nicht möglich.   Die Eifersucht Frankreichs uns gegen=
über war gegeben, und niemandem war besser als mir die Ent=
täuschung Napoleons über unsre böhmischen Erfolge bekannt.   Er
hatte mit Sicherheit darauf gerechnet, daß Oestreich uns schlagen
und wir in die Lage kommen würden, seine Vermittlung zu erkaufen.
Wenn nun Frankreichs Bemühungen, diesen Irrthum und seine
Folgen wieder gut zu machen, bei der durch unsern Sieg noth=
wendig hervorgerufenen Verstimmung in Wien Erfolg hatten, so
wäre manchen deutschen Höfen die Frage nahe getreten, ob sie im
Anschluß an Oestreich, gewissermaßen in einem zweiten schlesischen
Kriege, den Kampf gegen uns von Neuem aufnehmen wollten oder

nicht. Daß Baiern und Sachsen dieser Versuchung unterliegen würden, war möglich; daß ein im Roggenbach'schen Sinne verstümmeltes Baiern seine Revanche gegen uns im Anschlusse an Oestreich gesucht haben würde, war aber wahrscheinlich.

VII.

Ein solcher Anschluß würde vielleicht einen größern Umfang gewonnen haben als die Welfenlegion, welche demnächst unter französischem Protectorate gegen uns Aufstellung nahm. Daß diese im Jahre 1870, abgesehn von einzelnen verkommnen Persönlichkeiten, nicht mehr auf der Bildfläche erschienen ist, ist zum großen Theile dem Umstande zu verdanken, daß sich Eingeweihte der in Hanover vorbereiteten Verabredung fanden, die mich von den getroffenen Vorbereitungen bis in's Einzelne benachrichtigten und sich erboten, die ganze Combination zu vereiteln, wenn ihnen die Bezüge ihrer frühern hanöverschen Stellung gesichert würden. Ich hatte nach damals gerichtlich aufgefangenen Correspondenzen die Besorgniß, daß wir in die Nothwendigkeit gerathen könnten, welfischen Unternehmungen gegenüber zu Repressalien zu schreiten, die Angesichts der Kriegsgefahr nicht anders als streng ausfallen konnten. Man darf nicht vergessen, daß wir damals des Sieges über Frankreich, nach der großen Vergangenheit der französischen Armee, nicht so sicher waren, um nicht jede Erschwerung unsrer Lage sorgsam zu verhindern. Ich verabredete daher mit den Unterhändlern, die mir näher traten, daß ihre Wünsche erfüllt werden sollten, wenn sie ihre Zusagen erfüllten, und bezeichnete als Kennzeichen dieser Bedingung die Frage, daß wir nicht genöthigt sein würden, einen hanöverschen Landsmann wegen Kampfes gegen deutsches Militär zu erschießen. Es sind denn auch im Lande keine Bewegungen vorgekommen, und nach dem Ausbruch des Krieges beschränkte sich die Abreise von Welfen nach Frankreich zu Wasser und zu Lande

auf einzelne bereits Compromittirte. Nach der Haltung der hanöver=
schen Truppentheile im Kriege ist es nicht wahrscheinlich, daß
ein welfischer Aufstand in der Heimath einen erheblichen Umfang
hätte annehmen können, wenigstens nicht, so lange unser Vorgehn
in Frankreich siegreich war. Was geschehn wäre, wenn wir ge=
schlagen und verfolgt durch Hanover heimgekehrt wären, lasse ich
unberührt. Eine prophylaktische Politik hat aber auch solche Möglich=
keiten zu erwägen; jedenfalls war ich entschlossen, in der Zwangs=
lage des Krieges dem Könige zu jedem Acte energischer Abwehr
zu rathen, den der Trieb der staatlichen Selbsterhaltung ein=
geben kann. Und selbst wenn nur einzelne schwere und wahr=
scheinlich blutige Bestrafungen hätten stattfinden müssen, so würden
die Gewaltthaten gegen deutsche Landsleute, wie sehr sie auch durch
die Kriegsgefahr gerechtfertigt sein mochten, auf Menschenalter hin
ein Hinderniß der Versöhnung und einen Vorwand für Verhetzungen
abgegeben haben. Es war mir deshalb wichtig, solchen Eventuali=
täten rechtzeitig vorzubeugen.

VIII.

Die Kämpfe während des vergangenen Winters mit dem
Könige, der den Krieg nicht wollte, während des Feldzuges mit
den Militärs, die nur Oestreich, nicht die übrigen Mächte
Europas vor sich sahn, und mit dem Könige über den Friedens=
schluß und dann wieder über die Indemnität, hatten mich so
angegriffen, daß ich der Ruhe und Erholung bedurfte. Ich
ging zunächst am 26. September zu meinem Vetter, dem Grafen
Bismarck=Bohlen in Karlsburg, und dann am 6. October nach
Putbus, wo ich im Gasthofe schwer erkrankte. Der Fürst und
die Fürstin Putbus gewährten mir eine liebenswürdige Gastfreiheit
in einem Pavillon, der neben dem abgebrannten Schlosse stehn
geblieben war. Nachdem der erste heftige Anlauf der Krankheit
überstanden war, konnte ich die Geschäfte wieder in die Hand

nehmen durch Correspondenz mit Savigny. Als der letzte preußische Gesandte am Bundestage war er der natürliche Erbe des De= cernates über die im Vordergrunde stehende deutsche Politik. Er führte die Verhandlungen mit Sachsen zu Ende, was vor meiner Abreise nicht gelungen war. Ihr Ergebniß ist publici juris, und ich kann mich einer Kritik derselben enthalten. Die militärische Selbständigkeit Sachsens wurde demnächst unter Vermittlung des Generals von Stosch durch persönliche Entschließungen Sr. Maje= stät weiter entwickelt, als sie nach dem Vertrage bemessen war.

Die geschickte und ehrliche Politik der beiden letzten säch= sischen Könige hat diese Concessionen gerechtfertigt, namentlich so lange es gelingt, die bestehende preußisch=östreichische Freundschaft zu erhalten. Es ist in den geschichtlichen und confessionellen Tra= ditionen, in der menschlichen Natur und speciell in den fürstlichen Ueberlieferungen begründet, daß der enge Bund zwischen Preußen und Oestreich, der 1879 geschlossen wurde, auf Baiern und Sachsen einen concentrirenden Druck ausübt, um so stärker, je mehr das deutsche Element in Oestreich, Vornehm und Gering, seine Be= ziehungen zur habsburgischen Dynastie zu pflegen weiß. Die parla= mentarischen Excesse des deutschen Elements in Oestreich und deren schließliche Wirkung auf die dynastische Politik drohten nach dieser Richtung hin das Gewicht des deutsch=nationalen Elementes nicht nur in Oestreich abzuschwächen. Die doctrinären Mißgriffe der parlamentarischen Fractionen sind den Bestrebungen politisirender Frauen und Priester in der Regel günstig.

Zweiundzwanzigstes Kapitel.

Die Emser Depesche.

Am 2. Juli 1870 entschied sich das spanische Ministerium für
die Thronbesteigung des Erbprinzen Leopold von Hohenzollern.
Damit war die erste völkerrechtliche Anregung zu der spätern
Kriegsfrage gegeben, aber doch nur in Gestalt einer specifisch
spanischen Angelegenheit. Ein völkerrechtlicher Vorwand für Frank=
reich, in die Freiheit der spanischen Königswahl einzugreifen, war
schwer zu finden; er wurde, seitdem man es in Paris auf den
Krieg mit Preußen abgesehn hatte, künstlich gesucht in dem Namen
Hohenzollern, welcher an sich für Frankreich nichts Bedrohlicheres
hatte als jeder andre deutsche Name. Im Gegentheil konnte man
in Spanien sowohl als in Deutschland annehmen, daß der Prinz
Leopold wegen seiner persönlichen und Familienbeziehungen in Paris
eher persona grata sein werde als mancher andre deutsche Prinz.
Ich erinnere mich, daß ich in der Nacht nach der Schlacht von
Sedan in tiefer Finsterniß mit einer Anzahl unsrer Offiziere nach
der Rundfahrt des Königs um Sedan auf dem Wege nach Donchery
ritt und auf Befragen, ich weiß nicht welches Begleiters, die Vor=
bereitung zu diesem Kriege besprach und dabei erwähnte, daß ich
geglaubt hätte, der Prinz Leopold werde dem Kaiser Napoleon
kein unerwünschter Nachbar in Spanien sein und seinen Weg über
Paris nach Madrid nehmen, um dort die Fühlung mit der kaiser=
lich französischen Politik zu gewinnen, die zu den Vorbedingungen

gehörte, unter denen er Spanien zu regiren gehabt haben würde.
Ich sagte: wir wären viel mehr berechtigt gewesen zu der Besorgniß
vor einem engern Verständnisse zwischen der spanischen und der
französischen Krone als zu der Hoffnung auf Herstellung einer
spanisch-deutschen und antifranzösischen Constellation nach Analogie
Karls V.; ein König von Spanien könne eben nur spanische Politik
treiben, und der Prinz wäre Spanier geworden durch Uebernahme
der Krone des Landes. Zu meiner Ueberraschung erfolgte aus der
Finsterniß hinter mir eine lebhafte Erwiderung des Prinzen von
Hohenzollern, von dessen Anwesenheit ich keine Ahnung gehabt
hatte; er protestirte lebhaft gegen die Möglichkeit, bei ihm französische Sympathien vorauszusetzen. Dieser Protest inmitten des
Schlachtfeldes von Sedan war für einen deutschen Offizier und
Hohenzollernschen Prinzen natürlich, und ich konnte ihn nur
damit beantworten, daß der Prinz als König von Spanien sich
nur von spanischen Interessen hätte leiten lassen können, und daß
zu solchen namentlich behufs Befestigung des neuen Königthums
zunächst eine schonende Behandlung des mächtigen Nachbarn an den
Pyrenäen gehört haben würde. Ich machte dem Prinzen meine
Entschuldigung über die in seiner mir unbekannten Gegenwart ge-
thane Aeußerung.

Diese anticipirte Episode legt Zeugniß ab über die Auffassung, die ich von der ganzen Frage hatte. Ich betrachtete sie
als eine spanische und nicht als eine deutsche, wenn es mir auch
erfreulich schien, den deutschen Namen Hohenzollern in Vertretung
der Monarchie in Spanien thätig zu sehn, und wenn ich auch nicht
versäumte, alle möglichen Folgen unter dem Gesichtspunkte unsrer
Interessen zu erwägen, was bei jedem Vorgange von ähnlicher
Wichtigkeit in einem andern Staate zu thun die Pflicht eines auswärtigen Ministers ist. Ich dachte zunächst mehr an wirthschaft-
liche wie an politische Beziehungen, denen ein König von Spanien
deutscher Abstammung förderlich sein konnte. Für Spanien erwartete ich von der Person des Prinzen und von seinen verwand-

schaftlichen Beziehungen beruhigende und consolidirende Ergebnisse, die den Spaniern zu mißgönnen ich keinen Anlaß hatte. Spanien gehört zu den wenigen Ländern, die nach ihrer geographischen Lage und ihrem politischen Bedürfniß keinen Grund haben, antideutsche Politik zu treiben; es ist außerdem in wirthschaftlicher Beziehung nach Production und Bedarf für einen entwickelten Verkehr mit Deutschland wohl geeignet. Ein uns befreundetes Element in der spanischen Regirung wäre ein Vortheil gewesen, den a limine ab- zuweisen in den Aufgaben der deutschen Politik kein Grund vor- handen war, es sei denn, daß man die Besorgniß, Frankreich könne unzufrieden werden, als einen solchen gelten lassen wollte. Wenn Spanien sich wieder kräftiger entwickelte, als seither geschehn ist, konnte die Thatsache, daß die spanische Diplomatie uns be- freundet wäre, im Frieden für uns von Nutzen sein; daß der König von Spanien bei Eintritt des früher oder später voraus- zusehenden deutsch-französischen Krieges, auch wenn er den besten Willen gehabt hätte, seine deutschen Sympathien durch einen Angriff oder eine Aufstellung gegen Frankreich zu bethätigen, im Stande sein werde, war mir nicht wahrscheinlich, und das Ver- halten Spaniens nach Ausbruch des Krieges, den wir uns durch die Gefälligkeit deutscher Fürsten zugezogen hatten, bewies die Richtigkeit meiner Zweifel. Der ritterliche Cid hätte Frankreich wegen der Einmischung in die Freiheit der spanischen Königswahl zur Rechenschaft gezogen und die Wahrung der spanischen Unab- hängigkeit nicht Fremden überlassen. Die früher zu Wasser und Lande mächtige Nation kann heut nicht die stammverwandte Be- völkerung von Cuba im Zaume halten; wie sollte man von ihr erwarten, daß sie eine Macht wie Frankreich aus Liebe zu uns angriffe? Keine spanische Regirung und am wenigsten ein aus- ländischer König würde im Lande die Macht besitzen, auch nur ein Regiment aus Liebe zu Deutschland an die Pyrenäen zu schicken. Politisch stand ich der ganzen Frage ziemlich gleichgültig gegen- über. Mehr als ich war Fürst Anton geneigt, sie friedlich zu dem erstrebten Ziele zu führen. Die Memoiren Seiner Majestät des Königs von Rumänien sind über Einzelheiten der ministeriellen Mitwirkung in der Frage nicht genau unterrichtet. Das dort erwähnte Minister-Conseil im Schlosse hat nicht stattgefunden. Fürst Anton wohnte als Gast des Königs im Schlosse und hatte dort diesen Herrn und einige der Minister zum Diner eingeladen; ich glaube kaum, daß im Tischgespräch die spanische Frage verhandelt wurde. Wenn der Herzog von Gramont *) sich bemüht, den Beweis zu führen, daß ich der spanischen Anregung gegenüber mich nicht ablehnend verhalten hätte, so finde ich keinen Grund, dem zu widersprechen. Des Wortlautes meines Briefes an den Marschall Prim, von dem der Herzog hat erzählen hören, erinnere ich mich nicht mehr; wenn ich selbst ihn redigirt habe, was ich auch nicht mehr weiß, so werde ich die Hohenzollernsche Candidatur schwerlich „une excellente chose" genannt haben, der Ausdruck ist mir nicht mundrecht. Daß ich sie für „opportune" hielt, nicht „à un moment donné", sondern prinzipiell und im Frieden, ist richtig. Ich hatte dabei nicht den mindesten Zweifel daran, daß der am französischen Hofe gern gesehne Enkel der Murats dem Lande Frankreichs Wohlwollen sichern werde.

Die Einmischung Frankreichs galt in ihren Anfängen spanischen, nicht preußischen Angelegenheiten; die Fälschung der Napoleonischen Politik, vermöge deren die Frage zu einer preußischen werden sollte, war eine international unberechtigte und provocirende und bewies mir, daß der Moment gekommen war, wo Frankreich Händel mit uns suchte und bereit war, dafür jeden Vorwand zu ergreifen, der brauchbar schien. Ich betrachtete die französische Einmischung zunächst als eine Verletzung und deshalb als eine Beleidigung Spaniens und erwartete, daß das spanische Ehrgefühl sich dieses

---

*) Gramont, La France et la Prusse avant la guerre. Paris 1872. pag. 21.

Eingriffs erwehren würde. Nachdem später die Sache die Wendung
genommen hatte, daß Frankreich im Sinne seines Eingriffs in die
spanische Unabhängigkeit uns mit Krieg bedrohte, habe ich einige
Tage lang erwartet, daß die spanische Kriegserklärung gegen Frank=
reich der französischen gegen uns folgen werde. Ich war nicht
darauf gefaßt, daß eine selbstbewußte Nation wie die spanische Ge=
wehr beim Fuß hinter den Pyrenäen ruhig zusehn werde, wie die
Deutschen sich auf Tod und Leben für Spaniens Unabhängigkeit
und freie Königswahl gegen Frankreich schlugen. Das spanische
Ehrgefühl, das sich in der Karolinen=Frage so empfindlich anstellte,
ließ uns 1870 einfach im Stich. Wahrscheinlich sind in beiden
Fällen die Sympathien und internationalen Verbindungen der
republikanischen Parteien entscheidend gewesen.

Von Seiten unsres Auswärtigen Amtes waren die ersten schon
unberechtigten Anfragen Frankreichs über die spanische Thron=
candidatur am 4. Juli der Wahrheit entsprechend in der aus=
weichenden Art beantwortet worden, daß das Ministerium nichts
von der Sache wisse. Es traf das insofern zu, als die Frage der
Annahme der Wahl durch den Prinzen Leopold von Sr. Majestät
lediglich als Familiensache behandelt worden war, die weder
Preußen noch den Norddeutschen Bund etwas anging, bei der es
sich nur um die persönliche Beziehung des Kriegsherrn zu einem
deutschen Offizier und des Hauptes nicht der Kgl. Preußischen
sondern der Hohenzollernschen Gesammtfamilie zu den Trägern
des Namens Hohenzollern handelte.

In Frankreich aber suchte man nach einem Kriegsfalle gegen
Preußen, der möglichst frei von national=deutscher Färbung wäre,
und glaubte einen solchen auf dynastischem Gebiete in dem Auftreten
eines spanischen Thronprätendenten des Namens Hohenzollern ge=
funden zu haben. Dabei war die Ueberschätzung der militärischen
Ueberlegenheit Frankreichs und die Unterschätzung des nationalen
Sinnes in Deutschland wohl die Hauptursache, daß man die Halt=
barkeit dieses Kriegsvorwandes nicht mit Ehrlichkeit und nicht mit

Sachkunde geprüft hatte. Der deutsch=nationale Aufschwung, welcher
der französischen Kriegserklärung folgte, vergleichbar einem Strome,
der die Schleusen bricht, war für die französischen Politiker eine
Ueberraschung; sie lebten, rechneten und handelten in Rheinbunds=
erinnerungen, genährt durch die Haltung einzelner westdeutscher
Minister und durch ultramontane Einflüsse, welche hofften, daß
Frankreichs Siege, gesta Dei per Francos, die Ziehung weiterer
Consequenzen des Vaticanums in Deutschland, gestützt auf Allianz
mit dem katholischen Oestreich, erleichtern würden. Ihre ultra=
montanen Tendenzen waren der französischen Politik in Deutsch=
land förderlich, in Italien nachtheilig, da das Bündniß mit
letzterm schließlich an der Weigerung Frankreichs, Rom zu räumen,
scheiterte. In dem Glauben an die Ueberlegenheit der franzö=
sischen Waffen wurde der Kriegsvorwand, man kann sagen, an
den Haaren herbeigezogen, und anstatt Spanien für seine, wie
man annahm, antifranzösische Königswahl verantwortlich zu machen,
hielt man sich an den deutschen Fürsten, der es nicht abgelehnt
hatte, dem Bedürfniß der Spanier auf deren Wunsch durch
Gestellung eines brauchbaren und voraussichtlich in Paris als
persona grata betrachteten Königs abzuhelfen, und an den König
von Preußen, den nichts als der Familienname und die deutsche
Landsmannschaft zu dieser spanischen Angelegenheit in Beziehung
brachte. Schon in der Thatsache, daß das französische Cabinet
sich erlaubte, die preußische Politik über die Annahme der Wahl
zur Rede zu stellen, und zwar in einer Form, die durch die
Interpretation der französischen Blätter zu einer öffentlichen Be=
drohung wurde, schon in dieser Thatsache lag eine internationale
Unverschämtheit, die für uns nach meiner Ansicht die Unmög=
lichkeit involvirte, auch nur um einen Zoll breit zurückzuweichen.
Der beleidigende Charakter der französischen Zumuthung wurde
verschärft nicht nur durch die drohenden Herausforderungen der
französischen Presse, sondern auch durch die Parlamentsverhand=
lungen und die Stellungnahme des Ministeriums Gramont=Ollivier

zu diesen Manifestationen. Die Aeußerung Gramonts in der Sitzung des gesetzgebenden Körpers vom 6. Juli:

> „Wir glauben nicht, daß die Achtung vor den Rechten eines Nachbarvolkes uns verpflichtet zu dulden, daß eine fremde Macht einen ihrer Prinzen auf den Thron Karls V. setze Dieser Fall wird nicht eintreten, dessen sind wir ganz gewiß. Sollte es anders kommen, so würden wir   unsre Pflicht ohne Zaudern und ohne Schwäche zu erfüllen wissen"

schon diese Aeußerung war eine amtliche internationale Bedrohung mit der Hand am Degengriff. Die Phrase: „La Prusse cane" bildete in der Presse eine Erläuterung zu der Tragweite der Parlamentsverhandlungen vom 6. und 7. Juli, die für unser nationales Ehrgefühl nach meiner Empfindung jede Nachgiebigkeit unmöglich machte.

Ich entschloß mich, am 12. Juli von Varzin nach Ems aufzubrechen, um bei Sr. Majestät die Berufung des Reichstags behufs der Mobilmachung zu befürworten. Als ich durch Wussow fuhr, stand mein Freund, der alte Prediger Mulert, vor der Thür des Pfarrhofes und grüßte mich freundlich; meine Antwort im offnen Wagen war ein Lufthieb in Quart und Terz, und er verstand, daß ich glaubte in den Krieg zu gehn. In den Hof meiner Berliner Wohnung einfahrend und bevor ich den Wagen verlassen hatte, empfing ich Telegramme, aus denen hervorging, daß der König nach den französischen Bedrohungen und Beleidigungen im Parlament und in der Presse mit Benedetti zu verhandeln fortfuhr, ohne ihn in kühler Zurückhaltung an seine Minister zu verweisen. Während des Essens, an dem Moltke und Roon Theil nahmen, traf von der Botschaft in Paris die Meldung ein, daß der Prinz von Hohenzollern der Candidatur entsagt habe, um den Krieg abzuwenden, mit dem uns Frankreich bedrohte. Mein erster Gedanke war, aus dem Dienste zu scheiden, weil ich nach allen beleidigenden Provocationen, die vorhergegangen waren, in diesem erpreßten Nach-

geben eine Demüthigung Deutschlands sah, die ich nicht amtlich ver=
antworten wollte. Dieser Eindruck der Verletzung des nationalen
Ehrgefühls durch den aufgezwungenen Rückzug war in mir so
vorherrschend, daß ich schon entschlossen war, meinen Rücktritt aus
dem Dienste nach Ems zu melden. Ich hielt diese Demüthigung
vor Frankreich und seinen renommistischen Kundgebungen für schlim=
mer als die von Olmütz, zu deren Entschuldigung die gemeinsame
Vorgeschichte und unser damaliger Mangel an Kriegsbereitschaft
immer dienen werden. Ich nahm an, Frankreich werde die Ent=
sagung des Prinzen als einen befriedigenden Erfolg escomptiren
in dem Gefühl, daß eine kriegerische Drohung, auch wenn sie in
den Formen internationaler Beleidigung und Verhöhnung geschehn
und der Kriegsvorwand gegen Preußen vom Zaune gebrochen wäre,
genüge, um Preußen zum Rückzuge auch in einer gerechten Sache
zu nöthigen, und daß auch der Norddeutsche Bund in sich nicht das
hinreichende Machtgefühl trage, um die nationale Ehre und Unab=
hängigkeit gegen französische Anmaßung zu schützen. Ich war sehr
niedergeschlagen, denn ich sah kein Mittel, den fressenden Schaden,
den ich von einer schüchternen Politik für unsre nationale Stellung
befürchtete, wieder gut zu machen, ohne Händel ungeschickt vom
Zaune zu brechen und künstlich zu suchen. Den Krieg sah ich schon
damals als eine Nothwendigkeit an, der wir mit Ehren nicht mehr
ausweichen konnten. Ich telegraphirte an die Meinigen nach Varzin,
man sollte nicht packen, nicht abreisen, ich würde in wenig Tagen
wieder dort sein. Ich glaubte nunmehr an Frieden; da ich aber
die Haltung nicht vertreten wollte, durch welche dieser Friede erkauft
gewesen wäre, so gab ich die Reise nach Ems auf und bat Graf
Eulenburg, dorthin zu reisen und Sr. Majestät meine Auffassung
vorzutragen. In gleichem Sinne sprach ich auch mit dem Kriegs=
minister von Roon: wir hätten die französische Ohrfeige weg, und
wären durch die Nachgiebigkeit in die Lage gebracht, als Händelsucher
zu erscheinen, wenn wir zum Kriege schritten, durch den allein wir den
Flecken abwaschen könnten. Meine Stellung sei jetzt unhaltbar und

das eigentlich schon dadurch geworden, daß der König den fran=
zösischen Botschafter unter dem Drucke von Drohungen während
seiner Badecur vier Tage hintereinander in Audienz empfangen
und seine monarchische Person der unverschämten Bearbeitung
durch diesen fremden Agenten ohne geschäftlichen Beistand exponirt
habe. Durch diese Neigung, die Staatsgeschäfte persönlich und
allein auf sich zu nehmen, war der König in eine Lage gedrängt
worden, die ich nicht vertreten konnte; meines Erachtens hätte
Se. Majestät in Ems jede geschäftliche Zumuthung des ihm
nicht gleichstehenden französischen Unterhändlers ablehnen und ihn
nach Berlin an die amtliche Stelle verweisen müssen, die dann
durch Vortrag in Ems oder, wenn man dilatorische Behandlung
nützlich gefunden, durch schriftlichen Bericht die Entscheidung des
Königs einzuholen gehabt haben würde. Aber bei dem hohen Herrn,
so correct er in der Regel die Ressortverhältnisse respectirte, war
die Neigung, wichtige Fragen persönlich zwar nicht zu entscheiden,
aber doch zu verhandeln, zu stark, um ihm eine richtige Benutzung
der Deckung zu ermöglichen, mit der die Majestät gegen Zu=
dringlichkeiten, unbequeme Fragestellung und Zumuthung zweck=
mäßiger Weise umgeben ist. Daß der König sich nicht mit dem
ihm in so großem Maße eignen Gefühle seiner hoheitvollen Würde
der Benedettischen Aufdringlichkeit von Hause aus entzogen hatte,
davon lag die Schuld zum großen Theile in dem Einflusse, den
die Königin von dem benachbarten Coblenz her auf ihn ausübte.
Er war 73 Jahr alt, friedliebend und abgeneigt, die Lorbeeren
von 1866 in einem neuen Kampfe auf das Spiel zu setzen; aber
wenn er vom weiblichen Einflusse frei war, so blieb das Ehrgefühl
des Erben Friedrichs des Großen und des preußischen Offiziers in
ihm stets leitend. Gegen die Concurrenz, welche seine Gemalin
mit ihrer weiblich berechtigten Furchtsamkeit und ihrem Mangel an
Nationalgefühl machte, wurde die Widerstandsfähigkeit des Königs
abgeschwächt durch sein ritterliches Gefühl der Frau und durch sein
monarchisches Gefühl einer Königin und besonders der seinigen

gegenüber. Man hat mir erzählt, daß die Königin Augusta ihren
Gemal vor seiner Abreise von Ems nach Berlin in Thränen be-
schworen habe, den Krieg zu verhüten im Andenken an Jena und
Tilsit. Ich halte die Angabe für glaubwürdig bis auf die Thränen.

Zum Rücktritt entschlossen trotz der Vorwürfe, die mir Roon
darüber machte, lud ich ihn und Moltke zum 13. ein, mit mir zu
Drei zu speisen, und theilte ihnen bei Tische meine An- und Absichten mit. Beide waren sehr niedergeschlagen und machten mir
indirect Vorwürfe, daß ich die im Vergleiche mit ihnen größere
Leichtigkeit des Rückzuges aus dem Dienste egoistisch benutzte. Ich
vertrat die Meinung, daß ich mein Ehrgefühl nicht der Politik opfern
könne, daß sie Beide als Berufssoldaten wegen der Unfreiheit ihrer
Entschließung nicht dieselben Gesichtspunkte zu nehmen brauchten
wie ein verantwortlicher auswärtiger Minister. Während der Unterhaltung wurde mir gemeldet, daß ein Ziffertelegramm, wenn ich
mich recht erinnere, von ungefähr 200 Gruppen, aus Ems, von dem
Geheimrath Abeken unterzeichnet, in der Uebersetzung begriffen
sei. Nachdem mir die Entzifferung überbracht war, welche ergab,
daß Abeken das Telegramm auf Befehl Sr. Majestät redigirt
und unterzeichnet hatte, las ich dasselbe meinen Gästen vor[1]), deren

---

[1]) Die am 13. Juli 1870 3^h 50^m Nachm. in Ems aufgegebene, 6^h 9^m
in Berlin eingetroffene Depesche lautete in der Entzifferung:

„Se. Majestät schreibt mir: ‚Graf Benedetti fing mich auf der Promenade ab, um auf zuletzt sehr zudringliche Art von mir zu verlangen, ich sollte
ihn autorisiren, sofort zu telegraphiren, daß ich für alle Zukunft mich verpflichtete, niemals wieder meine Zustimmung zu geben, wenn die Hohenzollern
auf ihre Candidatur zurückkämen. Ich wies ihn zuletzt etwas ernst zurück, da
man à tout jamais dergleichen Engagements nicht nehmen dürfe noch könne.
Natürlich sagte ich ihm, daß ich noch nichts erhalten hätte und, da er über
Paris und Madrid früher benachrichtigt sei als ich, er wohl einsähe, daß mein
Gouvernement wiederum außer Spiel sei.‘ Seine Majestät hat seitdem ein
Schreiben des Fürsten bekommen. Da Seine Majestät dem Grafen Benedetti
gesagt, daß er Nachricht vom Fürsten erwarte, hat Allerhöchstderselbe, mit Rücksicht auf die obige Zumuthung, auf des Grafen Eulenburg und meinen Vor-
trag beschlossen, den Grafen Benedetti nicht mehr zu empfangen, sondern ihm

Niedergeschlagenheit so tief wurde, daß sie Speise und Trank ver=
schmähten. Bei wiederholter Prüfung des Actenstücks verweilte ich
bei der einen Auftrag involvirenden Ermächtigung Seiner Maje=
stät, die neue Forderung Benedettis und ihre Zurückweisung so=
gleich sowohl unsern Gesandten als in der Presse mitzutheilen.
Ich stellte an Moltke einige Fragen in Bezug auf das Maß seines
Vertrauens auf den Stand unsrer Rüstungen, respective auf die
Zeit, deren dieselben bei der überraschend aufgetauchten Kriegsgefahr
noch bedürfen würden. Er antwortete, daß er, wenn Krieg werden
sollte, von einem Aufschub des Ausbruchs keinen Vortheil für uns
erwarte; selbst wenn wir zunächst nicht stark genug sein sollten,
sofort alle linksrheinischen Landestheile gegen französische Invasion
zu decken, so würde unsre Kriegsbereitschaft die französische sehr
bald überholen, während in einer spätern Periode dieser Vortheil
sich abschwächen würde; er halte den schnellen Ausbruch im Ganzen
für uns vortheilhafter als eine Verschleppung.

Der Haltung Frankreichs gegenüber zwang uns nach meiner
Ansicht das nationale Ehrgefühl zum Kriege, und wenn wir den
Forderungen dieses Gefühls nicht gerecht wurden, so verloren wir
auf dem Wege zur Vollendung unsrer nationalen Entwicklung den
ganzen 1866 gewonnenen Vorsprung, und das 1866 durch unsre
militärischen Erfolge gesteigerte deutsche Nationalgefühl südlich des
Mains, wie es sich in der Bereitwilligkeit der Südstaaten zu den
Bündnissen ausgesprochen hatte, mußte wieder erkalten. Das in den
süddeutschen Staaten neben dem particularistischen und dynastischen
Staatsgefühle lebendige Deutschthum hatte bis 1866 das politische Be=
wußtsein gewissermaßen mit der gesammtdeutschen Fiction unter Oest=

---

nur durch einen Adjutanten sagen zu lassen: daß Seine Majestät jetzt vom
Fürsten die Bestätigung der Nachricht erhalten, die Benedetti aus Paris schon
gehabt, und dem Botschafter nichts weiter zu sagen habe. Seine Majestät
stellt Eurer Excellenz anheim, ob nicht die neue Forderung Benedetti's und ihre
Zurückweisung sogleich sowohl unsern Gesandten als in der Presse mitgetheilt
werden sollte."

reichs Leitung beschwichtigt, theils aus süddeutscher Vorliebe für den alten Kaiserstaat, theils in dem Glauben an die militärische Ueberlegenheit desselben über Preußen. Nachdem die Ereignisse den Irrthum der Schätzung festgestellt hatten, war grade die Hülflosigkeit der süddeutschen Staaten, in der Oestreich sie bei dem Friedensschlusse gelassen hatte, ein Motiv für das politische Damascus, das zwischen Varnbülers „Vae Victis" zu dem bereitwilligen Abschlusse des Schutz= und Trutzbündnisses mit Preußen lag. Es war das Vertrauen auf die durch Preußen entwickelte germanische Kraft und die Anziehung, welche einer entschlossenen und tapfern Politik innewohnt, wenn sie Erfolg hat und dann sich in vernünftigen und ehrlichen Grenzen bewegt. Diesen Nimbus hatte Preußen gewonnen; er ging unwiderruflich oder doch auf lange Zeit verloren, wenn in einer nationalen Ehrenfrage die Meinung im Volke Platz griff, daß die französische Insulte „La Prusse cane" einen thatsächlichen Hintergrund habe.

In derselben psychologischen Auffassung, in welcher ich 1864 im dänischen Kriege aus politischen Gründen gewünscht hatte, daß nicht den altpreußischen, sondern den westfälischen Bataillonen, die bis dahin keine Gelegenheit gehabt hatten, unter preußischer Führung ihre Tapferkeit zu bewähren, der Vortritt gelassen werde, und bedauerte, daß der Prinz Friedrich Carl meinem Wunsche entgegen gehandelt hatte, in derselben Auffassung war ich überzeugt, daß die Kluft, die die Verschiedenheit des dynastischen und Stammesgefühls und der Lebensgewohnheiten zwischen dem Süden und dem Norden des Vaterlandes im Laufe der Geschichte geschaffen hatte, nicht wirksamer überbrückt werden könne als durch einen gemeinsamen nationalen Krieg gegen den seit Jahrhunderten aggressiven Nachbar. Ich erinnerte mich, daß schon in dem kurzen Zeitraume von 1813 bis 1815, von Leipzig und Hanau bis Belle Alliance, der gemeinsame und siegreiche Kampf gegen Frankreich die Beseitigung des Gegensatzes ermöglicht hatte zwischen einer hingebenden Rheinbundspolitik und dem nationaldeutschen Auf=

schwung der Zeit von dem Wiener Congresse bis zu der Mainzer
Untersuchungscommission, unter der Signatur Stein, Görres, Jahn,
Wartburg bis zu dem Exceß von Sand. Das gemeinsam ver=
gossene Blut von dem Uebergange der Sachsen bei Leipzig bis zu
der Betheiligung unter englischem Commando bei Belle Alliance
hatte ein Bewußtsein gekittet, vor dem die Rheinbundserinne=
rungen erloschen. Die Entwicklung der Geschichte in dieser Rich=
tung wurde unterbrochen durch die Besorgniß, welche die Ueber=
eilung des nationalen Dranges für den Bestand staatlicher Ein=
richtungen erweckte.

Dieser Rückblick bestärkte mich in meiner Ueberzeugung, und
die politischen Erwägungen in Betreff der süddeutschen Staaten
fanden mutatis mutandis auch auf unsre Beziehungen zu der Be=
völkerung von Hanover, Hessen, Schleswig=Holstein Anwendung.
Daß diese Auffassung richtig war, beweist die Genugthuung, mit
der heut, nach zwanzig Jahren, nicht nur die Holsteiner, sondern
auch die Hanseaten der 1870er Heldenthaten ihrer Söhne gedenken.
Alle diese Erwägungen, bewußt und unbewußt, verstärkten in mir
die Empfindung, daß der Krieg nur auf Kosten unsrer preußischen
Ehre und des nationalen Vertrauens auf dieselbe vermieden werden
könne.

In dieser Ueberzeugung machte ich von der mir durch Abeken
übermittelten königlichen Ermächtigung Gebrauch, den Inhalt des
Telegramms zu veröffentlichen, und reducirte in Gegenwart meiner
beiden Tischgäste das Telegramm durch Streichungen, ohne ein Wort
hinzuzusetzen oder zu ändern, auf die nachstehende Fassung:

„Nachdem die Nachrichten von der Entsagung des Erbprinzen
von Hohenzollern der kaiserlich französischen Regirung von der
königlich spanischen amtlich mitgetheilt worden sind, hat der
französische Botschafter in Ems an Seine Majestät den König
noch die Forderung gestellt, ihn zu autorisiren, daß er nach Paris
telegraphire, daß Seine Majestät der König sich für alle Zukunft
verpflichte, niemals wieder seine Zustimmung zu geben, wenn die

Hohenzollern auf ihre Candidatur wieder zurückkommen sollten. Seine Majestät der König hat es darauf abgelehnt, den französischen Botschafter nochmals zu empfangen, und demselben durch den Adjutanten vom Dienst sagen lassen, daß Seine Majestät dem Botschafter nichts weiter mitzutheilen habe." Der Unterschied in der Wirkung des gekürzten Textes der Emser Depesche im Vergleich mit der, welche das Original hervorgerufen hätte, war kein Ergebniß stärkerer Worte, sondern der Form, welche diese Kundgebung als eine abschließende erscheinen ließ, während die Redaction Abekens nur als ein Bruchstück einer schwebenden und in Berlin fortzusetzenden Verhandlung erschienen sein würde.

Nachdem ich meinen beiden Gästen die concentrirte Redaction vorgelesen hatte, bemerkte Moltke: „So hat das einen andern Klang, vorher klang es wie Chamade, jetzt wie eine Fanfare in Antwort auf eine Herausforderung." Ich erläuterte: „Wenn ich diesen Text, welcher keine Aenderungen und keinen Zusatz des Telegramms enthält, in Ausführung des Allerhöchsten Auftrags sofort nicht nur an die Zeitungen, sondern auch telegraphisch an alle unsre Gesandschaften mittheile, so wird er vor Mitternacht in Paris bekannt sein und dort nicht nur wegen des Inhaltes, sondern auch wegen der Art der Verbreitung den Eindruck des rothen Tuches auf den gallischen Stier machen. Schlagen müssen wir, wenn wir nicht die Rolle des Geschlagenen ohne Kampf auf uns nehmen wollen. Der Erfolg hängt aber doch wesentlich von den Eindrücken bei uns und Andern ab, die der Ursprung des Krieges hervorruft; es ist wichtig, daß wir die Angegriffenen seien, und die gallische Ueberhebung und Reizbarkeit wird uns dazu machen, wenn wir mit europäischer Oeffentlichkeit, so weit es uns ohne das Sprachrohr des Reichstags möglich ist, verkünden, daß wir den öffentlichen Drohungen Frankreichs furchtlos entgegentreten."

Diese meine Auseinandersetzung erzeugte bei den beiden Generalen einen Umschlag zu freudiger Stimmung, dessen Lebhaftigkeit mich überraschte. Sie hatten plötzlich die Lust zu essen und zu trinken wiedergefunden und sprachen in heiterer Laune. Roon sagte: „Der alte Gott lebt noch und wird uns nicht in Schande verkommen lassen." Moltke trat so weit aus seiner gleichmüthigen Passivität heraus, daß er sich, mit freudigem Blick gegen die Zimmer= decke und mit Verzicht auf seine sonstige Gemessenheit in Worten, mit der Hand vor die Brust schlug und sagte: „Wenn ich das noch erlebe, in solchem Kriege unsre Heere zu führen, so mag gleich nachher ‚die alte Carcasse‘ der Teufel holen." Er war damals hinfälliger als später und hatte Zweifel, ob er die Strapazen des Feldzugs überleben werde.

Wie lebhaft sein Bedürfniß war, seine militärisch=strategische Neigung und Befähigung praktisch zu bethätigen, habe ich nicht nur bei dieser Gelegenheit, sondern auch in den Tagen vor dem Aus= bruche des böhmischen Krieges beobachtet. In beiden Fällen fand ich meinen militärischen Mitarbeiter im Dienste des Königs ab= weichend von seiner sonstigen trocknen und schweigsamen Gewohn= heit heiter, belebt, ich kann sagen, lustig. In der Juninacht 1866, in der ich ihn zu mir eingeladen hatte, um mich zu vergewissern, ob der Aufbruch des Heeres nicht um 24 Stunden verfrüht werden könnte, bejahte er die Frage und war durch die Beschleunigung des Kampfes angenehm erregt. Indem er elastischen Schrittes den Salon meiner Frau verließ, wandte er sich an der Thür noch einmal um und richtete im ernsthaften Tone die Frage an mich: „Wissen Sie, daß die Sachsen die Dresdner Brücke gesprengt haben?" Auf meinen Ausdruck des Erstaunens und Bedauerns erwiderte er: „Aber mit Wasser, wegen Staub." Eine Neigung zu harmlosen Scherzen kam bei ihm in dienstlichen Beziehungen wie den unsrigen sehr selten zum Durchbruch. In beiden Fällen war mir, gegenüber der erklärlichen und berechtigten Abneigung an maßgebender Stelle, seine Kampflust, seine Schlachtenfreudigkeit für die Durchführung der von mir für nothwendig erkannten Politik ein starker Beistand. Unbequem wurde sie mir 1867 in der Luxem= burger Frage, 1875 und später Angesichts der Erwägung, ob es

sich empfehle, einen Krieg, der uns früher oder später wahrscheinlich
bevorstand, anticipando herbeizuführen, bevor der Gegner zu besserer
Rüstung gelange. Ich bin der bejahenden Theorie nicht blos zur
Luxemburger Zeit, sondern auch später, zwanzig Jahre lang, stets
entgegengetreten in der Ueberzeugung, daß auch siegreiche Kriege
nur dann, wenn sie aufgezwungen sind, verantwortet werden können,
und daß man der Vorsehung nicht so in die Karten sehn kann,
um der geschichtlichen Entwicklung nach eigner Berechnung vorzugreifen. Es ist natürlich, daß in dem Generalstabe der Armee
nicht nur jüngere strebsame Offiziere, sondern auch erfahrne Stra-
tegen das Bedürfniß haben, die Tüchtigkeit der von ihnen geleiteten
Truppen und die eigne Befähigung zu dieser Leitung zu verwerthen
und in der Geschichte zur Anschauung zu bringen. Es wäre zu
bedauern, wenn diese Wirkung kriegerischen Geistes in der Armee
nicht stattfände; die Aufgabe, das Ergebniß derselben in den Schranken zu halten, auf welche das Friedensbedürfniß der Völker berechtigten Anspruch hat, liegt den politischen, nicht den militärischen
Spitzen des Staates ob. Daß sich der Generalstab und seine Chefs
zur Zeit der Luxemburger Frage, während der von Gortschakow und
Frankreich fingirten Krisis von 1875 und bis in die neuste Zeit
hinein zur Gefährdung des Friedens haben verleiten lassen, liegt
in dem nothwendigen Geiste der Institution, den ich nicht missen
möchte, und wird gefährlich nur unter einem Monarchen, dessen
Politik das Augenmaß und die Widerstandsfähigkeit gegen einseitige
und verfassungsmäßig unberechtigte Einflüsse fehlt.

Dreiundzwanzigstes Kapitel.

Versailles.

I.

Die Verstimmung gegen mich, welche die höhern militärischen Kreise aus dem östreichischen Kriege mitgebracht hatten, dauerte während des französischen fort, gepflegt nicht von Moltke und Roon, aber von den „Halbgöttern", wie man damals die höhern Generalstabsoffiziere nannte. Sie machte sich im Feldzuge für mich und meine Beamten bis in das Gebiet der Naturalverpflegung und Einquartirung fühlbar [1]. Sie würde noch weiter gegangen sein, wenn sie nicht in der sich immer gleichbleibenden, weltmännischen Höflichkeit des Grafen Moltke ein Correctiv gefunden hätte. Roon war im Felde nicht in der Lage, mir als Freund und College Beistand zu leisten; er bedurfte im Gegentheil schließlich in Versailles meines Beistandes, um im Kreise des Königs seine militärischen Ueberzeugungen geltend zu machen.

Schon bei der Abreise nach Köln erfuhr ich durch einen Zufall, daß beim Ausbruch des Krieges der Plan festgestellt war, mich von den militärischen Berathungen auszuschließen. Ich konnte das aus einem Gespräch des Generals von Podbielski mit Roon entnehmen,

---

[1] Vgl. das amtliche Schreiben Bismarck's an Roon vom 10. August 1870 bei Poschinger, Bismarck-Portefeuille II 189 f.

dessen unfreiwilliger Ohrenzeuge ich dadurch wurde, daß es in einem Nebencoupé stattfand, dessen Scheidewand von einer breiten Oeffnung über mir durchbrochen war. Der Erstre äußerte laut seine Befriedigung, etwa in dem Sinne: „Diesmal ist also dafür gesorgt, daß uns dergleichen nicht wieder passirt." Bevor der Zug sich in Bewegung setzte, hörte ich genug, um zu verstehn, welches „damals" im Gegensatz gegen diesmal der General im Sinne hatte, nämlich meine Betheiligung an militärischen Be= rathungen in dem böhmischen Feldzuge und besonders die Aenderung der Marschrichtung auf Preßburg anstatt auf Wien.

Die durch diese Reden gekennzeichnete Verabredung wurde mir praktisch wahrnehmbar; ich wurde nicht nur zu den militäri= schen Berathungen nicht zugezogen, wie 1866 geschehn war, sondern es galt mir gegenüber strenge Geheimhaltung aller militärischen Maßregeln und Absichten als Regel. Dieses Ergebniß der unsern amtlichen Kreisen innewohnenden Rivalität der Ressorts war ein so augenfälliger Schaden für die Geschäftsführung, daß der in An= gelegenheiten des Rothen Kreuzes im Hauptquartier anwesende Graf Eberhard Stolberg bei der freundschaftlichen Intimität, in der ich mit diesem, leider zu früh verstorbenen Patrioten stand, den König auf die Unzuträglichkeiten der Ausschließung seines verantwortlichen politischen Rathgebers aufmerksam machte. Nach dem Zeugnisse des Grafen hatte Se. Majestät darauf erwidert: „Ich sei in dem böhmi= schen Kriege in der Regel zu dem Kriegsrathe zugezogen worden, und es sei dabei vorgekommen, daß ich im Widerspruche mit der Majorität den Nagel auf den Kopf getroffen hätte; daß das den andern Generalen ärgerlich sei und sie ihr Ressort allein berathen wollten, sei nicht zu verwundern" — ipsissima verba regis, nach dem Zeugnisse des Grafen Stolberg nicht nur mir, sondern auch Andern gegenüber. Das Maß von Einfluß, welches der König mir 1866 verstattet hatte, stand allerdings im Widerspruche mit mili= tärischen Traditionen, sobald der Ministerpräsident allein nach den Abzeichen der Uniform classificirt wurde, die er im Felde trug, als Stabsoffizier eines Cavallerie-Regiments; und es blieb 1870 mir gegenüber bei dem militärischen Boycott, wie man heut sagen würde.

Wenn man die Theorie, welche der Generalstab mir gegenüber zur Anwendung brachte und die auch kriegswissenschaftlich gelehrt werden soll, so ausdrücken kann: der Minister der Auswärtigen Angelegenheiten kommt erst wieder zum Wort, wenn die Heeresleitung die Zeit gekommen findet, den Janustempel zu schließen, so liegt schon in dem doppelten Gesicht des Janus die Mahnung, daß die Regirung eines kriegführenden Staates auch nach andern Richtungen zu sehn hat, als nach dem Kriegsschauplatze. Aufgabe der Heeresleitung ist die Vernichtung der feindlichen Streitkräfte; Zweck des Krieges die Erkämpfung des Friedens unter Bedingungen, die der von dem Staate verfolgten Politik entsprechen. Die Feststellung und Begrenzung der Ziele, die durch den Krieg erreicht werden sollen, die Berathung des Monarchen in Betreff derselben ist und bleibt während des Krieges wie vor demselben eine politische Aufgabe, und die Art ihrer Lösung kann nicht ohne Einfluß auf die Art der Kriegführung sein. Die Wege und Mittel der letztern werden immer davon abhängig sein, ob man das schließlich gewonnene Resultat oder mehr oder weniger hat erreichen wollen, ob man Landabtretungen fordern oder auf solche verzichten, ob man Pfandbesitz und auf wie lange gewinnen will.

Noch schwerer wirkt in gleicher Richtung die Frage, ob und aus welchen Motiven andre Mächte geneigt sein könnten, dem Gegner zunächst diplomatisch, eventuell militärisch beizustehn, welche Aussicht die Vertreter einer solchen Einmischung haben, an fremden Höfen ihren Zweck zu erreichen, wie die Parteien sich gruppiren würden, wenn es zu Conferenzen oder zu einem Congresse käme, ob Gefahr vorhanden, daß aus der Einmischung der Neutralen sich weitere Kriege entwickeln. Namentlich aber zu beurtheilen, wann der richtige Moment eingetreten sei, den Uebergang vom Kriege zum Frieden einzuleiten, dazu sind Kenntnisse der europäischen Lage

erforderlich, die dem Militär nicht geläufig zu sein brauchen, In=
formationen, die ihm nicht zugänglich sein können. Die Verhand=
lungen in Nikolsburg 1866 beweisen, daß die Frage von Krieg
und Frieden auch im Kriege stets zur Competenz des verantwort=
lichen politischen Ministers gehört und nicht von der technischen
Armeeleitung entschieden werden kann; der competente Minister
aber kann dem Könige nur dann sachkundigen Rath ertheilen, wenn
er Kenntniß von der jeweiligen Lage und den Intentionen der
Kriegführung hat.

Im fünften Kapitel ist der Plan zur Zerstückelung Ruß=
lands erwähnt, den die Wochenblattspartei hegte und Bunsen in
einer dem Minister von Manteuffel eingereichten Denkschrift in
aller kindlichen Nacktheit entwickelt hatte [1]). Den damals unmög=
lichen Fall angenommen, daß der König für diese Utopie ge=
wonnen wurde, angenommen ferner, daß die preußischen Heere und
ihre etwaigen Verbündeten in siegreichem Vorschreiten waren, so
würde sich doch eine artige Reihe von Fragen aufgedrängt haben:
ob uns der weitere Erwerb polnischer Landstriche und Bevölke=
rungen wünschenswerth sei, ob es nothwendig, die vorspringende
Grenze Congreßpolens, den Ausgangspunkt russischer Heere weiter
nach Osten, weiter ab von Berlin zu rücken, analog dem Be=
dürfnisse, im Westen den Druck zu beseitigen, den Straßburg
und die Weißenburger Linien auf Süddeutschland ausübten, ob
Warschau in polnischen Händen für uns unbequemer werden
könnte als in russischen. Das alles sind rein politische Fragen,
und wer wird leugnen wollen, daß ihre Entscheidung einen voll=
berechtigten Einfluß auf die Richtung, die Art, den Umfang der
Kriegführung hätte fordern, daß zwischen Diplomatie und Strategie
eine Wechselwirkung in Berathung des Monarchen hätte bestehn
müssen?

---

[1]) S. Bd. I 110 ff.

Wenn ich mich auch in Versailles beschied, in militärischen
Dingen zu einem Votum nicht berufen zu sein, so lag mir doch
als dem leitenden Minister die Verantwortlichkeit für die richtige
politische Ausnutzung der militärischen, wie der auswärtigen Situation
ob, und ich war verfassungsmäßig der verantwortliche Rathgeber des
Königs in der Frage, ob die militärische Situation irgend welche
politische Schritte oder die Ablehnung irgend welcher Zumuthung
andrer Mächte rathsam machte. Ich habe damals die Nachrichten
über die militärische Lage, deren ich für die Beurtheilung der politischen bedurfte, so weit als möglich mir dadurch zu verschaffen gesucht, daß ich mich mit einigen der unbeschäftigten hohen Herrn, welche
die „zweite Staffel" des Hauptquartiers bildeten und im Hôtel
des Réservoirs zusammenkamen, in vertraulichen Beziehungen hielt,
denn diese fürstlichen Herrn erfuhren über die militärischen Vorgänge und Absichten erheblich mehr als der verantwortliche Minister
des Auswärtigen und machten mir manche für mich sehr werthvolle
Mittheilung, von der sie annahmen, daß sie für mich natürlich
kein Geheimniß sei. Auch der englische Correspondent im Hauptquartier, Russell, war in der Regel über die Absichten und Vorgänge in demselben besser wie ich unterrichtet und eine nützliche
Quelle für meine Informationen.

II.

Im Kriegsrathe war Roon der einzige Vertreter meiner Ansicht,
daß wir mit Abschluß des Krieges Eile hätten, wenn wir die Einmischung
der Neutralen und ihres Congresses sicher hintanhalten wollten; er
befürwortete die Nothwendigkeit, aggressiv mit schwerem Geschütz
gegen Paris vorzugehn, gegenüber dem in den Kreisen hoher Frauen
für humaner geltenden System der Aushungerung. Die Zeit,
die das letzte in Anspruch nehmen würde, ließ sich bei der

Unbekanntſchaft mit dem Pariſer Verpflegungs-Etat nicht über-
ſehn *). Die Belagerung machte territorial keine Fortſchritte, mitunter ſogar Rückſchritte, und die Vorgänge in den Provinzen waren
nicht mit Sicherheit zu berechnen, namentlich ſo lange man ohne
Nachricht war über das Verbleiben der Südarmee und Bourbakis.
Man wußte eine Zeit lang nicht, ob dieſelbe gegen unſre Ver-
bindungslinie mit Deutſchland operire oder auf dem Seewege an
der untern Seine erſcheinen werde. Wir verloren monatlich etwa
zweitauſend Mann vor Paris, gewannen den Belagerten kein Terrain
ab und verlängerten in unberechenbarer Weiſe die Periode, während
welcher unſre Truppen den Wandlungen des Geſchickes ausgeſetzt
blieben, die durch unvorhergeſehne Unfälle im Kampfe und
durch Krankheiten, wie die Cholera 1866 vor Wien, eintreten
konnten. Für mich lagen ſtärkere Beunruhigungen, die mir die
Verſchleppung der Entſcheidung verurſachten, auf dem politiſchen
Gebiete, in der Beſorgniß vor Einmiſchung der Neutralen. Je
länger der Kampf dauerte, deſto mehr mußte man mit der
Möglichkeit rechnen, daß die latente Mißgunſt und die ſchwanken-
den Sympathien eine der übrigen Mächte, in der Beunruhigung
über unſre Erfolge, zu der Initiative für eine diplomatiſche
Einmiſchung bereit finden laſſen würden und dieſe dann den
Anſchluß andrer oder aller andern herbeiführte. Wenn auch
zur Zeit der Rundreiſe des Herrn Thiers im October „Europa
nicht zu finden war“, ſo konnte die Entdeckung dieſer Potenz
doch an jedem der neutralen Höfe, ſogar auf dem Wege repu-
blikaniſcher Sympathien in Amerika, durch den geringſten Anſtoß
herbeigeführt werden, den ein Cabinet dem andern gegeben hätte,
indem es ſondirende Fragen über die Zukunft des europäiſchen
Gleichgewichts oder die menſchenfreundliche Heuchelei, durch welche

---

*) Am 22. September hatte Moltke an ſeinen Bruder Adolf geſchrieben,
er hege im Stillen die Hoffnung, Ende October in Creiſau Haſen zu ſchießen
(Moltke, Geſammelte Werke IV 198).

die Festung Paris gegen ernste Belagerung gedeckt wurde, zur
Unterlage seiner Initiative nahm. Gelang im Laufe der Monate
und Angesichts der schwankenden Aussichten vor Paris in der Zeit,
welche die Signatur trug: „Vor Paris nichts Neues", gelang es
damals den feindlichen Elementen und den mißgünstigen, unehrlichen Freunden, die uns an keinem Hofe fehlten, eine Verständigung zwischen den übrigen Mächten oder auch nur zwischen zweien
von ihnen herbeizuführen, um eine Warnung, eine scheinbar von
der Menschenliebe eingegebene Frage an uns zu richten, so konnte
niemand wissen, wie schnell sich ein solcher erster Ansatz zu einer
gemeinsamen, zunächst diplomatischen Haltung der Neutralen entwickeln würde. Nationalliberale Parlamentarier haben einander
im August 1870 geschrieben, „daß jede fremde Friedensvermittlung
unbedingt abzuweisen sei", haben mich aber nicht wissen lassen,
wie dem vorzubeugen sei, wenn nicht durch schnelle Einnahme von
Paris.

Graf Beust hat selbst es sich angelegen sein lassen, nachzuweisen, wie „redlich, wenn auch erfolglos" er sich bemüht habe,
eine „collective Mediation der Neutralen" zu Stande zu bringen *).
Er erinnert daran, daß er schon unter dem 28. September nach
London und unter dem 12. October nach Petersburg an die östreichischen Botschafter die Weisung gegeben hat, die Auffassung zu
vertreten, ein collectiver Schritt allein werde Aussicht auf Erfolg
haben; daß er zwei Monate später dem Fürsten Gortschakow sagen
ließ: „Le moment d'intervenir est peut-être venu." Er repro-
ducirt eine am 13. October, in der für uns kritischen Zeit 14 Tage
vor der Capitulation von Metz, von ihm an den Grafen Wimpffen
in Berlin gerichtete und von diesem dort verlesene Depesche **).

---

*) Aus drei Viertel-Jahrhunderten. Stuttgart 1887. Theil II S. 361,
395 ff.

**) Es ist auffallend, daß Graf Wimpffen diese Instruction verlesen
hat; sie weist ihn nur an, sich in einem bezeichneten Falle im Sinne derselben
auszusprechen.

In derſelben knüpft er an ein Memorandum an, durch das ich zu Anfang October [1]) auf die Folgen aufmerkſam gemacht hatte, die ſich an einen bis zu eintretendem Mangel an Lebensmitteln fort= geſetzten Widerſtand des von zwei Millionen Menſchen bewohnten Paris knüpfen müßten, und bezeichnet es, ganz richtig, als meinen Zweck, die Verantwortlichkeit dafür von der preußiſchen Regirung abzulehnen.

„Dies vorausgeſchickt," fährt er fort, „kann ich den Ausdruck meiner Beſorgniß nicht unterdrücken, daß dereinſt vor dem Urtheil der Geſchichte ein Theil dieſer Verantwortlichkeit auf die Neutralen fallen würde, wenn ſie ſich die Gefahr unerhörten Unheils in ſtummer Gleichgültigkeit vor Augen ſtellen ließen. Ich muß daher Eure Excellenz auffordern, wenn der Gegenſtand gegen Sie be= rührt wird, offen unſer Bedauern darüber auszuſprechen, daß in einer Lage, in welcher die königlich preußiſche Regierung Kata= ſtrophen, wie die in jenem Memorandum angedeutete, vorherſieht, dennoch das entſchiedenſte Beſtreben ſich kundgibt, jede perſönliche Einwirkung dritter Mächte fernzuhalten.   Rückſichten auf eigne Intereſſen ſind es nicht, welche die Regierung Oeſterreich=Ungarns beklagen laſſen, daß auf dem Punkte, zu welchem die Dinge ge= diehen ſind, jede friedliche Einflußnahme der neutralen Mächte fehlt. Aber es iſt ihr unmöglich, in der Weiſe, wie es neuerlich von Seiten des St. Petersburger Cabinets geſchieht, die abſolute Enthaltung des unbetheiligten Europas zu billigen und zu empfehlen. Sie hält es vielmehr für Pflicht, auszuſprechen, daß ſie noch an allgemein europäiſche Intereſſen glaubt, und daß ſie einen durch unparteiiſche Einwirkung der Neutralen herbeigeführten Frieden der Vernichtung weiterer Hunderttauſende vorziehen würde."

Darüber, welcher Art die „unparteiiſche Vermittlung" geweſen ſein würde, läßt der Graf Beuſt keinen Zweifel: mitiger les exigences du vainqueur, adoucir l'amertume des sentiments qui

---

[1]) Am 4. October.

doivent accabler le vaincu [1]). Daß die Gefühle der Franzosen
über die erlittene Niederlage heut uns gegenüber weniger bitter
sein würden, wenn die Neutralen uns genöthigt hätten, uns mit
weniger zu begnügen, das wird ein so guter Kenner der französischen Geschichte und des französischen Nationalcharakters, wie der
Graf Beust, schwerlich geglaubt haben.

Eine Einmischung konnte nur die Tendenz haben, uns Deutschen
den Siegespreis vermittelst eines Congresses zu beschneiden. Diese
mich Tag und Nacht beunruhigende Gefahr erzeugte in mir das
Bedürfniß, den Friedensschluß zu beschleunigen, um ihn ohne Einmischung der Neutralen herstellen zu können. Daß dies vor der
Eroberung von Paris nicht thunlich sein würde, ließ sich nach dem
herkömmlichen Vorgewicht der Hauptstadt in Frankreich voraussehn. So lange Paris sich hielt, war auch von den leitenden
Kreisen in Tours und Bordeaux und von den Provinzen nicht
anzunehmen, daß sie die Hoffnung auf einen Umschwung aufgeben
würden, mochte derselbe von neuen levées en masse, wie sie in
der Schlacht an der Lisaine zur Geltung kamen, oder von der
endlichen „Auffindung Europas", oder von dem Glanznebel erwartet werden, der die englischen resp. westmächtlichen Schlag-
worte: „Humanität, Civilisation" in deutschen, namentlich weiblichen Gemüthern an großen Höfen umgab — so lange bot sich
an den auswärtigen Höfen, die über die Situation in Frankreich doch mehr durch französische als durch deutsche Berichte
orientirt waren, die Möglichkeit, den Franzosen in ihrem Friedensschlusse beiständig zu sein. Für mich spitzte sich daher meine Aufgabe dahin zu, mit Frankreich abzuschließen, bevor eine Verständigung der neutralen Mächte über ihre Einflußnahme auf den Frieden
zu Stande gekommen wäre, grade so, wie es 1866 unser Bedürfniß war, mit Oestreich abzuschließen, bevor französische Einmischung in Süddeutschland wirksam werden konnte.

---

[1]) Depesche an Graf Chotek vom 12. October, Beust a. a. O. II 397.

Es ließ sich nicht mit Bestimmtheit sagen, zu welchen Ent= schließungen man in Wien und Florenz gelangt sein würde, wenn bei Wörth, Spichern, Mars la Tour der Erfolg auf Seite der Franzosen oder für uns weniger eclatant gewesen wäre. Ich habe zur Zeit der genannten Schlachten Besuche von republikanischen Italienern gehabt, die überzeugt waren, daß der König Victor Emanuel mit der Absicht umginge, dem Kaiser Napoleon beizu= stehn, und diese Tendenz zu bekämpfen geneigt waren, weil sie von der Ausführung der dem Könige zugeschriebenen Absichten eine Verstärkung der ihrem Nationalgefühl empfindlichen Abhängigkeit Italiens von Frankreich befürchteten. Schon in den Jahren 1868 und 1869 waren mir ähnliche antifranzösische Anregungen von italienischer und nicht blos republikanischer Seite vorgekommen, in denen die Unzufriedenheit mit der französischen Suprematie über Italien scharf hervortrat. Ich habe damals wie später auf dem Marsche nach Frankreich in Homburg (Pfalz) den italienischen Herrn geantwortet: wir hätten bisher keine Beweise davon, daß der König von Italien seine Freundschaft für Napoleon bis zum Angriffe auf Preußen bethätigen werde; es sei gegen mein politisches Ge= wissen, eine Initiative zum Bruch zu ergreifen, welche Italien Vorwand und Rechtfertigung feindlicher Haltung gegeben hätte. Wenn Victor Emanuel die Initiative zu dem Bruche ergriffe, so würde die republikanische Tendenz derjenigen Italiener, welche eine solche Politik mißbilligten, mich nicht abhalten, dem Könige, meinem Herrn, zur Unterstützung der Unzufriedenen in Italien durch Geld und Waffen, welche sie zu haben wünschten, zu rathen.

Ich fand den Krieg, wie er lag, zu ernst und zu gefährlich, um in einem Kampfe, in dem nicht nur unsre nationale Zu= kunft, sondern auch unsre staatliche Existenz auf dem Spiele stand, mich zur Ablehnung irgend eines Beistandes bei bedenklichen Wen= dungen der Dinge für berechtigt zu halten. Ebenso wie ich 1866 nach und infolge der Einmischung durch Napoleons Telegramm vom 4. Juli vor dem Beistande einer ungarischen Insurrection nicht

zurückgeschreckt war, würde ich auch den der italienischen Republi=
kaner für annehmbar gehalten haben, wenn es sich um Verhütung
der Niederlage und um Vertheidigung unsrer nationalen Selb=
ständigkeit gehandelt hätte. Die Velleitäten des Königs von Italien
und des Grafen Beust, die durch unsre ersten glänzenden Erfolge
zurückgedrängt waren, konnten bei der Stagnation vor Paris um
so leichter wieder aufleben, als wir in den maßgebenden Kreisen
eines so gewichtigen Factors wie England über zuverlässige Sym=
pathien und namentlich über solche, welche bereit gewesen wären,
sich auch nur diplomatisch zu bethätigen, keineswegs verfügen
konnten.

Ju Rußland gewährten die persönlichen Gefühle Alexanders II.,
nicht nur die freundschaftlichen für seinen Oheim, sondern auch
die antifranzösischen, uns eine Bürgschaft, die freilich durch die
französirende Eitelkeit des Fürsten Gortschakow und durch seine
Rivalität mir gegenüber abgeschwächt werden konnte. Es war
deshalb eine Gunst des Schicksals, daß die Situation eine Möglich=
keit bot, Rußland eine Gefälligkeit in Betreff des Schwarzen
Meeres zu erweisen. Aehnlich wie die Empfindlichkeiten des russi=
schen Hofes, die sich vermöge der russischen Verwandschaft der
Königin Marie an den Verlust der hanöverschen Krone knüpften,
ihr Gegengewicht in den Concessionen fanden, die dem olden=
burgischen Verwandten der russischen Dynastie auf territorialem
und finanziellem Gebiete 1866 gemacht worden waren, bot sich
1870 die Möglichkeit, nicht nur der Dynastie, sondern auch dem
russischen Reiche einen Dienst zu erweisen in Betreff der politisch
unvernünftigen und deshalb auf die Dauer unmöglichen Stipu=
lationen, die dem russischen Reiche die Unabhängigkeit seiner
Küsten des Schwarzen Meeres beschränkten. Es waren die un=
geschicktesten Bestimmungen des Pariser Friedens; einer Nation
von hundert Millionen kann man die Ausübung der natürlichen
Rechte der Souveränetät an ihren Küsten nicht dauernd untersagen.
Die Servitut der Art, welche fremden Mächten auf russischem

Gebiete eingeräumt war, war für eine große Nation eine auf die Dauer nicht erträgliche Demüthigung. Wir hatten hierin eine Handhabe, um unsre Beziehungen zu Rußland zu pflegen.

Fürst Gortschakow ist auf die Initiative, mit der ich ihn in dieser Richtung sondirte, nur widerstrebend eingegangen. Sein persönliches Uebelwollen war stärker als sein russisches Pflicht=gefühl. Er wollte keine Gefälligkeit von uns, sondern Entfrem=dung gegen Deutschland und Dank bei Frankreich. Um unser Anerbieten in Petersburg wirksam zu machen, habe ich der durch=aus ehrlichen und stets wohlwollenden Mitwirkung des damaligen russischen Militärbevollmächtigten Grafen Kutusoff bedurft. Ich werde dem Fürsten Gortschakow kaum Unrecht thun, wenn ich nach meinen mehre Jahrzehnte dauernden Beziehungen zu ihm annehme, daß die persönliche Rivalität mit mir bei ihm schwerer wog, als die Interessen Rußlands: seine Eitelkeit, seine Eifersucht gegen mich waren größer als sein Patriotismus.

Bezeichnend für die krankhafte Eitelkeit Gortschakows waren einige gelegentliche Aeußerungen mir gegenüber, gelegentlich seiner Berliner Anwesenheit im Mai 1876. Er sprach von seiner Er=müdung und seiner Neigung, abzuscheiden, und sagte dabei: „Je ne puis cependant me présenter devant Saint-Pierre au ciel sans avoir présidé la moindre chose en Europe." Ich bat ihn in Folge dessen, das Präsidium in der damaligen Diplomaten=conferenz, die aber nur eine officiöse war, zu übernehmen, was er that. In der Muße des Zuhörens bei seiner längeren Präsidial=rede schrieb ich mit Bleistift: pompons, pompo, pomp, pom, po. Mein Nachbar, Lord Odo Russell, entriß mir das Blatt und be=hielt es.

Eine andre Aeußerung bei dieser Gelegenheit lautete dahin: „Si je me retire, je ne veux pas m'éteindre comme une lampe qui file, je veux me coucher comme un astre." Es ist nach diesen Auffassungen nicht verwunderlich, daß ihm sein letztes Auftreten im Berliner Congreß 1878 nicht genügte, zu dem der

Kaiser nicht ihn, sondern den Grafen Schuwalow als Haupt=
bevollmächtigten ernannt hatte, so daß nur dieser und nicht Gor=
tschakow über die russische Stimme verfügte. Gortschakow hatte
seine Mitgliedschaft des Congresses dem Kaiser gegenüber gewisser=
maßen erzwungen, was in Folge der rücksichtsvollen Behandlung,
die im russischen höhern Dienste verdienten Staatsmännern gegen=
über Tradition ist, gelingen konnte.   Er suchte noch auf dem
Congresse seine russische Popularität im Sinne der Moskauer
Zeitung nach Möglichkeit frei zu halten von den Rückwirkungen
russischer Concessionen, und bei Congreßsitzungen, wo solche in
Aussicht standen, blieb er aus, unter dem Vorwande des Unwohl=
seins, trug aber Sorge, sich am Parterrefenster seiner Wohnung,
unter den Linden, als gesund sehn zu lassen.   Er wollte sich die
Möglichkeit wahren, vor der russischen „Gesellschaft" in Zukunft
zu behaupten, daß er an den russischen Concessionen unschuldig
wäre: ein unwürdiger Egoismus auf Kosten seines Landes.

Außerdem blieb der russische Abschluß auch nach dem Congresse
immer noch einer der günstigsten, wo nicht der günstigste, den Ruß=
land jemals nach türkischen Kriegen gemacht hat.   Directe Erobe=
rungen für Rußland waren die in Kleinasien, Batum, Kars u. s. w.
Aber wenn Rußland wirklich es in seinen Interessen gefunden hat,
die Balkanstaaten griechischer Confession von der türkischen Herr=
schaft zu emancipiren, so war doch auch in dieser Richtung ein
ganz gewaltiger Fortschritt des griechisch=christlichen Elements, und
noch mehr ein erheblicher Rückzug der Türkenherrschaft das Er=
gebniß.   Zwischen den ursprünglichen, Ignatieffschen Friedens=
bedingungen von San Stefano und dem Congreßergebnisse war
der Unterschied politisch bedeutungslos, wie die Leichtigkeit des Ab=
falls Südbulgariens und dessen Anschluß an das nördliche beweist.
Und selbst wenn er nicht stattgefunden hätte, blieb die russische
Gesammterrungenschaft nach dem Kriege auch in Folge der Con=
greßbeschlüsse eine glänzendere als die frühern.

Daß Rußland Bulgarien durch Verleihung an den Neffen der

damaligen russischen Kaiserin, den Prinzen von Battenberg, in un=
sichre Hände gab, war eine Entwicklung, die auf dem Berliner
Congresse nicht vorausgesehn werden konnte. Der Prinz von Batten=
berg war der russische Candidat für Bulgarien, und bei seiner nahen
Verwandschaft mit dem Kaiserhause war auch anzunehmen, daß
diese Beziehungen dauerhaft und haltbar sein würden. Der Kaiser
Alexander III. erklärte sich den Abfall seines Vetters einfach mit
dessen polnischer Abstammung: „Polskaja mat" war sein erster
Ausruf bei der Enttäuschung über das Verhalten seines Vetters.

Die russische Entrüstung über das Ergebniß des Berliner
Congresses war eine der Erscheinungen, die bei einer dem Volk so
wenig verständlichen Presse, wie es die russische in auswärtigen
Beziehungen ist, und bei dem Zwange, der auf sie mit Leichtigkeit
geübt wird, sich im Widerspruche mit aller Wahrheit und Vernunft
ermöglichen ließ. Die ganzen Gortschakowschen Einflüsse, die er,
angespornt durch Aerger und Neid über seinen frühern Mitarbeiter,
den deutschen Reichskanzler, in Rußland übte, unterstützt von fran=
zösischen Gesinnungsgenossen und ihren französischen Verschwäge=
rungen (Wannowski, Obrutschew) waren stark genug, um in der
Presse, die Moskauer Wedomosti an der Spitze, einen Schein von
Entrüstung herzustellen über die Schädigung, welche Rußland auf
dem Berliner Congresse durch deutsche Untreue erlitten hätte. Nun
ist auf dem Berliner Congresse kein russischer Wunsch ausgesprochen
worden, den Deutschland nicht zur Annahme gebracht hätte, unter
Umständen durch energisches Auftreten bei dem englischen Premier=
minister, obschon letzterer krank und bettlägerig war. Anstatt hier=
für dankbar zu sein, fand man es der russischen Politik entsprechend,
unter Führung des lebensmüden, aber immer noch krankhaft eitlen
Fürsten Gortschakow und der Moskauer Blätter, an der weitern
Entfremdung zwischen Rußland und Deutschland fortzuarbeiten, für
die weder im Interesse des einen noch des andern dieser großen
Nachbarreiche das mindeste Bedürfniß vorliegt. Wir beneiden uns
nichts und haben nichts von einander zu gewinnen, was wir brauchen

könnten. Unsre gegenseitigen Beziehungen sind nur gefährdet durch persönliche Stimmungen, wie die von Gortschakow waren, und wie es die von hochstehenden russischen Militärs bei ihren französischen Verschwägerungen sind, und durch monarchische Verstimmungen, wie sie schon vor dem siebenjährigen Kriege durch sarkastische Bemerkungen Friedrichs des Großen über die russische Kaiserin entstanden. Deshalb ist die persönliche Beziehung der Monarchen beider Länder zu einander von hoher Bedeutung für den Frieden der beiden Nachbarreiche, für dessen Störung keine Interessendivergenz, sondern nur persönliche Empfindlichkeiten maßgebender Staatsmänner einen Anlaß bieten konnten.

Von Gortschakow sagten seine Untergebnen im Ministerium: „Il se mire dans son encrier," wie analog Bettina über ihren Schwager, den berühmten Savigny, äußerte: „Er kann keine Gossen überschreiten, ohne sich darin zu spiegeln." Ein großer Theil der Gortschakowschen Depeschen und namentlich die sachlichsten sind nicht von ihm, sondern von Jomini, einem sehr geschickten Redacteur und Sohn eines schweizer Generals, den Kaiser Alexander für russischen Dienst anwarb. Wenn Gortschakow dictirte, so war mehr rhetorischer Schwung in den Depeschen, aber praktischer waren die von Jomini. Wenn er dictirte, so pflegte er eine bestimmte Pose anzunehmen, die er einleitete mit dem Worte: „écrivez!", und wenn der Schreiber dann seine Stellung richtig auffaßte, so mußte er bei besonders wohlgerundeten Phrasen einen bewundernden Aufblick auf den Chef richten, der dafür sehr empfänglich war. Gortschakow beherrschte die russische, die deutsche und die französische Sprache mit gleicher Vollkommenheit.

Graf Kutusoff war ein ehrlicher Soldat ohne persönliche Eitelkeit. Er war ursprünglich nach der Bedeutung seines Namens in hervorragender Stellung in Petersburg als Offizier der Garde-Kavallerie, hatte aber nicht das Wohlwollen des Kaisers Nicolaus; und als dieser, wie mir in Petersburg erzählt worden ist, vor der Front ihm zurief: „Kutusoff, du kannst nicht reiten, ich werde dich zur Infanterie versetzen," nahm er seinen Abschied und trat erst im Krimkriege in geringer Stellung wieder ein, blieb unter Alexander II. in der Armee und wurde endlich Militär=bevollmächtigter in Berlin, wo seine ehrliche Bonhomie ihm viele Freunde erwarb. Er begleitete uns als russischer Flügel=adjutant des preußischen Königs im französischen Kriege, und es war vielleicht ein Effect der ungerechten Beurtheilung seiner Reit=fähigkeit, die ihm vom Kaiser Nicolaus zu Theil geworden war, daß er alle Marschetappen, auf denen der König und sein Gefolge gefahren wurden, nicht selten 50 bis 70 Werst im Tage, zu Pferde zurücklegte. Für seine Bonhomie und die Tonart auf den Jagden in Wusterhausen ist es bezeichnend, daß er gelegentlich vor dem Könige erzählte, seine Familie stamme aus Preußisch=Litthauen und sei unter dem Namen Kutu nach Rußland gekommen, worauf Graf Fritz Eulenburg in seiner witzigen Art bemerkte: „Den schließlichen ‚Soff' haben Sie also erst in Rußland sich angeeignet" — all=gemeine Heiterkeit, in welche Kutusoff herzlich einstimmte.

Neben der Gewissenhaftigkeit der Meldungen dieses alten Sol=daten bot die regelmäßige eigenhändige Correspondenz des Groß=herzogs von Sachsen mit dem Kaiser Alexander einen Weg, unverfälschte Mittheilungen direct an diesen gelangen zu lassen. Der Großherzog, der stets wohlwollend für mich war und geblieben ist, war in Petersburg ein Anwalt der guten Beziehungen zwischen beiden Cabineten.

Die Möglichkeit einer europäischen Intervention war für mich eine Ursache der Beunruhigung und der Ungeduld angesichts der Stagnation der Belagerung. Kriegerische Wechselfälle sind in Situationen, wie die unsrige vor Paris war, bei der besten Leitung und der größten Tapferkeit nicht ausgeschlossen; sie können durch Zufälligkeiten aller Art herbeigeführt werden, und für solche bot unsre Stellung zwischen der numerisch reichlich starken be=lagerten Armee und den nach Zahl und Oertlichkeit schwer zu controllirenden Streitkräften der Provinzen ein reiches Feld, auch

wenn unsre Truppen vor Paris, im Westen, Norden und Osten
Frankreichs vor Seuchen bewahrt blieben. Die Frage, wie der
Gesundheitszustand des deutschen Heeres sich in den Beschwerden
eines so ungewöhnlich harten Winters bewähren werde, entzog sich
jeder Berechnung. Es war unter diesen Umständen keine über=
triebene Aengstlichkeit, wenn ich in schlaflosen Nächten von der Sorge
gequält wurde, daß unsre politischen Interessen nach so großen
Erfolgen durch das zögernde Hinhalten des weitern Vorgehns gegen
Paris schwer geschädigt werden könnten. Eine weltgeschichtliche Ent=
scheidung in dem Jahrhunderte alten Kampfe zwischen den beiden
Nachbarvölkern stand auf dem Spiele und in Gefahr, durch per=
sönliche und vorwiegend weibliche Einflüsse ohne historische Be=
rechtigung gefälscht zu werden, durch Einflüsse, die ihre Wirksam=
keit nicht politischen Erwägungen verdankten, sondern Gemüths=
eindrücken, welche die Redensarten von Humanität und Civilisation,
die aus England bei uns importirt werden, auf deutsche Gemüther
noch immer haben; war uns doch während des Krimkrieges von
England aus nicht ohne Wirkung auf die Stimmung geprebigt
worden, daß wir „zur Rettung der Civilisation" die Waffen für
die Türken ergreifen müßten. Die entscheidenden Fragen konnten,
wenn man wollte, als ausschließlich militärische behandelt werden,
und man konnte das als Vorwand nehmen, um mir das Recht
der Betheiligung an der Entscheidung zu versagen; sie waren aber
doch solche, von deren Lösung die diplomatische Möglichkeit in
letzter Instanz abhing, und wenn der Abschluß des französischen
Krieges ein weniger günstiger für Deutschland gewesen wäre, so
blieb auch dieser gewaltige Krieg mit seinen Siegen und seiner
Begeisterung ohne die Wirkung, die er für unsre nationale Eini=
gung haben konnte. Es war mir niemals zweifelhaft, daß der
Herstellung des Deutschen Reiches der Sieg über Frankreich vor=
hergehn mußte, und wenn es uns nicht gelang, ihn diesmal zum
vollen Abschluß zu bringen, so waren weitere Kriege ohne vor=
gängige Sicherstellung unsrer vollen Einigung in Sicht.

III.

Es ist nicht anzunehmen, daß die übrigen Generale v o n r e i n
m i l i t ä r i s c h e m S t a n d p u n k t e andrer Meinung als Roon sein
konnten; unsre Stellung zwischen der uns an Zahl überlegnen ein=
geschlossenen Armee und den französischen Streitkräften in den Pro=
vinzen war strategisch eine bedrohte und ihr Festhalten nicht er=
folgversprechend, wenn man sie nicht als Basis angriffsweisen Fort=
schreitens benutzte. Das Bedürfniß, ihr bald ein Ende zu machen,
war in militärischen Kreisen in Versailles ebenso lebhaft wie die
Beunruhigung in der Heimath über die Stagnation. Man brauchte
noch garnicht mit der Möglichkeit von Krankheiten und unvor=
hergesehenen Rückschlägen infolge von Unglück oder Ungeschick zu
rechnen, um von selbst auf den Gedankengang zu gerathen, der
mich beunruhigte, und sich zu fragen, ob das Ansehn und der
politische Eindruck, die das Ergebniß unsrer ersten raschen und
großen Siege an den neutralen Höfen gewesen waren, nicht vor
der scheinbaren Thatlosigkeit und Schwäche unsrer Haltung vor
Paris verblassen würden und ob die Begeisterung anhalten würde,
in deren Feuer sich eine haltbare Einheit schmieden ließ.

Die Kämpfe in den Provinzen bei Orleans und Dijon blieben
Dank der heldenmüthigen Tapferkeit der Truppen, wie sie in dem
Maße nicht immer als Unterlage strategischer Berechnung voraus=
gesetzt werden kann, für uns siegreich. In dem Gedanken, daß
der geistige Schwung, mit dem unsre Minderheiten dort trotz
Frost, Schnee und Mangel an Lebensmitteln und Kriegsmaterial
die numerisch stärkern französischen Massen überwunden hatten,
durch irgend welche Zufälligkeiten gelähmt werden könnte, mußte
jeder Heerführer, der nicht ausschließlich mit optimistischen Con=
jecturen rechnete, zu der Ueberzeugung kommen, daß wir bestrebt
sein müßten, durch Förderung unsres Angriffs auf Paris unsrer
ungewissen Situation so bald als möglich ein Ende zu machen.

Es fehlte uns aber, um den Angriff zu activiren, an dem Befehl und an schwerem Belagerungsgeschütz, wie im Juli 1866 vor den Floridsdorfer Linien. Die Beförderung desselben hatte mit den Fortschritten unsres Heeres nicht Schritt gehalten; um sie zu bewirken, versagten unsre Eisenbahnmittel an den Stellen, wo die Bahnen unterbrochen waren oder wie bei Lagny ganz auf= hörten.

Die schleunige Anfuhr von schwerem Geschütz und von der Masse schwerer Munition, ohne welche die Beschießung nicht begonnen werden durfte, hätte durch den vorhandenen Eisenbahnpark jedenfalls schneller, als der Fall war, bewirkt werden können. Es waren aber, wie Beamte mir meldeten, circa 1500 Axen mit Lebensmitteln für die Pariser beladen, um ihnen schnell zu helfen, wenn sie sich er= geben würden, und diese 1500 Axen waren deshalb für Munitions= transport nicht verfügbar. Der auf ihnen lagernde Speck wurde später von den Parisern abgelehnt und nach meinem Abgange aus Frankreich, infolge der durch General v. Stosch in Ferrières bei Sr. Majestät veranlaßten Aenderung unsres Staatsvertrages über die Verpflegung deutscher Truppen, diesen überwiesen und mit Widerstreben verbraucht wegen zu langer Lagerung.

Da die Beschießung nicht begonnen werden konnte, bevor das für wirksame Durchführung ohne Unterbrechung erforderliche Quan= tum Munition zur Hand war, so wurde in Ermangelung von Bahn= Material nun eine erhebliche Anspannung von Pferden und für diese ein Aufwand von Millionen erforderlich. Mir sind die Zweifel nicht verständlich, die darüber obwalten konnten, ob diese Millionen verfügbar wären, sobald das Bedürfniß für kriegerische Zwecke vor= lag. Es erschien mir als ein erheblicher Fortschritt, als Roon, schon nervös aufgerieben und erschöpft, mir eines Tages mittheilte, daß man jetzt ihm persönlich die Verantwortlichkeit mit der Frage zu= geschoben habe, ob er bereit sei, die Geschütze in absehbarer Zeit heranzuschaffen; er sei in Zweifel in Betreff der Möglichkeit. Ich bat ihn, die ihm gestellte Aufgabe sofort zu übernehmen, und

erklärte mich bereit, jede dazu erforderliche Summe auf die Bundes=
kasse anzuweisen, wenn er die vielleicht 4000 Pferde, die er als
ungefähren Bedarf angab, ankaufen und zur Beförderung der Ge=
schütze verwenden wolle. Er gab die entsprechenden Aufträge, und
die in unserm Lager lange mit schmerzlicher Ungeduld erwartete und
mit Jubel begrüßte Beschießung des Mont Avron war das Ergebniß
dieser wesentlich Roon zu dankenden Wendung. Eine bereitwillige
Unterstützung fand er für das Heranschaffen und die Verwendung
der Geschütze bei dem Prinzen Krafft Hohenlohe.

Wenn man sich fragt, was andre Generale bestimmt
haben kann, die Ansicht Roons zu bekämpfen, so wird es schwer,
sachliche Gründe für die Verzögerung der gegen die Jahreswende
ergriffenen Maßregeln aufzufinden. Von dem militärischen wie
von dem politischen Standpunkte erscheint das zögernde Vorgehn
widersinnig und gefährlich, und daß die Gründe nicht in der Un=
entschlossenheit unsrer Heeresleitung zu suchen waren, darf man
aus der raschen und entschlossenen Führung des Krieges bis vor
Paris schließen. Die Vorstellung, daß Paris, obwohl es befestigt
und das stärkste Bollwerk der Gegner war, nicht wie jede andre
Festung angegriffen werden dürfe, war aus England auf dem Um=
wege über Berlin in unser Lager gekommen, mit der Redensart
von dem „Mekka der Civilisation" und andern in dem cant der
öffentlichen Meinung in England üblichen und wirksamen Wen=
dungen der Humanitätsgefühle, deren Bethätigung England von
allen andern Mächten erwartet, aber seinen eignen Gegnern nicht
immer zu Gute kommen läßt. Von London wurde bei unsern maß=
gebenden Kreisen der Gedanke vertreten, daß die Uebergabe von Paris
nicht durch Geschütze, sondern nur durch Hunger herbeigeführt werden
dürfe. Ob der letzte Weg der menschlichere war, darüber kann
man streiten, auch darüber, ob die Greuel der Commune zum Aus=
bruch gekommen sein würden, wenn nicht die Hungerzeit das Frei=
werden der anarchischen Wildheit vorbereitet hätte. Es mag dahin=
gestellt bleiben, ob bei der englischen Einwirkung zu Gunsten der

Humanität des Aushungerns nur Empfindsamkeit und nicht auch
politische Berechnung im Spiele war. England hatte kein
praktisches Bedürfniß, weder uns noch Frankreich vor Schädigung
und Schwächung durch den Krieg zu behüten, weder wirth=
schaftlich noch politisch. Jedenfalls vermehrte die Verschleppung
der Ueberwältigung von Paris und des Abschlusses der kriegerischen
Vorgänge für uns die Gesahr, daß die Früchte unsrer Siege uns
verkümmert werden könnten. Vertrauliche Nachrichten aus Berlin
ließen erkennen, daß in den sachkundigen Kreisen der Stillstand
unsrer Thätigkeit Besorgniß und Unzufriedenheit erregte, und
daß man der Königin Augusta einen brieflichen Einfluß auf
ihren hohen Gemal im Sinne der Humanität zuschrieb. Eine An=
deutung, die ich dem Könige über Nachrichten derart machte, hatte
einen lebhaften Zornesausbruch zur Folge, nicht in dem Sinne,
daß die Gerüchte unbegründet seien, sondern in einer scharfen
Bedrohung jeder Aeußerung einer derartigen Verstimmung gegen
die Königin

Die Initiative zu irgend einer Wendung in der Kriegführung
ging in der Regel nicht von dem Könige aus, sondern von
dem Generalstabe der Armee oder des Höchstcommandirenden am
Orte, des Kronprinzen. Daß diese Kreise englischen Auffassungen,
wenn sie sich in befreundeter Form geltend machten, zugänglich
waren, war menschlich natürlich: die Kronprinzessin, die verstorbene
Frau Moltkes, die Frau des Generalstabschefs, spätern Feldmar=
schalls, Grafen Blumenthal, und die Frau des demnächst maß=
gebenden Generalstabsoffiziers von Gottberg waren sämmtlich Eng=
länderinnen.

Die Gründe der Verzögerung des Angriffs auf Paris, über
die die Wissenden Schweigen beobachtet hatten, sind durch die
in der „Deutschen Revue" von 1891 erfolgten Veröffentlichungen
aus den Papieren des Grafen Roon [1]) Gegenstand publicistischer Er=

---

[1]) Ausgabe in Buchform III⁴ 243 ff.

örterung geworden. Alle gegen die Darstellung Roons gerichteten
Ausführungen umgehn die Berliner Einflüsse und die englischen,
auch die Thatsache, daß 800, nach Andern 1500 Axen mit
Lebensmitteln für die Pariser wochenlang festlagen; und alle,
mit Ausnahme eines anonymen Zeitungsartikels, umgehn ebenso
die Frage, ob die Heeresleitung rechtzeitig für die Herbeischaffung
von Belagerungsgeschütz Sorge getragen habe. Ich habe keinen
Anlaß gefunden, an meinen vorstehenden, vor dem Erscheinen der
betreffenden Nummern der „Deutschen Revue" gemachten Aufzeich=
nungen irgend etwas zu ändern.

IV.

Die Annahme des Kaisertitels durch den König bei Erweiterung
des Norddeutschen Bundes war ein politisches Bedürfniß, weil er
in den Erinnerungen aus Zeiten, da er rechtlich mehr, factisch
weniger als heut zu bedeuten hatte, ein werbendes Element für
Einheit und Centralisation bildete; und ich war überzeugt, daß der
festigende Druck auf unsre Reichsinstitutionen um so nachhaltiger
sein müßte, je mehr der preußische Träger desselben das gefähr=
liche, aber der deutschen Vorgeschichte innelebende Bestreben ver=
miede, den andern Dynastien die Ueberlegenheit der eignen
unter die Augen zu rücken. König Wilhelm I. war nicht frei
von der Neigung dazu, und sein Widerstreben gegen den Titel
war nicht ohne Zusammenhang mit dem Bedürfnisse, grade
das überlegne Ansehn der angestammten preußischen Krone mehr
als das des Kaisertitels zur Anerkennung zu bringen. Die
Kaiserkrone erschien ihm im Lichte eines übertragenen modernen
Amtes, dessen Autorität von Friedrich dem Großen bekämpft
war, den Großen Kurfürsten bedrückt hatte. Bei den ersten
Erörterungen sagte er: „Was soll mir der Charakter=Major?"
worauf ich u. A. erwiderte: „Ew. Majestät wollen doch nicht ewig

ein Neutrum bleiben, ‚das Präsidium‘? In dem Ausdrucke ‚Präsi=
dium‘ liegt eine Abstraction, in dem Worte „Kaiser‘ eine große
Schwungkraft“ [1]).

Auch bei dem Kronprinzen habe ich für mein Streben, den
Kaisertitel herzustellen, welches nicht einer preußisch=dynastischen
Eitelkeit, sondern allein dem Glauben an seine Nützlichkeit für
Förderung der nationalen Einheit entsprang, im Anfange der gün=
stigen Wendung des Krieges nicht immer Anklang gefunden. Seine
Königliche Hoheit hatte von irgend einem der politischen Phantasten,
denen er sein Ohr lieh, den Gedanken aufgenommen, die Erbschaft
des von Karl dem Großen wiedererweckten „römischen“ Kaiser=
thums sei das Unglück Deutschlands gewesen, ein ausländischer, für
die Nation ungesunder Gedanke. So nachweisbar letztres auch
geschichtlich sein mag, so unpraktisch war die Bürgschaft gegen
analoge Gefahren, welche des Prinzen Rathgeber in dem Titel
„König“ der Deutschen sahen. Es lag heut zu Tage keine Gefahr
vor, daß der Titel, welcher allein in der Erinnerung des Volkes
lebt, dazu beitragen würde, die Kräfte Deutschlands den eignen
Interessen zu entfremden und dem transalpinen Ehrgeize bis nach
Apulien hin dienstbar zu machen. Das aus einer irrigen Vor=
stellung entspringende Verlangen, das der Prinz gegen mich aus=
sprach, war nach meinem Eindrucke ein völlig ernstes und ge=
schäftliches, dessen Inangriffnahme durch mich gewünscht wurde.
Mein Einwand, anknüpfend an die Coexistenz der Könige von
Bayern, Sachsen, Würtemberg mit dem intendirten Könige in
Germanien oder Könige der Deutschen führte zu meiner Ueber=
raschung auf die weitere Consequenz, daß die genannten Dynastien
aufhören müßten, den Königstitel zu führen, um wieder den
herzoglichen anzunehmen. Ich sprach die Ueberzeugung aus, daß
sie sich dazu gutwillig nicht verstehn würden. Wollte man da=
gegen Gewalt anwenden, so würde dergleichen Jahrhunderte hin=

---

[1]) S. o. S. 57.

durch nicht vergessen und eine Saat von Mißtrauen und Haß ausstreuen.

In dem Geffckenschen Tagebuche findet sich die Andeutung, daß wir unsre Stärke nicht gekannt hätten; die Anwendung dieser Stärke in damaliger Gegenwart wäre die Schwäche der Zukunft Deutschlands geworden. Das Tagebuch ist wohl nicht damals auf den Tag geschrieben, sondern später mit Wendungen vervollständigt worden, durch die höfische Streber den Inhalt glaublich zu machen suchten. Ich habe meiner Ueberzeugung, daß es gefälscht sei, und meiner Entrüstung über die Intriganten und Ohrenbläser, die sich einer arglosen und edlen Natur wie Kaiser Friedrich auf- drängten, in dem veröffentlichten Immediatberichte[1]) Ausdruck ge- geben. Als ich diesen schrieb, hatte ich keine Ahnung davon, daß der Fälscher in der Richtung von Geffcken, dem hanseatischen Welfen, zu suchen sei, den seine Preußenfeindschaft seit Jahren nicht ge- hindert hatte, sich um die Gunst des preußischen Kronprinzen zu bewerben, um diesen, sein Haus und seinen Staat mit mehr Erfolg schädigen, selbst aber eine Rolle spielen zu können. Geffcken gehörte zu den Strebern, die seit 1866 verbittert waren, weil sie sich und ihre Bedeutung verkannt fanden.

Außer den bairischen Unterhändlern befand sich in Versailles als besondrer Vertrauensmann des Königs Ludwig der ihm als Oberststallmeister persönlich nahestehende Graf Holnstein. Derselbe übernahm auf meine Bitte in dem Augenblick, wo die Kaiserfrage kritisch war und an dem Schweigen Baierns und der Abneigung König Wilhelms zu scheitern drohte, die Ueberbringung eines Schreibens von mir an seinen Herrn, das ich, um die Beförde- rung nicht zu verzögern, sofort an einem abgedeckten Eßtische auf durchschlagendem Papiere und mit widerstrebender Tinte schrieb[2]). Ich entwickelte darin den Gedanken, daß die bairische Krone die

[1]) Vom 23. Sept. 1888.
[2]) S. Bd. 1 353.

Präsidialrechte, für die die bairische Zustimmung geschäftlich be=
reits vorlag, dem Könige von Preußen ohne Verstimmung des
bairischen Selbstgefühls nicht werde einräumen können; der König
von Preußen sei ein Nachbar des Königs von Baiern, und bei
der Verschiedenheit der Stammesbeziehungen werde die Kritik über
die Concessionen, welche Baiern mache und gemacht habe, schärfer
und für die Rivalitäten der deutschen Stämme empfindlicher werden.
Preußische Autorität innerhalb der Grenzen Baierns ausgeübt,
sei neu und werde die bairische Empfindung verletzen, ein deut=
scher Kaiser aber sei nicht der im Stamme verschiedene Nachbar
Baierns, sondern der Landsmann; meines Erachtens könne der
König Ludwig die von ihm der Autorität des Präsidiums bereits
gemachten Concessionen schicklicher Weise nur einem deutschen Kaiser,
nicht einem Könige von Preußen machen. Dieser Hauptlinie meiner
Argumentation hatte ich noch persönliche Argumente hinzugefügt,
in Erinnerung an das besondre Wohlwollen, welches die bairische
Dynastie zu der Zeit, wo sie in der Mark Brandenburg regirte
(Kaiser Ludwig), während mehr als einer Generation meinen Vor=
fahren bethätigt habe. Ich hielt dieses argumentum ad hominem
einem Monarchen von der Richtung des Königs gegenüber für nütz=
lich, glaube aber, daß die politische und dynastische Würdigung des
Unterschieds zwischen kaiserlich deutschen und königlich preußischen
Präsidialrechten entscheidend in's Gewicht gefallen ist. Der Graf
trat seine Reise nach Hohenschwangau binnen zwei Stunden, am
27. November, an und legte sie unter großen Schwierigkeiten und
mit häufiger Unterbrechung in vier Tagen zurück. Der König war
wegen eines Zahnleidens bettlägrig, lehnte zuerst ab, ihn zu em=
pfangen, nahm ihn aber an, nachdem er vernommen hatte, daß
der Graf in meinem Auftrage und mit einem Briefe von mir
komme. Er hat darauf im Bette mein Schreiben in Gegenwart
des Grafen zweimal sorgfältig durchgelesen, Schreibzeug gefordert
und das von mir erbetene und im Concept entworfene Schreiben
an den König Wilhelm zu Papier gebracht. Darin war das

Hauptargument für den Kaisertitel mit der coercitiven Andeutung wiedergegeben, daß Baiern die zugesagten, aber noch nicht rati= ficirten Concessionen n u r dem deutschen Kaiser, aber nicht dem Könige von Preußen machen könne. Ich hatte diese Wendung aus= drücklich gewählt, um einen Druck auf die Abneigung meines hohen Herrn gegen den Kaisertitel auszuüben. Am siebenten Tage nach seiner Abreise, am 3. December, war Graf Holnstein mit diesem Schreiben des Königs wieder in Versailles; es wurde noch an demselben Tage durch den Prinzen Luitpold, jetzigen Regenten, unserm Könige officiell überreicht und bildete ein gewichtiges Mo= ment für das Gelingen der schwierigen und vielfach in ihren Aussichten schwankenden Arbeiten, die durch das Widerstreben des Königs Wilhelm und durch die bis dahin mangelnde Feststellung der bairischen Erwägungen veranlaßt waren. Der Graf Holn= stein hat sich durch diese in einer schlaflosen Woche zurückgelegte doppelte Reise und durch die geschickte Durchführung seines Auf= trags in Hohenschwangau ein erhebliches Verdienst um den Ab= schluß unsrer nationalen Einigung durch Beseitigung der äußern Hindernisse der Kaiserfrage erworben.

Eine neue Schwierigkeit erhob Se. Majestät bei der Formu= lirung des Kaisertitels, indem er, wenn schon Kaiser, Kaiser v o n Deutschland heißen wollte. In dieser Phase haben der Kronprinz, der seinen Gedanken an einen König der Deutschen längst fallen gelassen hatte, und der Großherzog von Baden mich, jeder in seiner Weise, unterstützt, wenn auch keiner von Beiden der zornigen Ab= neigung des alten Herrn gegen den „Charakter=Major" [1] offen widersprach. Der Kronprinz unterstützte mich durch passive Assistenz in Gegenwart seines Herrn Vaters und durch gelegentliche kurze Aeußerungen seiner Ansicht, die aber meine Gefechtsposition dem Könige gegenüber nicht stärkten, sondern eher eine verschärfte Reiz= barkeit des hohen Herrn zur Folge hatten. Denn der König war noch

_____

[1] S. o. S. 57. 115 f.

leichter geneigt, dem Minister, als seinem Herrn Sohne Concessionen zu machen, in gewissenhafter Erinnerung an Verfassungseid und Ministerverantwortlichkeit. Meinungsverschiedenheiten mit dem Kronprinzen faßte er von dem Standpunkte des pater familias auf.

In der Schlußberathung am 17. Januar 1871 lehnte er die Bezeichnung Deutscher Kaiser ab und erklärte, er wolle Kaiser von Deutschland oder garnicht Kaiser sein. Ich hob hervor, wie die adjectivische Form Deutscher Kaiser und die genitivische Kaiser von Deutschland sprachlich und zeitlich verschieden seien. Man hätte Römischer Kaiser, nicht Kaiser von Rom gesagt; der Zar nenne sich nicht Kaiser von Rußland, sondern Russischer, auch „gesammt=russischer" (wserossiski) Kaiser. Das Letzte bestritt der König mit Schärfe, sich darauf berufend, daß die Rapporte seines russischen Regiments Kaluga stets „pruskomu" adressirt seien, was er irrthümlich übersetzte. Meiner Versicherung, daß die Form der Dativ des Adjectivums sei, schenkte er keinen Glauben und hat sich erst nachher von seiner gewohnten Autorität für russische Sprache, dem Hofrath Schneider, überzeugen lassen. Ich machte ferner geltend, daß unter Friedrich dem Großen und Friedrich Wilhelm II. auf den Thalern Borussorum, nicht Borussiae rex erscheine, daß der Titel Kaiser von Deutschland einen landesherrlichen Anspruch auf die nichtpreußischen Gebiete involvire, den die Fürsten zu bewilligen nicht gemeint wären; daß in dem Schreiben des Königs von Baiern in Anregung gebracht sei, daß „die Ausübung der Präsidialrechte mit Führung des Titels eines Deutschen Kaisers verbunden werde"; endlich daß derselbe Titel auf Vorschlag des Bundesrathes in die neue Fassung des Artikel 11 der Verfassung aufgenommen sei.

Die Erörterung ging über auf den Rang zwischen Kaisern und Königen, zwischen Erzherzogen, Großfürsten und preußischen Prinzen. Meine Darlegung, daß den Kaisern im Prinzip ein Vorrang vor Königen nicht eingeräumt werde, fand keinen Glauben, obwohl ich mich darauf berufen konnte, daß Friedrich Wilhelm I. bei einer Zusammenkunft mit Karl VI., der doch dem Kurfürsten

von Brandenburg gegenüber die Stellung des Lehnsherrn hatte,
als König von Preußen die Gleichheit beanspruchte und durchsetzte,
indem man einen Pavillon erbauen ließ, in den die beiden Mon=
archen von den entgegengesetzten Seiten gleichzeitig eintraten, um
einander in der Mitte zu begegnen.

Die Zustimmung, die der Kronprinz zu meiner Ausführung
zu erkennen gab, reizte den alten Herrn noch mehr, so daß er auf
den Tisch schlagend sagte: „Und wenn es so gewesen wäre, so
befehle ich jetzt, wie es sein soll. Die Erzherzoge und Großfürsten
haben stets den Vorrang vor den preußischen Prinzen gehabt, und
so soll es ferner sein." Damit stand er auf, trat an das Fenster, den
um den Tisch Sitzenden den Rücken zuwendend. Die Erörterung der
Titelfrage kam zu keinem klaren Abschluß; indessen konnte man sich
doch für berechtigt halten, die Ceremonie der Kaiserproclamation anzu=
beraumen, aber der König hatte befohlen, daß nicht von dem Deutschen
Kaiser, sondern von dem Kaiser von Deutschland dabei die Rede sei.

Diese Sachlage veranlaßte mich, am folgenden Morgen, vor
der Feierlichkeit im Spiegelsaale, den Großherzog von Baden auf=
zusuchen, als den ersten der anwesenden Fürsten, der voraussichtlich
nach Verlesung der Proclamation das Wort nehmen würde, und
ihn zu fragen, wie er den neuen Kaiser zu bezeichnen denke. Der
Großherzog antwortete: „Als Kaiser von Deutschland, nach Befehl
Sr. Majestät." Unter den Argumenten, die ich dem Großherzoge
dafür geltend machte, daß das abschließende Hoch auf den Kaiser
nicht in dieser Form ausgebracht werden könne, war das durch=
schlagendste meine Berufung auf die Thatsache, daß der künftige
Text der Reichsverfassung bereits durch einen Beschluß des Reichs=
tags in Berlin präjudicirt sei. Die in seinen constitutionellen Ge=
dankenkreis fallende Hinweisung auf den Reichstagsbeschluß bewog
ihn, den König noch einmal aufzusuchen. Die Unterredung der
beiden Herrn blieb mir unbekannt, und ich war bei Verlesung der
Proclamation in Spannung. Der Großherzog wich dadurch aus,
daß er ein Hoch weder auf den Deutschen Kaiser, noch auf den

Kaiser von Deutschland, sondern auf den Kaiser Wilhelm aus=
brachte. Se. Majestät hatte mir diesen Verlauf so übel genommen,
daß er beim Herabtreten von dem erhöhten Stande der Fürsten mich,
der ich allein auf dem freien Platze davor stand, ignorirte, an mir
vorüberging, um den hinter mir stehenden Generalen die Hand zu
bieten, und in dieser Haltung mehre Tage verharrte, bis allmälig
die gegenseitigen Beziehungen wieder in das alte Geleise kamen.

Culturkampf.

I.

In Versailles hatte ich vom 5. bis 9. November mit dem Grafen Ledochowski, Erzbischofe von Posen und Gnesen, Verhandlungen gehabt, die sich vorwiegend auf die territorialen Interessen des Papstes bezogen. Gemäß dem Sprichwort „Eine Hand wäscht die andre" machte ich ihm den Vorschlag, die Gegenseitigkeit der Beziehungen zwischen dem Papste und uns zu bethätigen durch päpstliche Einwirkung auf die französische Geistlichkeit im Sinne des Friedensschlusses, immer in Sorge, wie ich war, daß eine Einmischung der neutralen Mächte uns die Früchte der Siege verkümmern könne. Ledochowski und in engern Grenzen Bonnechose, Cardinal-Erzbischof von Rouen, machten bei verschiedenen Mitgliedern des hohen Clerus den Versuch, sie zu einer Einwirkung in dem bezeichneten Sinne zu bestimmen, hatten mir aber nur von einer kühlen, ablehnenden Aufnahme ihrer Schritte zu berichten, woraus ich entnahm, daß es der päpstlichen Macht entweder an Stärke oder an gutem Willen fehlen müsse, uns im Sinne des Friedens eine Hülfe zu gewähren, werthvoll genug, um die Verstimmung der deutschen Protestanten und der italienischen Nationalpartei und der letztern Rückwirkung auf die zukünftigen Beziehungen beider Völker

in den Kauf zu nehmen, die das Ergebniß eines öffentlichen Ein=
tretens für die päpstlichen Interessen bezüglich Roms sein mußte.

In den Wechselfällen des Krieges ist unter den streitenden
italienischen Elementen Anfangs der König als der für uns mög=
licherweise gefährliche Gegner erschienen. Später ist uns die republi=
kanische Partei unter Garibaldi, die uns bei Ausbruch des Krieges
ihre Unterstützung gegen Napoleonische Velleitäten des Königs in
Aussicht gestellt hatte, auf dem Schlachtfelde in einer mehr thea=
tralischen als praktischen Erregtheit und in militärischen Leistungen
entgegengetreten, deren Formen unsre soldatischen Auffassungen
verletzten. Zwischen diesen beiden Elementen lag die Sympathie,
welche die öffentliche Meinung der Gebildeten in Italien für das in
der Geschichte und in der Gegenwart parallele Streben des deutschen
Volkes hegen und dauernd bewahren konnte, lag der nationale
Instinct, der denn auch schließlich stark und praktisch genug ge=
wesen ist, mit dem frühern Gegner Oestreich in den Dreibund
zu treten. Mit dieser nationalen Richtung Italiens würden wir
durch ostensible Parteinahme für den Papst und seine territorialen
Ansprüche gebrochen haben. Ob und in wie weit wir dafür den
Beistand des Papstes in unsern innern Angelegenheiten gewonnen
haben würden, ist zweifelhaft. Der Gallicanismus erschien mir
stärker, als ich ihn 1870 der Infallibilität gegenüber einschätzen
konnte, und der Papst schwächer, als ich ihn wegen seiner über=
raschenden Erfolge über alle deutschen, französischen, ungarischen
Bischöfe gehalten hatte. Bei uns im Lande war das jesuitische
Centrum demnächst stärker als der Papst, wenigstens unabhängig
von ihm; der germanische Fractions= und Parteigeist unsrer katho=
lischen Landsleute ist ein Element, dem gegenüber auch der päpst=
liche Wille nicht durchschlägt.

Desgleichen lasse ich dahingestellt, ob die am 16. desselben
Monats vor sich gegangenen Wahlen zum preußischen Landtage
durch das Fehlschlagen der Ledochowskischen Verhandlungen beein=
flußt worden sind. Die letztern wurden in etwas andrer Rich=

tung aufgenommen von dem Bischof von Mainz, Freiherrn von Ketteler, zu welchem Zweck er mich bei Beginn des Reichstags, 1871, mehrmals aufsuchte. Ich war 1865 mit ihm in Ver= bindung getreten, indem ich ihn befragte, ob er das Erzbisthum Posen annehmen würde, wobei mich die Absicht leitete, zu zeigen, daß wir nicht antikatholisch, sondern nur antipolnisch wären. Ketteler hatte, vielleicht auf Anfrage in Rom, abgelehnt wegen Unkenntniß der polnischen Sprache. 1871 stellte er mir im Großen und Ganzen das Verlangen, in die Reichsverfassung die Artikel der preußischen aufzunehmen, welche das Verhältniß der katholi= schen Kirche im Staate regelten und von denen drei (15, 16, 18) durch das Gesetz vom 18. Juni 1875 aufgehoben worden sind. Für mich war die Richtung unsrer Politik nicht durch ein con= fessionelles Ziel bestimmt, sondern lediglich durch das Bestreben, die auf dem Schlachtfelde gewonnene Einheit möglichst dauerhaft zu festigen. Ich bin in confessioneller Beziehung jeder Zeit tolerant gewesen bis zu den Grenzen, die die Nothwendigkeit des Zu= sammenlebens verschiedener Bekenntnisse in demselben staatlichen Organismus den Ansprüchen eines jeden Sonderglaubens zieht. Die therapeutische Behandlung der katholischen Kirche in einem weltlichen Staate ist aber dadurch erschwert, daß die katholische Geistlichkeit, wenn sie ihren theoretischen Beruf voll erfüllen will, über das kirchliche Gebiet hinaus den Anspruch auf Betheiligung an weltlicher Herrschaft zu erheben hat, unter kirchlichen Formen eine politische Institution ist und auf ihre Mitarbeiter die eigne Ueberzeugung überträgt, daß ihre Freiheit in ihrer Herrschaft besteht, und daß die Kirche überall, wo sie nicht herrscht, berechtigt ist, über Diocletianische Verfolgung zu klagen.

In diesem Sinne hatte ich einige Auseinandersetzungen mit Herrn von Ketteler bezüglich seines genauer accentuirten Anspruchs auf ein verfassungsmäßiges Recht seiner Kirche, das heißt der Geist= lichkeit, auf Verfügung über den weltlichen Arm. Er verwandte in seinen politischen Argumenten auch das mehr ad hominem

gehende, daß bezüglich unsres Schicksals nach dem irdischen Tode
die Bürgschaften für die Katholiken stärker seien, als für andre,
weil, angenommen, daß die katholischen Dogmen irrthümlich seien,
das Schicksal der katholischen Seele nicht schlimmer ausfalle, wenn
der evangelische Glaube sich als der richtige erweisen sollte, im
umgekehrten Falle aber die Zukunft der ketzerischen Seele eine ent=
setzliche sei. Er knüpfte daran die Frage: „Glauben Sie etwa,
daß ein Katholik nicht selig werden könne?" Ich antwortete: „Ein
katholischer Laie unbedenklich; ob ein Geistlicher, ist mir zweifel=
haft; in ihm steckt ‚die Sünde wider den heiligen Geist‘, und der
Wortlaut der Schrift steht ihm entgegen." Der Bischof beantwortete
diese in scherzhaftem Tone gegebene Erwiderung lächelnd durch eine
höflich ironische Verbeugung.

Nachdem unsre Verhandlungen resultatlos abgelaufen waren,
wurde die Neubildung der 1860 gegründeten, jetzt Centrum ge=
nannten katholischen Fraction mit steigendem Eifer besonders von
Savigny und Mallinckrodt betrieben. An dieser Fraction habe ich
die Beobachtung zu machen gehabt, daß, wie in Frankreich so auch
in Deutschland, der Papst schwächer ist, als er erscheint, jedenfalls
nicht so stark ist, daß wir seinen Beistand in unsern Angelegen=
heiten durch den Bruch mit den Sympathien andrer mächtiger Ele=
mente erkaufen durften. Von dem désaveu des Cardinals Antonelli
in dem Briefe an den Bischof Ketteler vom 5. Juni 1871, von der
Centrumsmission des Fürsten Löwenstein=Wertheim, von der Unbot=
mäßigkeit des Centrums bei Gelegenheit des Septennats habe ich
den Eindruck erhalten, daß der Partei= und Fractionsgeist, den
die Vorsehung dem Centrum an Stelle des Nationalsinnes andrer
Völker verliehn hat, stärker ist als der Papst, nicht auf einem
Concil, ohne Laien, aber auf dem Schlachtfelde parlamentarischer
und publicistischer Kämpfe innerhalb Deutschlands. Ob das auch
der Fall sein würde, wenn der päpstliche Einfluß sich ohne Rücksicht
auf concurrirende Kräfte, namentlich den Jesuitenorden, geltend
zu machen vermöchte, lasse ich, ohne an den plötzlichen Tod des

Cardinal=Staatsfekretärs Franchi zu denken, dahingestellt sein. Von
Rußland hat man gesagt: gouvernement absolu tempéré par le
régicide. Ist ein Papst, der in der Nichtachtung der in der Kirchen=
politik concurrirenden Organe zu weit ginge, vor kirchlichen „Nihi=
listen" sichrer als der Zar? Gegenüber Bischöfen, die im Vatican
versammelt sind, ist der Papst stark; und wenn er mit dem
Jesuitenorden geht, stärker, als wenn er außerhalb seiner Residenz
versucht, den Widerstand der weltlichen Jesuiten zu brechen, die
die Träger des parlamentarischen Katholicismus zu sein pflegen.

II.

Der Beginn des Culturkampfes war für mich überwiegend
bestimmt durch seine polnische Seite. Seit dem Verzicht auf die
Politik der Flottwell und Grolman, seit der Consolidirung des
Radziwill'schen Einflusses auf den König und der Einrichtung der
„katholischen Abtheilung" im geistlichen Ministerium, stellten die
statistischen Data einen schnellen Fortschritt der polnischen Natio=
nalität auf Kosten der Deutschen in Posen und Westpreußen
außer Zweifel, und in Oberschlesien wurde das bis dahin stramm
preußische Element der „Wasserpolacken" polonisirt; Schaffranek
wurde dort in den Landtag gewählt, der uns das Sprichwort von
der Unmöglichkeit der Verbrüderung der Deutschen und der Polen
in polnischer Sprache als Parlamentsredner entgegenhielt. Der=
gleichen war in Schlesien nur möglich auf Grund der amtlichen
Autorität der katholischen Abtheilung. Auf Klage bei dem Fürst=
bischof wurde dem Schaffranek untersagt, bei Wiederwahl auf der
Linken zu „sitzen"; in Folge dessen stand dieser kräftig gebaute
Priester 5 und 6 Stunden und bei Doppelsitzungen 10 Stunden
am Tage vor den Bänken der Linken, stramm wie eine Schild=
wache, und brauchte nicht erst aufzustehn, wenn er zu antideutscher

Rede das Wort ergriff[1]). In Posen und Westpreußen waren
nach Ausweis amtlicher Berichte Tausende von Deutschen und
ganze Ortschaften, die in der vorigen Generation amtlich deutsch
waren, durch die Einwirkung der katholischen Abtheilung polnisch
erzogen und amtlich „Polen" genannt worden. Nach der Competenz, welche der Abtheilung verliehn worden war, ließ sich ohne
Aufhebung derselben hierin nicht abhelfen. Diese Aufhebung war
also nach meiner Ueberzeugung als nächstes Ziel zu erstreben. Dagegen war natürlich der Radziwill'sche Einfluß am Hof, nicht
natürlich mein Cultus-College, dessen Frau und Ihre Majestät
die Königin. Der Chef der katholischen Abtheilung war damals
Krätzig, der früher Radziwill'scher Privatbeamter gewesen und dies
im Staatsdienst auch wohl geblieben war. Der Träger des Radziwill'schen Einflusses war der jüngere beider Brüder Fürst Boguslav,
auch Stadtverordneter von Einfluß in Berlin. Der ältere, Wilhelm, und sein Sohn Anton, waren zu ehrliche Soldaten, um sich
auf polnische Intrigen gegen den König und dessen Staat ein-
zulassen. Die katholische Abtheilung des Cultusministeriums, ursprünglich gedacht als eine Einrichtung, vermöge deren katholische
Preußen die Rechte ihres Staates in den Beziehungen zu Rom
vertreten sollten, war durch den Wechsel der Mitglieder nach
und nach zu einer Behörde geworden, die inmitten der preußischen Bürokratie die römischen und polnischen Interessen gegen
Preußen vertrat. Ich habe mehr als einmal dem Könige auseinander gesetzt, daß diese Abtheilung schlimmer sei als ein Nuntius in
Berlin. Sie handle nach Anweisungen, die sie aus Rom empfinge,
vielleicht nicht immer vom Papste, und sei neuerdings hauptsächlich
polnischen Einflüssen zugänglich geworden. In dem Radziwill'schen
Hause seien die Damen deutschfreundlich, der ältere Bruder Wilhelm durch das Ehrgefühl des preußischen Offiziers in derselben

---

[1]) Vgl. die Aeußerung in der Rede vom 28. Januar 1886, Politische
Reden XI 438.

Richtung gehalten, ebenso dessen Sohn Anton, bei dem die persön=
liche Anhänglichkeit an Se. Majestät hinzukomme. Aber in dem
treibenden Elemente des Hauses, den Geistlichen und dem Fürsten
Boguslaw und dessen Sohn, sei das polnische Nationalgefühl stärker
als jedes andre und werde gepflegt auf der Basis des Zusammen=
gehns der polnischen mit den römisch=clericalen Interessen, auf der
einzigen im Frieden gangbaren, aber auch sehr geläufig gangbaren
Basis. Nun sei der Chef der katholischen Abtheilung, Krätzig, so gut
wie ein Radziwillscher Leibeigner. Ein Nuntius würde die Interessen
der katholischen Kirche, aber nicht die der Polen zu vertreten als
seine Hauptaufgabe ansehn, werde nicht die intimen Verbindungen
mit der Bürokratie besitzen wie die Mitglieder der katholischen Ab=
theilung, die in der Garnison der ministeriellen Citadelle unsres
Vertheidigungssystems gegen revolutionäre Anläufe als staatsfeind=
liche Parteigänger säßen; ein Nuntius endlich werde als Mitglied
des diplomatischen Corps an der Erhaltung guter Beziehungen zu
seinem Souverain und an der Pflege des Verhältnisses zu dem
Hofe, an dem er beglaubigt, persönlich interessirt sein.

Wenn es mir auch nicht gelang, die übrigens mehr äußer=
liche und formelle Abneigung des Kaisers gegen einen Nuntius in
Berlin zu überwinden, so überzeugte er sich doch von der Ge=
fährlichkeit der katholischen Abtheilung und gab seine Genehmi=
gung zu ihrer Abschaffung trotz des Widerstandes seiner Gemalin.
Unter ehelichem Einfluß wehrte sich Mühler gegen die Abschaffung,
über die alle übrigen Minister einverstanden waren. Zur decora=
tiven Platirung seines Abganges wurde eine Differenz über eine
die Verwaltung der Museen betreffende Personalfrage benützt; in
der That fiel er über Krätzig und den Polonismus, trotz des
Rückhaltes, den er und seine Frau durch Damenverbindungen am
Hofe hatten.

III.

Auf die juristische Detailarbeit der Maigesetze würde ich nie
verfallen sein; sie lag mir ressortmäßig fern, und weder in meiner
Absicht, noch in meiner Befähigung lag es, Falk als Juristen zu con=
trolliren oder zu corrigiren. Ich konnte als Ministerpräsident über=
haupt nicht gleichzeitig den Dienst des Cultusministers thun, auch
wenn ich vollkommen gesund gewesen wäre. Erst durch die Praxis
überzeugte ich mich, daß die juristischen Einzelheiten psychologisch
nicht richtig gegriffen waren. Der Mißgriff wurde mir klar an
dem Bilde ehrlicher, aber ungeschickter preußischer Gendarmen, die
mit Sporen und Schleppsäbel hinter gewandten und leichtfüßigen
Priestern durch Hinterthüren und Schlafzimmer nachsetzten. Wer
annimmt, daß solche in mir auftauchende kritische Erwägungen
sofort in Gestalt einer Cabinetskrisis zwischen Falk und mir sich
hätten verkörpern lassen, dem fehlt das richtige, nur durch Erfah=
rung zu gewinnende Urtheil über die Lenkbarkeit der Staatsmaschine
in sich und in ihrem Zusammenhange mit dem Monarchen und
den Parlamentswahlen. Diese Maschine ist zu plötzlichen Evolu=
tionen nicht im Stande, und Minister von der Begabung Falks
wachsen bei uns nicht wild. Es war richtiger, einen Kampfgenossen
von dieser Befähigung und Tapferkeit in dem Ministerium zu haben,
als durch Eingriffe in die verfassungsmäßige Unabhängigkeit seines
Ressorts die Verantwortlichkeit für die Verwaltung oder Neubesetzung
des Cultusministeriums auf mich zu nehmen. Ich bin in dieser Auf=
fassung verharrt, so lange ich Falk zum Bleiben zu bewegen vermochte.
Erst nachdem er gegen meinen Wunsch durch weibliche Hofeinflüsse
und ungnädige königliche Handschreiben derartig verstimmt worden
war, daß er sich nicht halten ließ, bin ich an eine Revision seiner
Hinterlassenschaft gegangen, der ich nicht näher treten wollte, so
lange das nur durch Bruch mit ihm möglich war.

Falk unterlag derselben Tactik, die am Hofe gegen mich nicht mit demselben Erfolge, aber mit gleichen Mitteln in Anwendung gebracht worden war; er unterlag ihr, theils weil er für Hof= eindrücke empfindlicher war als ich, theils weil ihm die Sympathie des Kaisers nicht in gleichem Maße zur Seite stand wie mir. Die antiministerielle Thätigkeit der Kaiserin fand ihre ursprüngliche Quelle in der Unabhängigkeit des Charakters, welche es ihr er= schwerte, mit einer Regirung zu gehn, die nicht in ihren eignen Händen lag, und welche ihr ein Menschenalter hindurch den Weg der Opposition gegen die jedesmalige Regirung anziehend machte. Sie war nicht leicht der Meinung eines Andern. Zur Zeit des Culturkampfes wurde diese Neigung gefördert durch die katholische Umgebung Ihrer Majestät, welche aus dem ultramontanen Lager Information und Anweisung erhielt. Diese Einflüsse nutzten mit Ge= schick und Menschenkenntniß die alte Neigung der Kaiserin aus, auf die jedesmalige Staatsregirung verbessernd einzuwirken. Ich habe Falk wiederholt seine beabsichtigten Abschiedsgesuche ausgeredet, die sich an Kaiserliche Handschreiben ungnädigen Inhalts, welche wohl nicht der eignen Initiative des hohen Herrn entsprungen waren, und an verletzendes Benehmen gegen seine Frau am Hofe knüpften. Ich empfahl ihm, sich den ungnädigen, aber auch uncontrasignirten Allerhöchsten Erlassen gegenüber, die weniger an den Culturkampf als an die Beziehungen des Cultusministers zum Oberkirchenrath und zur evangelischen Kirche anknüpften, passiv zu verhalten, allen= falls seine Beschwerden an das Staatsministerium zu bringen, dessen Anträge, wenn sie einhellig waren, der König zu berücksichtigen pflegte. Endlich aber wurde er dadurch, daß er Kränkungen ausgesetzt war, die seinem Ehrgefühl empfindlich waren, doch bestimmt, seinen Abschied zu nehmen. Alle Erzählungen, nach denen ich ihn aus dem Ministerium verdrängt haben soll, beruhn auf Erfindung, und ich habe mich gewundert, daß er selbst ihnen niemals in der Oeffent= lichkeit widersprochen hat, obschon er mit mir stets in befreundeten Beziehungen geblieben ist. Aus den Vorgängen, die für seinen

Rücktritt entscheidend wurden, ist mir erinnerlich, daß es die
Streitigkeiten mit dem Oberkirchenrath und den ihm nahe stehenden
Geistlichen waren, welche den Bruch mit Sr. Majestät herbeiführten,
nicht ohne daß aus der Zuspitzung der Entwicklung des vorhandenen
Streitmaterials gegen Falk sich die Mitwirkung geschickterer Hände
und feinerer Arbeit erkennen ließ, als den formellen Rathgebern
des Kaisers in seiner Eigenschaft als summus episcopus eigen war.

IV.

Nach seinem Abgange war ich vor die Frage gestellt, ob und
wie weit ich bei der Wahl eines neuen Cultuscollegen die mehr
juristische als politische Linie Falks im Auge behalten, oder meinen
mehr gegen Polonismus als gegen Katholicismus gerichteten
Auffassungen ausschließlich folgen sollte. In dem Culturkampfe
war die parlamentarische Regirungspolitik durch den Abfall der
Fortschrittspartei und ihren Uebergang zum Centrum gelähmt,
indem sie im Reichstage einer durch gemeinsame Feindschaft zu-
sammengehaltnen Majorität von Demokraten aller Schattirungen,
im Bunde mit Polen, Welfen, Franzosenfreunden und Ultramontanen, ohne Unterstützung durch die Conservativen gegenüberstand.
Die Consolidirung unsrer neuen Reichseinheit wurde durch diese
Zustände gehemmt und, wenn sie dauerten oder sich verschärften,
gefährdet. Der nationale Schaden konnte auf diesem Wege größer
werden, als auf dem eines Verzichtes auf den meiner Ansicht nach
entbehrlichen Theil der Falkschen Gesetzgebung. Für nicht
entbehrlich hielt ich die Beseitigung der Verfassungsartikel,
die Kampfmittel gegen den Polonismus und vor allen die Herrschaft des Staates über die Schule. Wahrten wir die, so be-
hielten wir aus dem Culturkampfe beim Frieden immer einen
werthvollen Siegespreis im Vergleich mit den Zuständen vor Ausbruch des Kampfes. Ueber die Grenze, bis zu der wir der Curie

entgegenkommen konnten, hatte ich mich also mit meinen Collegen
zu verständigen. Der Widerstand der Gesammtheit der im Kampfe
betheiligt gewesenen Ministerialräthe war dabei nachhaltiger als
der meiner unmittelbaren Collegen, zunächst des Nachfolgers Falks,
als welchen ich dem Könige Herrn v. Puttkamer vorschlug. Aber auch
nach diesem Personenwechsel konnte es mir nicht sobald gelingen, die
Kirchenpolitik zu ändern, wenn ich nicht neue, dem Könige unwill=
kommne und mir unerwünschte Cabinetskrisen herbeiführen wollte.
Die Erinnerungen an die Zeiten der Anwerbung neuer Collegen
gehören zu den unerquicklichsten meiner amtlichen Laufbahn. Um
mich mit Herrn v. Puttkamer zu einigen, hätte ich die Unterstützung
der culturkampfgewöhnten Räthe seines Ministeriums gewinnen
müssen, und das überstieg meine Kräfte. Die Erklärung der Falk=
schen Kirchenpolitik ist nicht ausschließlich auf dem Gebiete des
katholischen Kirchenstreits zu suchen; sie wurde gelegentlich auch
durch die evangelische Kirchenfrage gekreuzt und beeinflußt. In
dieser stand Herr von Puttkamer den am Hofe wirksamen Auf=
fassungen näher als Falk, und mein Wunsch, den Kampf mit Rom
auf ein engeres Gebiet einzuschränken, hätte bei meinem neuen
Collegen persönlich wohl keinen Widerstand gefunden. Die Hemm=
nisse lagen aber theils in dem Schwergewicht der vom Zorne des
Culturkampfs erregten Räthe, denen Herr von Puttkamer auch
die natürliche und herkömmliche Entwicklung unsrer Orthographie
zum Opfer zu bringen sich genöthigt glaubte, theils in dem Wider=
streben meiner übrigen Collegen gegen jeden Anschein von Nach=
giebigkeit dem Papste gegenüber.

Meine ersten Versuche zur Anbahnung des kirchlichen Friedens
fanden auch bei Sr. Majestät keinen Anklang. Der Einfluß der
höchsten evangelischen Geistlichkeit war damals stärker als der
katholisirende der Kaiserin und letztre vom Centrum her ohne
Anregung, weil dort die Anfänge des Einlenkens ungenügend
befunden wurden, und es auch dort wie am Hofe immer noch
wichtiger schien, mich zu bekämpfen, als versöhnliche Bestrebungen,

die von mir ausgingen, zu unterstützen. Die aus der Situ=
ation hervorgehenden Kämpfe wiederholten sich, allmälig schwerer
werdend.

Es bedurfte noch jahrelanger Arbeit, um ohne neue Cabinets=
krisen an die Revision der Maigesetze gehn zu können, für deren
Vertretung in parlamentarischen Kämpfen nach der Desertion der
freisinnigen Partei in das ultramontane Oppositionslager die Majo=
rität fehlte. Ich war zufrieden, wenn es gelang, dem Polonismus
gegenüber die im Culturkampf gewonnenen Beziehungen der Schule
zum Staate und die eingetretene Aenderung der einschlagenden Ver=
fassungsartikel als definitive Errungenschaften festzuhalten. Beide sind
in meinen Augen werthvoller als die maigesetzlichen Verbote geist=
licher Thätigkeit und der juristische Fangapparat für widerstrebende
Priester, und als einen wichtigen Gewinn durfte ich schon die Be=
seitigung der katholischen Abtheilung und ihrer staatsgefährlichen
Thätigkeit in Schlesien, Posen und Preußen betrachten. Nachdem
die Freisinnigen den von ihnen mehr wie von mir betriebenen
„Culturkampf", dessen Vorkämpfer Virchow und Genossen gewesen
waren, nicht nur aufgegeben hatten, sondern im Parlament wie in
den Wahlen das Centrum unterstützten, war letzterm gegenüber
die Regirung in der Minorität. Der aus Centrum, Fortschritt,
Socialdemokraten, Polen, Elsässern, Welfen bestehenden compacten
Mehrheit gegenüber war die Politik Falks im Reichstage ohne
Aussicht. Ich hielt um so mehr für angezeigt, den Frieden an=
zubahnen, wenn die Schule gedeckt, die Verfassung von den auf=
gehobenen Artikeln und der Staat von der katholischen Abtheilung
befreit blieb.

Nachdem ich den Kaiser schließlich gewonnen hatte, war bei Ab=
schätzung des Festzuhaltenden und des Aufzugebenden die neue
Stellung der Fortschrittspartei und der Secessionisten ein entschei=
dendes Moment; anstatt die Regirung zu unterstützen, schlossen sie
bei Wahlen und Abstimmungen Bündnisse mit dem Centrum und
hatten Hoffnungen gefaßt, die in dem sog. Ministerium Gladstone

(Stosch, Rickert u. s. w.), das heißt in liberal=katholischer Coalition, ihren Ausdruck fanden.

Im Jahre 1886 gelang es, die von mir theils erstrebte, theils als zulässig erkannte Gegenreformation zum Abschluß zu bringen, den modus vivendi zu erreichen, der immer noch, verglichen mit dem status quo vor 1871 ein für den Staat günstiges Ergebniß des ganzen Culturkampfes aufweist.

Inwieweit derselbe von Dauer sein wird und die confessionellen Kämpfe nun ruhn werden, kann nur die Zeit lehren. Es hängt das von kirchlichen Stimmungen ab und von dem Grade der Streitbarkeit nicht blos des jedesmaligen Papstes und seiner leiten= den Rathgeber, sondern auch der deutschen Bischöfe und der mehr oder weniger hochkirchlichen Richtung, welche im Wechsel der Zeit in der katholischen Bevölkerung herrscht. Eine feste Grenze der römischen Ansprüche an die paritätischen Staaten mit evangelischer Dynastie läßt sich nicht herstellen. Nicht einmal in rein katholischen Staaten. Der uralte Kampf zwischen Priestern und Königen wird nicht heut zum Abschluß gelangen, namentlich nicht in Deutschland. Wir haben vor 1870 Zustände gehabt, auf Grund deren die Lage der katholischen Kirche grade in Preußen als mustergültig und günstiger als in den meisten rein katholischen Ländern auch von der Curie anerkannt wurde. In unsrer innern Politik, nament= lich der parlamentarischen, haben wir aber keine Wirkung dieser confessionellen Befriedigung gespürt. Die Fraction der beiden Reichensperger gehörte schon lange vor 1871, ohne daß deshalb die Führer persönlich in den Ruf des Händelmachens verfielen, dauernd der Opposition gegen die Regirung des evangelischen Königshauses an. Bei jedem modus vivendi wird Rom eine evangelische Dynastie und Kirche als eine Unregelmäßigkeit und Krankheit betrachten, deren Heilung die Aufgabe seiner Kirche sei. Die Ueberzeugung, daß dem so ist, nöthigt den Staat noch nicht, seinerseits den Kampf zu suchen und die Defensive der römischen Kirche gegenüber auf= zugeben, denn alle Friedensschlüsse in dieser Welt sind Provisorien, gelten nur bis auf Weitres; die politischen Beziehungen zwischen unabhängigen Mächten bilden sich in ununterbrochnem Flusse, entweder durch Kampf oder durch die Abneigung der einen oder der andern Seite vor Erneuerung des Kampfes. Eine Versuchung zur Erneuerung des Streites in Deutschland wird für die Curie stets in der Entzündlichkeit der Polen, in der Herrschsucht des dortigen Adels und in dem durch die Priester genährten Aberglauben der untern Volksschichten liegen. Ich habe im Kissinger Lande deutsche und schulgebildete Bauern gefunden, die fest daran glaubten, daß der am Sterbebette im sündigen Fleische stehende Priester den Sterbenden durch Verweigerung oder Gewährung der Absolution direct in die Hölle oder den Himmel schicken könne, man ihn also auch politisch zum Freunde haben müsse. In Polen wird es mindestens ebenso sein oder schlimmer, weil dem ungebildeten Manne eingeredet ist, daß deutsch und lutherisch ebenso wie polnisch und katholisch identische Begriffe seien. Ein ewiger Friede mit der römischen Curie liegt nach den gegebenen Lebensbedingungen ebenso außerhalb der Möglichkeit, wie ein solcher zwischen Frankreich und dessen Nachbarn. Wenn das menschliche Leben überhaupt aus einer Reihe von Kämpfen besteht, so trifft das vor Allem bei den gegenseitigen Beziehungen unabhängiger politischer Mächte zu, für deren Regelung ein berufenes und vollzugsfähiges Gericht nicht vorhanden ist. Die römische Curie aber ist eine unabhängige politische Macht, zu deren unabänderlichen Eigenschaften derselbe Trieb zum Umsichgreifen gehört, der unsern französischen Nachbarn innewohnt. Für den Protestantismus bleibt ihr das durch kein Concordat zu beruhigende aggressive Streben des Proselytismus und der Herrschsucht; sie duldet keine Götter neben ihr.

V.

In die Hitze des Culturkampfes fiel ein Besuch des Königs Victor Emanuel in Berlin, (22.—26.) September 1873. Ich hatte durch Herrn von Keudell erfahren, daß der König eine Dose mit Brillanten, deren Werth auf 50—60 000 Franken, ungefähr auf das sechs- bis achtfache des bei solchen Gelegenheiten üblichen, angegeben wurde, hatte anfertigen und dem Grafen Launay zur Ueberreichung an mich zustellen lassen. Gleichzeitig kam es zu meiner Kenntniß, daß Launay die Dose mit Angabe des Werthes seinem Hausnachbarn, dem bairischen Gesandten Baron Pergler von Perglas, gezeigt hatte, der unsern Gegnern in dem Culturkampfe persönlich nahe stand. Der hohe Werth des mir zugedachten Geschenkes konnte also An- laß geben, es in Verbindung zu bringen mit der Anlehnung, die der König von Italien bei dem Deutschen Reiche damals erstrebte und erlangte. Als ich dem Kaiser meine Bedenken gegen die Annahme des Geschenkes vortrug, hatte er zunächst den Ein- druck, als ob ich es überhaupt unter meiner Würde fände, eine Portraitdose anzunehmen, und sah darin eine Verschiebung der Tra- ditionen, an die er gewöhnt war. Ich sagte: „Gegenüber einem solchen Geschenke von durchschnittlichem Werthe würde ich auf den Gedanken der Ablehnung nicht gekommen sein. In diesem Falle aber hätte nicht das fürstliche Bildniß, sondern hätten die verkäuf- lichen Diamanten das für die Beurtheilung des Vorgangs ent- scheidende Gewicht; mit Rücksicht auf die Lage des Culturkampfes müßte ich Anknüpfungspunkte für Verdächtigungen vermeiden, nach- dem der den Umständen nach übertriebene Werth der Dose durch die nachbarlichen Beziehungen von Perglas constatirt und in der Gesellschaft hervorgehoben worden sei." Der Kaiser wurde schließ- lich meiner Auseinandersetzung zugänglich und schloß den Vortrag mit den Worten: „Sie haben Recht, nehmen Sie die Dose nicht an"*). Nachdem ich meine Auffassung durch Herrn von Keudell zur Kenntniß des Grafen Launay gebracht hatte, wurde der Dose ein sehr hübsches und ähnliches Portrait des Königs substituirt mit folgender an meinen Annunziatenorden erinnernden eigenhändigen Unterschrift:

Al Principe Bismarck.　Berlino 26. Settembre 1873.

Affezionatissimo cugino

Vittorio Emanuele.

Der König behielt jedoch das Bedürfniß, mir einen verstärkten Ausdruck seines Wohlwollens zu geben durch ein dem ursprünglich beabsichtigten im Werthe analoges, aber nicht verkäufliches Geschenk, und ich erhielt als Zugabe zu der schmeichelhaften Unterschrift des Portraits eine Alabastervase von ungewöhnlicher Größe und Schön= heit, deren sichre Verpackung und Beförderung bei der überstürzten Räumung meiner Amtswohnung, zu der mein Nachfolger mich nöthigte, nicht ohne Schwierigkeit war.

VI.

Die „Germania" vom 6. December 1891 deducirt aus dem Briefwechsel zwischen dem Grafen von Roon und Moritz von

---

*) Andrer Ansicht über die Annahme einer mit Brillanten gefüllten Dose war Fürst Gortschakow. Bei unserm Besuch in Petersburg (1872) fragte mich Seine Majestät: „Was kann ich nur dem Fürsten Gortschakow geben? er hat schon alles, auch Portrait; vielleicht eine Büste oder eine Dose mit Brillanten?" Ich erhob gegen eine theure Dose Einwendungen, die ich aus der Stellung und dem Reichthum des Fürsten Gortschakow herleitete, und der Kaiser gab mir Recht. Ich sondirte darauf den Fürsten vertraulich und erhielt sofort die Antwort: „Laß Er mir (Russicismus) eine tüchtige Dose geben mit guten Steinen (avec de grosses bonnes pierres)." Ich meldete dies Sr. Maje= stät etwas beschämt über meine Menschenkenntniß; wir lachten beide, und Gortschakow bekam seine Dose.

Blanckenburg, veröffentlicht in der „Deutschen Revue", daß ich den Widerstand des Kaisers gegen die Civilehe gebrochen hätte.

Blanckenburg war ein Kampfgenosse, dessen Hauptwerth für mich in unsrer aus den Kinderjahren datirenden und bis zu seinem Tode fortdauernden Freundschaft bestand. Dieselbe war aber auf seiner Seite nicht identisch mit Vertrauen oder Hingebung auf dem politischen Gebiete; auf diesem hatte ich die Concurrenz seiner politischen und confessionellen Beichtväter zu bestehn, und bei diesen war nicht die Absicht, bei Blanckenburg nicht die Befähigung vorhanden, das historische Fortschreiten deutscher und europäischer Politik in breitem Ueberblick zu beurtheilen. Er selbst war ohne Ehrgeiz und frei von der Krankheit vieler altpreußischer Standesgenossen, dem Neide gegen mich; aber sein politisches Urtheil konnte sich schwer losreißen von dem preußisch=particularistischen, ja pommerisch=lutherischen Standpunkte. Sein hausbackner gesunder Menschenverstand und seine Ehrlichkeit machten ihn unabhängig von conservativen Partei=Strömungen, denen beides fehlte; von dieser Unabhängigkeit war jedoch die vorsichtige Bescheidenheit in Abrechnung zu bringen, mit der ihn die Fremdartigkeit erfüllte, die das politische Gebiet für ihn behielt. Er war weich und gegen Beredsamkeit nicht gepanzert, keine unerschütterliche Säule, auf die ich mich hätte stützen können. Der Kampf zwischen seinem Wohlwollen für mich und seinem Mangel an Energie andern Einflüssen gegenüber bewog ihn schließlich, sich von der Politik überhaupt zurückzuziehn. Als ich ihn das erste Mal zum landwirth=schaftlichen Minister vorgeschlagen hatte, scheiterte die Ausführung an dem Widerstande derselben Collegen, die vorher meine an Blanckenburg gerichtete Anfrage gebilligt hatten. Ich lasse dahingestellt sein, ob die Abneigung meines Freundes, unter übelwollen=der Aufsicht dauernd auf dem Präsentirteller der Oeffentlichkeit zu stehn, bei dem Mißlingen meiner Absicht, diese conservative Kraft in das Ministerium zu ziehn, mitgewirkt hat; bei seiner zweiten und definitiven Ablehnung unter dem 10. November 1873 war

dies zweifellos der Fall [1]). Mangel an Klarheit zeigt sich in seinem
Briefe an Roon vom April 1874 [2]), in welchem er gleichzeitig von
seiner Ablehnung und von meinem Fallenlassen Falk gegenüber spricht.
Wenn die conservative Partei in der Person ihrer damaligen Haupt=
redner und Führer Blanckenburg und Kleist=Retzow bereitwillig mit
mir gegangen wäre, so würde die Mischung des Ministeriums eine
andre und das, was in dem Briefe die Falk'sche Sackgasse genannt
ist, vielleicht nicht nothwendig geworden sein. Die Ablehnung der
Ministerstellung ist aber, wie der Brief documentirt, von Blancken=
burg selbst ausgegangen, vielleicht nicht unbeeinflußt durch die Re=
siduen der Kämpfe der „armen Lutheraner", der „Alt=Lutheraner",
zu denen Blanckenburg sich hielt, in den dreißiger Jahren. Als
er sich von der Politik zurückzog, hatte ich die Empfindung, daß
er mich im Stiche ließ.

    Daß ich den Widerstand des Kaisers Wilhelm gegen die
Civilehe gebrochen hätte, ist eine der Erfindungen des demokrati=
schen Jesuitismus, den die „Germania" [3]) vertritt. Die Abneigung
des Kaisers wurde überwunden durch den Druck, den die Majo=
rität der ohne mich und unter Roons formalem Präsidium in
Berlin anwesenden Minister auf Se. Majestät ausübte, und der so
weit ging, daß der Kaiser zwischen Annahme des Gesetzentwurfs
und Neubildung des Ministeriums zu wählen hatte. In meinem
damaligen Gesundheitszustande wäre ich der Aufgabe nicht ge=
wachsen gewesen, aus den mir und sich unter einander feindlichen
Fractionen ein neues Cabinet behufs Fortsetzung der Kämpfe nach
allen Seiten hin zu recrutiren. Wenn der Kaiser in dem Briefe
vom 8. Mai 1874 retrospectiv sagt, daß er trotz seiner Hinfällig=
keit noch zwei Mal dagegen geschrieben habe, so waren diese

---

    [1]) Deutsche Revue October 1891 S. 140, Roon's Denkwürdigkeiten
III⁴ 370 ff.
    [2]) Deutsche Revue December 1891 S. 270, Roon's Denkwürdigkeiten
III⁴ 406.
    [3]) 1891. Nro. 281.

Schreiben nicht an mich, sondern an das Ministerium in Berlin
gerichtet, und ich habe ihm nur gerathen, zwischen der obligatori-
schen Civilehe und einem Ministerwechsel für erstre zu optiren.
Unzweifelhaft war seine Abneigung gegen die Civilehe noch größer
als die meinige; ich hielt mit Luther die Eheschließung für eine
bürgerliche Angelegenheit, und mein Widerstand gegen Anerkennung
dieses Grundsatzes beruhte mehr auf Achtung vor der bestehenden
Sitte und der Ueberzeugung der Massen als auf eignen christlichen
Bedenken.

Fünfundzwanzigstes Kapitel.

Bruch mit den Conservativen.

I.

Der Bruch der Conservativen mit mir, der 1872 mit Geräusch vollzogen wurde, hatte zuerst 1868 vorgespukt in den Debatten über den hanöverschen Provinzialfonds. Nachdem der Gesetzentwurf, den die Regirung in Erfüllung einer den Hanoveranern im Jahr zuvor gemachten Zusage dem Landtage vorgelegt hatte, schon in der Commission von den conservativen Mitgliedern lebhaft bekämpft worden war, brachten die Abgeordneten von Brauchitsch und von Diest im Plenum einen Antrag ein, der die Vorlage wesentlich einschränkte. Der erstre entwickelte als Wortführer die Gründe, aus denen die conservative Partei nicht für das Gesetz stimmen könne. Meine eingehende Widerlegung habe ich damals mit den Worten geschlossen: „Es ist eine constitutionelle Regirung nicht möglich, wenn die Regirung nicht auf eine der größern Parteien mit voller Sicherheit zählen kann, auch in solchen Einzelheiten, die der Partei vielleicht nicht durchweg gefallen, — wenn nicht diese Partei das Facit ihrer Rechnung dahin zieht: wir gehn im Großen und Ganzen mit der Regirung; wir finden zwar, daß sie ab und zu eine Thorheit begeht, aber doch bisher noch weniger Thorheiten brachte, als annehmbare Maßregeln; um deswillen wollen wir ihr die Einzelheiten zu Gute halten. Hat eine Regirung nicht wenigstens Eine Partei im Lande, die auf ihre Auffassungen und Richtungen in dieser Art eingeht, dann ist ihr das

constitutionelle Regiment unmöglich, dann muß sie gegen die Con=
stitution manövriren und pactisiren; sie muß sich eine Majorität
künstlich schaffen oder vorübergehend zu erwerben suchen. Sie ver=
fällt dann in die Schwäche der Coalitions=Ministerien, und ihre
Politik geräth in Fluctuationen, die für das Staatswesen und
namentlich für das conservative Prinzip von höchst nachtheiliger
Wirkung sind" [1]).

Ungeachtet dieser Warnung gelangte das Gesetz mit einer von
der Regirung zugestandenen Abschwächung am 7. Februar nur mit
einer Mehrheit von 32 Stimmen zur Annahme, weil die meisten
Conservativen dagegen stimmten. Auch in der Commission des
Herrenhauses wiederholte sich der Angriff von conservativer Seite.
Mit welchen Mitteln damals operirt wurde, zeigt folgender Vor=
gang. Karl von Bodelschwingh, während des Conflicts Finanz=
minister, der 1866 die Beschaffung der für den Krieg erforder=
lichen Geldmittel abgelehnt hatte und deshalb durch den Freiherrn
von der Heydt ersetzt worden war, hatte in der conservativen Fraction
verbreitet, daß mir die Ablehnung der Vorlage eigentlich recht sein
würde, und erbot sich, dafür einen Beweis zu erbringen. Er trat
in dem Sitzungssaale beim Beginn der Verhandlungen an mich
heran, leitete ein gleichgültiges Gespräch mit der Frage nach dem
Befinden meiner Frau ein und kehrte in die Mitte seiner Fractions=
genossen zurück mit der Erklärung, er sei nach Rücksprache mit mir
seiner Sache sicher.

Wenn man die sehr sachkundigen Berichte liest, welche Roon,
damals in Bordighera, im Februar 1868 von Mitgliedern der con=
servativen Partei empfing, abgedruckt in der „Deutschen Revue" vom
April 1891 [2]), so sieht man, daß die Conservativen von mir ver=
langten, in ihre Fraction einzutreten. Ich hatte wenig Zeit übrig,
war präoccupirt durch das, was wir von Frankreich zu erwarten

---

[1]) Politische Reden III 456.
[2]) Vgl. Denkwürdigkeiten III⁴ 62 ff.

hatten, durch die Möglichkeit, ja Wahrscheinlichkeit, daß Oestreich unter Beust auf französische Kriegspläne eingehn werde, um 1866 ungeschehn zu machen, durch die Frage, welche Stellung Rußland, Baiern, Sachsen zu solchen Conjuncturen nehmen würden, endlich durch das Bestehn einer hanöverschen Legion. Diese Sorgen und die Arbeit, zu denen sie nöthigten, erschöpften mich vollständig, und dabei verlangten die Herrn, ich sollte jeden einzelnen Privatpolitiker ihrer Fraction aufsuchen, bekehren. Ich that das sogar, so weit ich konnte, aber meine Versuche wurden durch die Intrigen von Bodel= schwingh und die Leidenschaftlichkeit von Vincke, Diest, Kleist=Retzow und andern verstimmten und eifersüchtigen Standes= und frühern Fractions=Genossen vereitelt.

Wie Roon selbst über die ihm berichteten Zustände dachte, er= gibt sich aus seinem Briefe an mich vom 19. Februar 1868, aus Bordighera, dessen einschlagende Stellen lauten[1]):

„Wie es nach den Zeitungen scheint, so haben Sie sich und Andre wieder weiblich geärgert. Mich wundert das nicht, aber es wurmt mich, daß Dissonanzen so ernster Art nicht vermieden werden konnten, Dissonanzen, welche die Liberalen von Profession in einen lauten Freudenrausch versetzen und die Conservativen von Metier noch confuser zu machen scheinen, als sie es leider ohnehin schon sind. Was sollen Sie nach Galignani *) nicht alles gesagt haben! Man hat mir die bezüglichen stenographischen Berichte verheißen; leider sind sie noch nicht in meinen Händen. Ohnehin bin ich in der Hauptsache — in der Ihres gedrohten Rücktritts — vollkommen ruhig, denn ich halte einen solchen, den Fall der physischen Un= möglichkeit ausgenommen, für absolut unmöglich. Beunruhigt aber bin ich dennoch über die immer drohendere Zersetzung der conser= vativen Partei, welche, falls sie sich in der von den Liberalen ge= hofften Weise vollziehen sollte, von mir für eine sehr ernste und

---

*) Galignani's Messenger, ein in Paris erscheinendes englisches Blatt.
[1]) Bismarck=Jahrbuch VI 198 f.

bedeutungsschwere Sache gehalten werden würde, für einen Vor=
gang, der Sie und die Regierung zu einem gehorsamen Werkzeug
der liberalen Partei herabwürdigen müßte. Zwar verstehe ich, daß
es für unsre Politik nützlich, wenn die Liberalen die Hoffnung be=
halten, die Hand mit an's Ruder legen zu können. Aber ebenso
begreife ich, daß es schädlich sein würde, wenn die Situation sich
so gestaltete, daß ihre Theilnahme am Regiment eine unvermeid=
liche Nothwendigkeit wäre. Sie werden dagegen vielleicht bemerken,
daß die Verworrenheit, Rath= und Kopflosigkeit der Conservativen
— ganz abgesehen von der neidischen und boshaften Ueberhebung
Einzelner — von selbst dahin führen werde, und daß Sie dagegen
nichts thun können. Aber ist denn das ganz richtig? Hätten Sie
Ihre bedeutenden Ressourcen ernstlich dazu verwandt, die conservative
Partei, die leider noch immer nicht klar erkennt, daß ihre heutige
Aufgabe eine andre sein muß, als 1862 und in den folgenden
Jahren, zu endoctriniren und zu organisiren, und wollen Sie das
heute noch versuchen, so wird nicht nur die Mesalliance mit den
Liberalen vermieden werden können, sondern auch aus der refor=
mirten conservativen Partei der dauerhafteste und sicherste Stab
für die Wanderung auf dem schwierigen aber unvermeidlichen Wege
conservativen Fortschritts in innerer reformatorischer Erneuerung
gemacht werden können. — Wohl kann Ein Mensch, wie bedeutend
er auch von Gott ausgestattet worden, nicht Alles selbst thun, was
gethan werden muß. Indem ich dies ausspreche, schließe ich jeden
Vorwurf aus, der für Sie in Vorstehendem gefunden werden könnte.
Ich erkenne vielmehr gern und wiederholt an, daß Ihre amtlichen
Helfer Ihnen und Ihren Zielen nicht die entsprechende Unterstützung
gewähren. Und wenn ich von der Reform der conservativen Partei
sprach, so erkenne ich an, daß diese Aufgabe zunächst die des
Ministers des Innern sein sollte. Aber besitzt Graf E. das zu der
Lösung derselben unentbehrliche Vertrauen? (und Pflichtgefühl!)[1]

---

[1] Zusatz Bismarcks.

Wo sollen Sie andre Collegen hernehmen, namentlich einen andern Minister des Innern? Aus der Reihe der Nationalliberalen? Der Gedanke ist mir unerträglich. Aus den Conservativen? Wen aber? Die organisatorisch schöpferischen Geister unter ihnen sind unbekannte Größen, und so sehr ich unsrem bureaukratischen Unwesen abhold bin, das sehe ich ein, der Betreffende müßte es kennen, um es reformiren zu können."

Einige Tage später, am 25. Februar, schrieb Roon an seinen ältesten Sohn [1]):

"· Ueber Politik und Conflict möchte ich am liebsten gar nichts schreiben, nachdem ich auf Grund des am 9. mir gesandten vertraulichen Berichtes am 19. an Graf Bismarck geschrieben, um ihm mein Bedauern auszusprechen, daß die Dinge so verlaufen sind u. s. w. Die stenographischen Berichte, welche mir verheißen sind, können wahrscheinlich an meiner Auffassung der Dinge nichts ändern: Bismarck kann unmöglich Alles selbst thun. Die nothwendig gewordene Organisation oder Reorganisation der conservativen Partei ist rite Sache des Ministers des Innern, und weder Bismarck, noch ich, noch Blanckenburg oder sonst Jemand hat dazu den amtlichen Beruf. Ist der dazu allein Berufene dazu nicht geneigt oder geeignet, so fehlt ihm etwas Unentbehrliches für sein Amt, und die daraus sich ergebende Folgerung mag man ziehen und darnach verfahren. Was durch Bismarcks Verhalten gegen die Conservativen, durch meine oder Blanckenburgs Abwesenheit an heilsamer Einwirkung etwa unterblieben ist: daraus kann man auch für Bismarck kaum einen wohlbegründeten Vorwurf ableiten. Wenn man, wie ich, ganz sicher weiß, wie Ungeheures B. zu leisten hat und auch leistet, so kann man ihn billigerweise nicht schelten, daß er nicht auch noch mehr leistet und für seines Collegen Versäumniß oder Unfähigkeit eintritt. Der allein gegen ihn zu begründende Vorwurf würde vielmehr nur darin bestehen, wenn man mit Grund

---

[1]) Denkwürdigkeiten III⁴ 70 ff.

behaupten könnte, daß er nicht Alles was möglich gethan, um sich wirksamere Gehülfen zu verschaffen, und vielleicht kann man dies; aber ich, der ich die betreffenden persönlichen Beziehungen, trotz meiner Entfernung, vielleicht besser und richtiger beurtheilen kann, als sonst Jemand, vermag doch kaum eine solche Behauptung mit voller Bestimmtheit auszusprechen. Uebrigens wird der Bruch heilen, denn er muß heilen; wir können uns auf keine andre Partei in der Hauptsache stützen, aber die Partei muß endlich begreifen, daß ihre heutigen Auffassungen und Aufgaben wesentlich andre sein müssen, als zur Zeit des Conflicts; sie muß eine Partei des conservativen Fortschritts sein und werden und die Rolle des Hemmschuhs aufgeben, so wesentlich und nothwendig solche zur Zeit der Uebermacht des demokratischen Fortschritts und der damit angedrohten demagogischen Ueberstürzung auch sein mochte und in der That gewesen ist. Dies sind in nuce meine Gedanken über die neueste Situation; natürlich sind sie nur für die aller- vertrautesten Kreise zur Mittheilung geeignet. "

II.

Roons Erwartung erfüllte sich nicht; die conservative Partei blieb, was sie war; der Conflict, in den sie sich mit mir ver- setzt hatte, dauerte mehr oder weniger latent fort. Ich begreife, daß meiner Politik die mit dem vulgären Namen Kreuzzeitung bezeichnete conservative Richtung feindlich war, in manchen Mit- gliedern aus achtbaren prinzipiellen Gründen, die in dem Ein- zelnen eine stärkere Triebkraft ausübten, als ihr mehr preußisches wie deutsches Nationalgefühl. In andern, ich möchte sagen in meinen Gegnern zweiter Classe, lag das Motiv der Opposition im Streberthum — ôte-toi, que je m'y mette — deren Prototyp Harry Arnim, Robert Goltz und Andre waren. Als dritte Classe möchte ich meine Standesgenossen im Landadel bezeichnen, die sich

ärgerten, weil ich in meinem exceptionellen Lebenslauf aus dem
mehr polnischen als deutschen Begriff der traditionellen Landadels=
gleichheit herausgewachsen war.   Daß ich vom Landjunker zum
Minister wurde, hätte man mir verziehn, aber die Dotationen
und vielleicht auch den mir sehr gegen meinen Willen verliehenen
Fürstentitel verzieh man mir nicht.   Die „Excellenz" lag innerhalb
des gewohnheitsmäßig Erreichbaren und Geschätzten; die „Durch=
laucht" reizte die Kritik.   Ich kann das nachempfinden, denn dieser
Kritik entsprach meine eigne.   Als mir am Morgen des 21. März
1871 ein eigenhändiges Handschreiben des Kaisers die Erhebung in
den Fürstenstand anzeigte, war ich entschlossen, Se. Majestät um
Verzicht auf seine Absicht zu bitten, weil diese Standeserhöhung in
die Basis meines Vermögens und in meine ganzen Lebensverhält=
nisse eine mir unsympathische Aenderung bringe.   So gern ich mir
meine Söhne als bequem situirte Landedelleute dachte, so unwill=
kommen war mir der Gedanke an Fürsten mit unzulänglichem Ein=
kommen nach dem Beispiel von Hardenberg und Blücher, deren Söhne
die Erbschaft des Titels nicht antraten — der Blüchersche wurde
Jahrzehnte später (1861) erst infolge einer reichen und katholischen
Heirath erneuert.   In Erwägung aller Gründe gegen eine Standes=
erhöhung, die ganz außerhalb des Bereichs meines Ehrgeizes lag,
langte ich auf den obern Stufen der Schloßtreppe an und fand
dort zu meiner Ueberraschung den Kaiser an der Spitze der könig=
lichen Familie, der mich herzlich und mit Thränen in seine Arme
schloß, indem er mich als Fürsten begrüßte, und seine Freude, mir
diese Auszeichnung gewähren zu können, laut äußerte.   Dem gegen=
über und unter den lebhaften Glückwünschen der königlichen Familie
blieb mir keine Möglichkeit, meine Bedenken anzubringen.   Das
Gefühl, daß man als Graf wohlhabend sein kann, ohne unan=
genehm aufzufallen, als Fürst aber, wenn man letztres vermeiden
will, reich sein muß, hat mich seitdem nie wieder verlassen.   Ich
würde die Mißgunst meiner frühern Freunde und Standesgenossen
noch bequemer ertragen haben, wenn sie in meiner Gesinnung

begründet gewesen wäre. Sie fand ihren Ausdruck und ihre Vorwände in der verurtheilenden Kritik, welcher meine Politik von Seiten der preußischen Conservativen unter der Führung des mir verwandten Herrn von Kleist-Retzow bei Gelegenheit des Schulaufsichtsgesetzes 1872 und bei einigen andern Anlässen unterzogen wurde.

Die Opposition der Conservativen gegen das noch von Mühler vorgelegte Schulaufsichtsgesetz begann schon im Abgeordnetenhause und ging darauf aus, die Localinspection über die Volksschule ge= setzlich dem Ortsgeistlichen zu vindiciren, auch in Polen, während die Vorlage den Behörden freie Hand in der Wahl des Schul= inspectors ließ. In der erregten Debatte, an die manche alte Mitglieder des Landtags sich 1892 erinnert haben werden, sagte ich am 13. Februar 1872:

„Der Vorredner (Lasker) hat gesagt, es sei ihm und den Seinigen undenkbar gewesen, daß in einer prinzipiellen und von uns für die Sicherheit des Staates für wichtig erklärten Frage, in einer Frage von der Bedeutung die bisherige conservative Partei der Regirung offen den Krieg erklärte. Ich will mir diesen letztern Ausdruck nicht aneignen, aber ich darf das wohl bestätigen, daß es auch mir undenkbar gewesen ist, daß diese Partei die Regirung in einer Frage im Stiche lassen werde, in welcher die Regirung ihrer= seits entschlossen ist, jedes constitutionelle Mittel zur Anwendung zu bringen, um sie durchzuführen" [1].

Nachdem das Gesetz in der von der Regirung genehmigten Fassung mit 207 Stimmen gegen 155 Stimmen von Clericalen, Conservativen und Polen angenommen war, gelangte es am 6. März in dem Herrenhause zur Berathung. Aus meiner Rede will ich eine Stelle anführen:

„Die Frage ist nach der evangelischen Seite hin zu einer Wichtigkeit aufgebläht worden, als wollten wir jetzt sämmtliche Geist= liche absetzen, eine tabula rasa schaffen und mit diesen 20000 Tha=

---

[1] Politische Reden V 283.

lern, die wir fordern, den evangelischen Staat auf den Kopf stellen. Wären diese Uebertreibungen nicht geschehn, so wären die bedauer- lichen Streitigkeiten und Reibungen bei diesem Gesetz vollständig über- flüssig gewesen; das Gesetz hat seine übertriebene Wichtigkeit erst durch den uns ganz unerwarteten Widerstand der conservativen Partei evan- gelischer Confession erhalten, einen Widerstand, in dessen Genesis ich hier nicht näher eingehn will — ich könnte es nicht, ohne persönlich zu werden — der aber für die Staatsregirung eine tief schmerzliche und für die Zukunft entmuthigende Erfahrung bildet. Nachdem ich Ihnen mit einer Offenheit, zu der conservative Leute die Staats- regirung niemals zwingen sollten, die Genesis und Tendenz dieses Gesetzes dargelegt habe, sollten Sie die Nothwendigkeit, daß unsre bisher nicht deutsch sprechenden Landsleute Deutsch lernen, aner- kennen. Das ist für mich der Hauptpunkt dieses Gesetzes" [1]).

In einem Hause von 202 stimmten 76 gegen das Gesetz. Ich hatte noch am Abend vorher mit großer Anstrengung versucht, Herrn von Kleist die muthmaßlichen Folgen der Politik darzustellen, zu der er seine Freunde verleitete, fand mich aber einem parti pris gegenüber, bezüglich dessen Unterlage ich keine Conjectur machen will. Der Bruch mit mir wurde von jener Seite mit einer Schärfe äußerlich vollzogen, aus der ebenso viel persönliche als politische Leidenschaft hervorleuchtete. Die Ueberzeugung, daß dieser mir persönlich nahestehende Parteimann das Land und die conservative Sache schwer geschädigt hat, währt bis auf den heutigen Tag. Wenn die conservative Partei, anstatt mit mir zu brechen und mich mit einer Bitterkeit und einem Fanatismus zu bekämpfen, worin sie keiner staatsfeindlichen Partei etwas nachgab, der Re- girung des Kaisers geholfen hätte, in ehrlicher gemeinsamer Arbeit die Reichsgesetzgebung auszubauen, so würde der Ausbau nicht ohne tiefe Spuren solcher conservativen Mitarbeit geblieben sein. Aus- gebaut mußte werden, wenn die politischen und militärischen Er-

---

[1]) Politische Reden V 304 f.

rungenschaften vor Zerbröckelung und centrifugaler Rückbildung
geschützt werden sollten.

Ich weiß nicht, wie weit ich conservativer Mitwirkung hätte
entgegenkommen können, jedenfalls weiter, als es in den durch den
Bruch entstandenen Verhältnissen geschehn ist. Ich hielt für die
damalige Zeit bei den Gefahren, die unsre Kriege geschaffen
hatten, die Unterschiede der Parteidoctrinen für untergeordnet im
Vergleiche mit der Nothwendigkeit der politischen Deckung nach Außen
durch möglichst geschlossene Einheit der Nation in sich. Als erste
Bedingung galt mir die Unabhängigkeit Deutschlands auf Grund
einer zum Selbstschutz hinreichend starken Einheit, und ich hatte
und habe zu der Einsicht und Besonnenheit der Nation das Vertrauen, daß sie Auswüchse und Fehler der nationalen Einrichtungen
heilen und ausmerzen wird, wenn sie daran nicht durch die Abhängigkeit von dem übrigen Europa und von innern Fractions-
und Sonderinteressen verhindert wird, wie es bis 1866 der Fall
war. In dieser Auffassung kam es mir auf die Frage, ob liberal,
ob conservativ, in der damaligen Kriegs- und Coalitionsgefahr so
wenig wie heut in erster Linie an, sondern auf die freie Selbst-
bestimmung der Nation und ihrer Fürsten. Ich gebe auch heut
diese Hoffnung nicht auf, wenn auch ohne die Gewißheit, daß unsre
politische Zukunft nicht noch durch Mißgriffe und Unfälle im weitern Ausbau geschädigt werden wird.

III.

Die exclusivere Fühlung mit den Nationalliberalen, zu welcher
der Abfall der Conservativen mich nothwendig führte, wurde in
Kreisen der letztern Grund oder Vorwand zu gesteigerter Animosität
gegen mich. In der Zeit, während deren ich, durch Krankheit genöthigt, dem Grafen Roon den Vorsitz im Staatsministerium ab-

getreten hatte, von Neujahr bis November 1873, fanden bei ihm
in kleinen und größern Kreisen abendliche Begegnungen mit feind=
licher Politiker der rechten Seite statt. An diesen nahm Graf
Harry Arnim, der Herrngesellschaften ohne politischen Zweck nicht
zu besuchen pflegte, wenn er sich auf Urlaub in Berlin befand, in
der Rolle Theil, daß er auf die Anwesenden den Eindruck machte,
den mir Roon selbst mit den Worten wiedergab: „In dem steckt
doch ein tüchtiger Junker!" Die gesprächliche Verbindung, in welcher
dieses Urtheil ausgesprochen wurde, und die öftere scharf accen=
tuirte Wiederholung desselben im Munde meines Freundes und
Collegen hatte die Tragweite eines Vorwurfs für mich wegen
Mangels gleicher Eigenschaften, und einer Andeutung, als ob Arnim
die innere Politik schneidiger und conservativer behandeln würde,
wenn er an meiner Stelle wäre. In den Unterredungen, in
denen dieses Thema des Arnim'schen Junkerthums breit entwickelt
wurde, gewann ich den Eindruck, daß auch mein alter Freund
Roon unter der Einwirkung der bei ihm stattfindenden Conventikel
in dem Vertrauen zu meiner Politik einigermaßen erschüttert war.

Zu den betreffenden Kreisen gehörte auch Oberst von Caprivi,
damals Abtheilungschef im Kriegsministerium. Ich will nicht ent=
scheiden, zu welchen der S. 147 aufgeführten Kategorien meiner
Gegner er damals gehörte; bekannt ist mir nur seine persönliche
Beziehung zu Mitarbeitern an der „Reichsglocke", wie dem Geheim=
rath von Lebbin, Personalrath im Ministerium des Innern, der auch
in seinem Ressort einen mir feindlichen Einfluß ausübte. Der Feld=
marschall von Manteuffel hat mir gesagt, daß Caprivi seinen, Man=
teuffels, Einfluß bei dem Kaiser gegen mich anzuspannen versucht und
meine „Feindschaft gegen die Armee"*) als Grund zur Klage und
als eine Gefahr bezeichnet habe. Es ist erstaunlich, daß Caprivi
sich dabei nicht erinnert hat, wie die Armee vor und zur Zeit meines

---

*) Vergl. zu diesem Vorwurf den Brief des Kaisers Friedrich vom
25. März 1888 in Kapitel 33, S. 311.

Eintritts in's Amt, 1862, civilistisch bekämpft, kritisirt und stief-
mütterlich verkürzt wurde, und wie sie unter meiner Amtsführung
aus der Alltäglichkeit des Garnisonlebens über Düppel, Sadowa und
Sedan von 1864—1871 dreimal zum Einzuge in Berlin gelangte.
Ich darf ohne Ueberhebung annehmen, daß König Wilhelm 1862 abdicirt hätte, daß die Politik, die den Ruhm der Armee gründete,
vielleicht nicht oder nicht so, wie geschah, in's Leben getreten wäre,
wenn ich ihre Leitung nicht übernommen hätte. Würde die Armee
zu ihren Heldenthaten und Graf Moltke auch nur den Degen zu
ziehn Gelegenheit erhalten haben, wenn König Wilhelm I. anders
und durch Andre berathen worden wäre? Wohl sicher nicht, wenn
er 1862 abdicirt hätte, weil er niemand fand, der die Gefahren
seiner Stellung zu theilen und zu bestehn bereit war.

IV.

Als die Kreuzzeitung, weil ich Parlamentsherrschaft und
Atheismus proclamirt hätte, schon am 11. Februar 1872 Fehde
angesagt und unter Nathusius Ludom 1875 mit den sogenannten
Aeraartikeln Perrots *) den Verleumdungsfeldzug gegen mich eröffnet
hatte, wandte ich mich brieflich an Amsberg, eine unsrer höchsten
juristischen Autoritäten, und an den Justizminister mit der Frage,
ob, wenn ich einen Strafantrag stellte, eine Verurtheilung des
Verfassers mit Sicherheit zu erwarten sei; andernfalls würde ich
von einem solchen abstehn, weil ein freisprechendes Erkenntniß
meinen Gegnern neue Vorwände zu Verdächtigungen geben könnte.
Die Antwort Beider und meines gleichfalls befragten Rechtsanwalts
fiel dahin aus, daß die Verurtheilung wahrscheinlich, aber bei
der vorsichtigen Fassung der Artikel nicht sicher sei. Ich hatte mir

---

*) Dr. Perrot, Hauptmann a. D., geb. in Trier, gest. 1891, Verfasser
national-ökonomischer Brochüren, zuletzt Kaufmann.

damals über die Stellung von Strafanträgen noch keine bestimmten
Grundsätze gebildet, und die Erfahrungen, welche ich in der Con=
flictszeit gemacht hatte, waren nicht grade ermuthigend; ich erinnere
mich, daß ein Ortsgericht, ich glaube in Stendal, in den Gründen
seines Erkenntnisses die Schwere der öffentlich gegen mich gerich=
teten Beleidigungen zwar reichlich zugab, aber die Festsetzung einer
Minimalstrafe von 10 Thalern damit motivirte, daß ich wirklich
ein übler Minister sei.

Als die Perrotschen Artikel erschienen, sah ich auch noch nicht
voraus, welchen Umfang der Verleumbungsfeldzug gegen mich von
Seiten meiner frühern Parteigenossen und namentlich in den
Kreisen meiner Standesgenossen annehmen sollte.

V.

Jeder, der heutiger Zeit in politischen Kämpfen gestanden hat,
wird die Wahrnehmung gemacht haben, daß Parteimänner, über
deren Wohlerzogenheit und Rechtlichkeit im Privatleben nie Zweifel
aufgekommen sind, sobald sie in Kämpfe der Art gerathen, sich
von den Regeln des Ehrgefühls und der Schicklichkeit, deren
Autorität sie sonst anerkennen, für entbunden halten und aus einer
karifirenden Uebertreibung des Satzes salus publica suprema lex
die Rechtfertigung für Gemeinheiten und Rohheiten in Sprache
und Handlungen ableiten, durch die sie sich außerhalb der poli=
tischen und religiösen Streitigkeiten selbst angewidert fühlen würden.
Diese Lossagung von Allem, was schicklich und ehrlich ist, hängt
undeutlich mit dem Gefühle zusammen, daß man im Interesse der
Partei, das man dem des Vaterlandes unterschiebt, mit anderm
Maße zu messen habe als im Privatleben, und daß die Gebote
der Ehre und Erziehung in Parteikämpfen anders und loser aus=
zulegen seien, als selbst im Kriegsgebrauch gegen ausländische Feinde.
Die Reizbarkeit, die zur Ueberschreitung der sonst üblichen Formen

und Grenzen führt, wird unbewußt dadurch verschärft, daß in der
Politik und in der Religion Keiner dem Andersgläubigen die Richtig=
keit der eignen Ueberzeugung, des eignen Glaubens concludent
nachweisen kann, und daß kein Gerichtshof vorhanden ist, der die
Meinungsverschiedenheiten durch Erkenntniß zur Ruhe verweisen
könnte.

In der Politik wie auf dem Gebiete des religiösen Glaubens
kann der Conservative dem Liberalen, der Royalist dem Republi=
kaner, der Gläubige dem Ungläubigen niemals ein andres Argu=
ment entgegenhalten, als das in tausend Variationen der Beredsam=
keit breitgetretene Thema: meine politischen Ueberzeugungen sind
richtig und die deinigen falsch; mein Glaube ist Gott wohlgefällig,
dein Unglaube führt zur Verdammniß. Es ist daher erklärlich,
daß aus kirchlichen Meinungsverschiedenheiten Religionskriege ent=
stehn und durch politische Parteikämpfe, so lange nicht ihre Erledi=
gung durch Bürgerkrieg stattfindet, doch ein Umsturz der Schran=
ken herbeigeführt wird, die durch Anstand und Ehrgefühl wohl=
erzogner Leute im außerpolitischen Lebensverkehr aufrecht erhalten
werden. Welcher gebildete und wohlerzogne Deutsche würde ver=
suchen, im gewöhnlichen Verkehr auch nur einen geringen Theil
der Grobheiten und Bosheiten zur Verwendung zu bringen, die
er nicht ansteht, von der Rednertribüne vor hundert Zeugen seinem
bürgerlich gleich achtbaren Gegner in einer schreienden, in keiner
anständigen Gesellschaft üblichen Tonart in's Gesicht zu werfen?
Wer würde es außerhalb des politischen Parteitreibens mit der
von ihm selbst beanspruchten Stellung eines Edelmannes von gutem
Hause verträglich halten, sich in den Gesellschaften, wo er verkehrt,
gewerbsmäßig zum Colporteur von Lügen und Verleumdungen
gegen andre Genossen seiner Gesellschaft und seines Standes zu
machen? Wer würde sich nicht schämen, auf diese Weise un=
bescholtene Leute unehrlicher Handlungen zu beschuldigen, ohne sie
beweisen zu können? Kurz, wer würde anderswo als auf dem
Gebiete politischer Parteikämpfe die Rolle eines gewissenlosen Ver=

leumders bereitwillig übernehmen? Sobald man aber vor dem eignen Gewissen und vor der Fraction sich damit decken kann, daß man im Parteiinteresse auftritt, so gilt jede Gemeinheit für erlaubt oder doch für entschuldbar.

Gegen mich begannen die Verleumdungen in dem Blatte, das unter dem christlichen Symbol des Kreuzes und mit dem Motto „Mit Gott für König und Vaterland" seit Jahren nicht mehr die conservative Fraction und noch weniger das Christenthum, sondern nur den Ehrgeiz und die gehässige Verbissenheit einzelner Redacteure vertritt. Als ich über die Giftmischereien des Blattes am 9. Februar 1876 in öffentlicher Rede Klage geführt hatte[1]), antwortete mir die Kundgebung der sogenannten Declaranten, deren wissenschaftliches Contingent aus einigen Hundert evangelischen Geistlichen bestand, die in ihrem amtlichen Charakter mir in dieser Form als Eideshelfer der Kreuzzeitungslügen entgegentraten und ihre Mission als Diener der christlichen Kirche und ihres Friedens dadurch bethätigten, daß sie die Verleumdungen des Blattes öffentlich contrasignirten. Ich habe gegen Politiker in langen Kleidern, weiblichen und priesterlichen, immer Mißtrauen gehegt, und dieses Pronunciamiento einiger Hundert evangelischer Pfarrer zu Gunsten einer der frivolsten, gegen den ersten Beamten des Landes gerichteten Verleumdung war nicht geeignet, mein Vertrauen grade zu Politikern, die im Priesterrock, auch in einem evangelischen, stecken, zu stärken. Zwischen mir und allen Declaranten, von denen viele bis dahin zu meinen Bekannten, sogar zu meinen Freunden gehört hatten, war, nachdem sie sich die ehrenrührigen Beschimpfungen aus der Feder Perrots angeeignet hatten, die Möglichkeit eines persönlichen Verkehrs vollständig abgeschnitten.

Für die Nerven eines Mannes in reifen Jahren ist es eine harte Probe, plötzlich mit allen oder fast allen Freunden und Bekannten den bisherigen Umgang abzubrechen. Meine Gesundheit

---

[1]) Politische Reden VI 351.

war damals längst geschwächt, nicht durch die Arbeiten, welche mir
oblagen, aber durch das ununterbrochene Bewußtsein der Verant=
wortlichkeit für große Ereignisse, bei denen die Zukunft des Vater=
landes auf dem Spiele stand. Ich habe natürlich während der
bewegten und gelegentlich stürmischen Entwicklung unsrer Politik
nicht immer mit Sicherheit voraussehn können, ob der Weg,
den ich einschlug, der richtige war, und doch war ich gezwungen,
so zu handeln, als ob ich die kommenden Ereignisse und die Wir=
kung der eignen Entschließungen auf dieselben mit voller Klarheit
voraussehe. Die Frage, ob das eigne Augenmaß, der politische
Instinct, ihn richtig leitet, ist ziemlich gleichgültig für einen Minister,
dem alle Zweifel gelöst sind, sobald er durch die königliche Unter=
schrift oder durch eine parlamentarische Mehrheit sich gedeckt fühlt,
man könnte sagen, einen Minister katholischer Politik, der im Besitz
der Absolution ist, und den die mehr protestantische Frage, ob er
seine eigne Absolution hat, nicht kümmert. Für einen Minister
aber, der seine Ehre mit der des Landes vollständig identificirt, ist
die Ungewißheit des Erfolges einer jeden politischen Entschließung
von aufreibender Wirkung. Man kann die politische Gestaltung
in der Zeit, welche die Durchführung einer Maßregel bedarf, so
wenig mit Sicherheit vorhersehn, wie das Wetter der nächsten
Tage in unserm Klima, und muß doch seine Entschließung fassen,
als ob man es könnte, nicht selten im Kampfe gegen alle Einflüsse,
denen Gewicht beizulegen man gewöhnt ist, wie z. B. in Nikols=
burg zur Zeit der Friedensverhandlungen, wo ich die einzige Person
war und blieb, die schließlich für das, was geschah, und für den
Erfolg verantwortlich gemacht wurde und nach unsern Institutionen
und Gewöhnungen auch verantwortlich war, und wo ich meine
Entschließung im Widerspruch nicht nur mit allen Militärs, also
mit allen Anwesenden, sondern auch mit dem Könige fassen und
in schwerem Kampfe aufrecht halten mußte. Die Erwägung der
Frage, ob eine Entschließung richtig sei, und ob das Festhalten und
Durchführen des auf Grund schwacher Prämissen für richtig Er=

kannten richtig sei, hat für jeden gewissenhaften und ehrliebenden
Menschen etwas Aufreibendes; es wird verstärkt durch die Thatsache,
daß lange Zeit vergeht, oft viele Jahre, bevor man in der Politik
sich selbst überzeugt, ob das Gewollte und Geschehene das Richtige
war oder nicht. Nicht die Arbeit ist das Aufreibende, die Zweifel
und Sorgen sind es und das Ehrgefühl, die Verantwortlichkeit, ohne
daß man zur Unterstützung der letztern etwas andres als die
eigne Ueberzeugung und den eignen Willen anführen kann, wie
das grade in den wichtigsten Krisen am schärfsten Platz greift.

Der Verkehr mit Andern, die man für gleichgestellt hält, erleichtert die Ueberwindung solcher Krisen, und wenn er plötzlich
aufhört und aus Motiven, die mehr persönlich als sachlich, mehr
mißgünstig als ehrlich, und so weit sie ehrlich, ganz banau-
sischer Natur sind, der betheiligte verantwortliche Minister plötzlich
von allen bisherigen Freunden boycottirt, als Feind behandelt, also
mit sich und seinen Erwägungen vereinsamt wird, so muß das den
Eingriff seiner amtlichen Sorgen in seine Nerven und seine Gesundheit verschärfen.

VI.

Man hätte glauben sollen, daß die nationalliberale Partei,
durch deren Begünstigung ich mir das Uebelwollen meiner frühern
conservativen Parteigenossen zugezogen hatte, durch die rohen und
unwürdigen Angriffe auf meine persönliche Ehrenhaftigkeit bewogen
worden wäre, mir in der Abwehr irgendwie beizustehn, oder doch
zu erkennen zu geben, daß sie die Angriffe nicht billigte und die
Ansicht meiner Verleumder über mich nicht theilte; ich erinnere
mich aber nicht, in jener Zeit irgend einen nationalliberalen
Versuch, mir zur Hülfe zu kommen, in der Presse oder sonst
im öffentlichen Leben, wahrgenommen zu haben. Es schien im
Gegentheil, als ob im nationalliberalen Lager eine gewisse Genugthuung darüber herrschte, daß die conservative Partei mich angriff

und mit mir brach, und als ob man bemüht wäre, den Bruch zu erweitern und bei mir den Stachel tiefer einzudrücken. Liberale und Conservative waren darüber einig, je nach dem Fractions= interesse mich zu verbrauchen, fallen zu lassen und anzugreifen. Die Frage, ob es dem Lande, dem allgemeinen Interesse nützlich sei, wird theoretisch natürlich von jeder Fraction als die dominirende bezeichnet, und jede behauptet, daß sie eben auf dem Fractions= wege das Wohl der Gesammtheit suche und finde. In der That aber ist mir der Eindruck verblieben, daß jede unsrer Fractionen ihre Politik betreibt, als ob sie allein da sei, ohne Rücksicht auf das Ganze und auf das Ausland sich auf ihrer Fractionsinsel isolirt. Dabei kann man nicht einmal sagen, daß die verschiedenen Wege der Fractionen auf dem politischen Kampfplatz durch Ver= schiedenheit der politischen Grundsätze und Ueberzeugungen in jedem Einzelnen zu einer Gewissensfrage und Nothwendigkeit würden; es geht den meisten Fractionsmitgliedern wie den meisten Bekennern verschiedener Confessionen; sie gerathen in Verlegenheit, wenn man sie bittet, die unterscheidenden Merkmale der eignen Ueberzeugung den andern concurrirenden gegenüber anzuführen. In unsern Fractionen ist der eigentliche Krystallisationspunkt nicht ein Pro= gramm, sondern eine Person, ein parlamentarischer Condottiere.

Auch die Beschlüsse entspringen nicht aus den Ansichten der Mitglieder, sondern aus dem Willen des Führers oder eines her= vorragenden Redners, was in der Regel zusammenfällt. Der Versuch einzelner Mitglieder, gegen die Fractionsleitung, gegen den schlagfertigern Redner aufzukommen, ist mit so viel Unannehm= lichkeiten, mit Niederlage in der Abstimmung, mit Störungen in dem täglichen, gewohnten Privatverkehr verbunden, daß schon ein recht selbständiger Charakter dazu gehört, eine von der Fractions= leitung abweichende Meinung zu vertreten; und Charakter genügt nicht, wenn nicht ein ausreichendes Maß von Wissen und Arbeits= kraft hinzukommt. Die letztre aber nimmt zu in der Richtung nach links. Die erhaltenden Parteien setzen sich im Ganzen zu=

sammen aus den zufriedenen Staatsbürgern, die den status quo
angreifenden recrutiren sich naturgemäß mehr aus den mit den
bestehenden Einrichtungen unzufriedenen; und unter den Elementen,
auf denen die Zufriedenheit beruht, nimmt die Wohlhabenheit nicht
die letzte Stelle ein. Nun ist es eine Eigenthümlichkeit, wenn nicht
der Menschen im Allgemeinen, so doch der Deutschen, daß der Un=
zufriedene arbeitsamer und rühriger ist als der Zufriedene, der Be=
gehrliche strebsamer als der Satte. Die geistig und körperlich
satten Deutschen sind gewiß zuweilen aus Pflichtgefühl arbeitsam,
aber in der Mehrheit nicht, und unter den gegen das Bestehende
Ankämpfenden findet sich der Wohlhabende bei uns seltener aus
Ueberzeugung, öfter von einem Ehrgeiz getrieben, der auf diesem Wege
schnellere Befriedigung hofft oder durch Verstimmung über politische
oder confessionelle Widerwärtigkeiten auf ihn gedrängt worden ist.
Das Ergebniß im Ganzen ist immer eine größere Arbeitsamkeit unter
den Kräften, die das Bestehende angreifen, als unter denen, die
es vertheidigen, also den Conservativen. Dieser Mangel an Arbeit=
samkeit der Mehrheit erleichtert wiederum die Leitung einer conser=
vativen Fraction in höherm Maße, als dieselbe durch individuelle
Selbständigkeit und stärkern Eigensinn der Einzelnen erschwert
werden könnte. Nach meinen Erfahrungen ist die Abhängigkeit der
conservativen Fractionen von dem Gebote ihrer Leitung mindestens
ebenso stark, vielleicht stärker als auf der äußersten Linken. Die
Scheu vor dem Bruch ist auf der rechten Seite vielleicht größer
als auf der linken, und der damals auf jeden Einzelnen stark
wirkende Vorwurf, „ministeriell zu sein“, war der objectiven Be=
urtheilung auf der rechten Seite oft hinderlicher als auf der linken.
Dieser Vorwurf hörte sofort auf, den Conservativen und andern
Fractionen empfindlich zu sein, als durch meine Entlassung die
regirende Stelle vacant geworden war, und jeder Parteiführer in
der Hoffnung, bei ihrer Wiederbesetzung betheiligt zu werden, bis
zur unehrlichen Verleugnung und Boycottirung des frühern Kanzlers
und seiner Politik servil und ministeriell wurde.

In der Zeit der Declaranten wurde die antiministerielle Strö=
mung, das heißt die Mißgunst, mit der ich von vielen meiner
Standesgenossen betrachtet und behandelt wurde, lebhaft gefördert
durch starke Einflüsse am Hofe. Der Kaiser hat mir seine Gnade
und seine Unterstützung in Geschäften niemals versagt; das hinderte
den Herrn aber nicht, die „Reichsglocke" täglich zu lesen. Dieses
nur von der Verleumdung gegen mich lebende Blatt wurde im
Königlichen Hausministerium für unsern und andre Höfe in 13 Exem=
plaren colportirt und hatte seine Mitarbeiter nicht nur im katholischen,
sondern auch im evangelischen Hof= und Landesadel. Die Kaiserin
Augusta ließ mich ihre Ungnade andauernd fühlen, und ihre un=
mittelbaren Untergebenen, die höchsten Beamten des Hofes, gingen
in ihrem Mangel an Formen so weit, daß ich zu schriftlichen Be=
schwerden bei Sr. Majestät selbst veranlaßt wurde. Diese hatten
den Erfolg, daß wenigstens die äußern Formen mir gegenüber
nicht mehr vernachlässigt wurden. — Minister Falk wurde dem=
nächst durch dergleichen höfische Unfreundlichkeiten gegen ihn und
seine Frau mehr als durch sachliche Schwierigkeiten seiner Stellung
überdrüssig [1]).

---

[1]) S. o. S. 131 f.

Sechsundzwanzigstes Kapitel.

Intrigen.

I.

Graf Harry Arnim vertrug wenig Wein und sagte mir einmal nach einem Frühstücksglase: „In jedem Vordermanne in der Carrière sehe ich einen persönlichen Feind und behandle ihn demensprechend. Nur darf er es nicht merken, so lange er mein Vorgesetzter ist." Es war dies in der Zeit, als er nach dem Tode seiner ersten Frau aus Rom zurückgekommen, durch eine italienische Amme seines Sohnes in roth und gold Aufsehn auf den Promenaden erregte und in politischen Gesprächen gern Macchiavell und die Werke italienischer Jesuiten und Biographen citirte. Er posirte damals in der Rolle eines Ehrgeizigen, der keine Scrupel kannte, spielte hinreißend Klavier und war vermöge seiner Schönheit und Gewandheit gefährlich für die Damen, denen er den Hof machte. Diese Gewandheit auszubilden, hatte er frühzeitig begonnen, indem er als Schüler des Neustettiner Gymnasiums von den Damen einer wandernden Schauspielertruppe sich in die Lehre nehmen ließ und das mangelnde Orchester am Clavier ersetzte.

Unter den Persönlichkeiten, die neben ausländischen Einflüssen, neben der „Reichsglocke" und ihren Mitarbeitern in aristo-

kratiſchen und Hofkreiſen und in den Miniſterien meiner Collegen,
neben dem verſtimmten Junkerthume und deſſen Aera = Artifeln
in der Kreuzzeitung, daran arbeiteten, mir das Vertrauen des
Kaiſers zu entziehn, ſpielte Graf Harry Arnim eine hervorragende
Rolle.

Am 23. Auguſt 1871 wurde er auf meinen Antrag zum Ge=
ſandten, demnächſt zum Botſchafter in Paris ernannt, wo ich ſeine
hohe Begabung trotz ſeiner Fehler im Intereſſe des Dienſtes nütz=
lich zu verwerthen hoffte; er ſah in ſeiner Stellung dort aber nur
eine Stufe, von der aus er mit mehr Erfolg daran arbeiten konnte,
mich zu beſeitigen und mein Nachfolger zu werden. Er machte in
Privatbriefen an den Kaiſer geltend, daß das preußiſche Königs=
haus gegenwärtig das älteſte in Europa ſei, das ſich in ununter=
brochner Regirung erhalten habe, und daß dem Kaiſer, als dem
doyen der Monarchen, durch dieſe Gnade Gottes eine Verpflichtung
erwachſe, die Legitimität und Continuität andrer alter Dynaſtien zu
überwachen und zu ſchützen. Die Berührung dieſer Saite im Ge=
müthe des Kaiſers war pſychologiſch richtig berechnet, und wenn
Arnim allein ihn zu berathen gehabt hätte, ſo wäre es ihm viel=
leicht gelungen, das klare und nüchterne Urtheil dieſes Herrn durch
ein künſtlich geſteigertes Gefühl von angeſtammter Fürſtenpflicht zu
trüben. Aber er wußte nicht, daß Se. Majeſtät mir in ſeiner
graden und ehrlichen Weiſe die Briefe mittheilte und dadurch Ge=
legenheit gab, der politiſchen Einſicht, man könnte ſagen, dem ge=
ſunden Verſtande des Herrn die Schäden und Gefahren der Rath=
ſchläge darzulegen, denen wir auf dem von Arnim empfohlenen
Wege der Herſtellung der Legitimität in Frankreich entgegengehn
würden.

Meine ſchriftlichen Auslaſſungen in dieſem Sinne erlaubte der
Kaiſer ſpäter Arnimſchen Schmähſchriften gegenüber zu veröffent=
lichen. In einer derſelben iſt Bezug darauf genommen, daß dem
Könige bekannt ſei, daß Arnims Aufrichtigkeit in maßgebenden
Kreiſen angezweifelt werde, und daß man ihn am engliſchen Hofe

als Botschafter nicht gewünscht habe, „weil man ihm kein Wort glauben würde" [1]. Graf Arnim hat wiederholt Versuche gemacht, ein Zeugniß des englischen Cabinets gegen diese meine Andeutung zu erlangen, und von den ihm mehr als mir wohlwollenden eng=lischen Staatsmännern die Versicherung erhalten, daß ihnen nichts derart bekannt sei. Doch war die von mir angedeutete präventive Zurückweisung Arnims in einer Gestalt an den Kaiser gelangt, daß ich mich öffentlich auf Sr. Majestät Zeugniß über die That=sache berufen konnte.

Nachdem Arnim sich 1873 in Berlin überzeugt hatte, daß seine Aussichten, an meine Stelle zu treten, noch nicht so reif waren, wie er angenommen hatte, versuchte er einstweilen das frühere gute Verhältniß herzustellen, suchte mich auf, bedauerte, daß wir durch Miß=verständnisse und Intrigen Andrer auseinander gekommen wären, und erinnerte an Beziehungen, die er einst mit mir gehabt und gesucht hatte. Zu gut von seinem Treiben und von dem Ernst seines Angriffes auf mich unterrichtet, um mich täuschen zu lassen, sprach ich ganz offen mit ihm, hielt ihm vor, daß er mit allen mir feindlichen Elementen in Verbindung getreten sei, um meine poli=tische Stellung zu erschüttern, in der irrigen Annahme, er werde mein Nachfolger werden, und daß ich an seine versöhnliche Ge=sinnung nicht glaube. Er verließ mich, indem er mit der ihm eignen Leichtigkeit des Weinens eine Thräne im Auge zerdrückte. Ich kannte ihn von seiner Kindheit an.

Mein amtliches Verfahren gegen Arnim war von ihm pro=vocirt durch seine Weigerung, amtlichen Instructionen Folge zu leisten. Ich habe die Thatsache, daß er Gelder, die er zur Ver=tretung unsrer Politik in der französischen Presse erhielt, 6000 bis 7000 Thaler, dazu verwandte, in der deutschen Presse unsre Politik und meine Stellung anzugreifen, in den Gerichtsverhandlungen nie=mals berühren lassen. Sein Hauptorgan, in welchem er mich und

---

[1] Schreiben an den Kaiser vom 14. April 1873.

mit steigender Siegeszuversicht angriff, war damals die „Spener'sche
Zeitung", die, im Absterben begriffen, ihm käuflich war. In der=
selben ließ er Andeutungen machen, als ob er allein ein Mittel
wisse, den Kampf mit Rom siegreich zu Ende zu führen, und daß
nur mein unberechtigter Ehrgeiz einen überlegnen Staatsmann
wie er sei, nicht an's Ruder kommen lasse. Gegen mich hat er sich
über dieses Arcanum nicht ausgesprochen. Dasselbe bestand in dem
von einzelnen Canonisten vertretenen Gedanken, daß die römisch=
katholische Kirche durch die Beschlüsse des Vaticanums ihre Natur
verändert habe, ein andres Rechtssubject geworden sei und die in
ihrem frühern Dasein erworbenen Eigenthums= und Vertragsrechte
verloren habe. Ich habe dieses Mittel früher als er erwogen, glaube
aber nicht, daß es eine stärkere Wirkung auf den Austrag des
Streites geübt haben würde, als die Gründung der altkatholischen
Kirche es vermochte, deren Berechtigung logisch und juristisch noch
einleuchtender und gerechtfertigter war, als es die angerathne Los=
sagung der Preußischen Regirung von ihren Beziehungen zur
römischen Kirche gewesen sein würde. Die Zahl der Altkatholiken
giebt das Maß für die Wirkung, welche dieser Schachzug auf den
Bestand der Anhänger des Papstes und des Neokatholicismus
geübt haben würde. Noch weniger versprach ich mir von dem
Vorschlage, den Graf Arnim in einem der veröffentlichten Bericht=
gemacht hat, die preußische Regirung möge „Oratores" zur Erörte=
rung der dogmatischen Fragen in das Concil schicken. Ich ver=
muthe, daß er darauf durch den Titelkopf der von Paolo Sarpi
verfaßten Geschichte des Tridentiner Concils gekommen ist, auf dem
die Versammlung abgebildet ist und zwei, an einem besondern
Tische sitzende Personen als Oratores Caesareae Majestatis be=
zeichnet sind. Ist meine Vermuthung richtig, so hat Graf Arnim
wissen müssen, daß „orator" in der clericalen Latinität jener Zeit
der Ausdruck für Gesandter ist.

In dem Gerichtsverfahren gegen ihn verfolgte ich nur den
Zweck, die von mir dienstlich gestellte, von Arnim definitiv

abgelehnte Forderung der Herausgabe bestimmter, zweifellos
amtlicher Bestandtheile der Botschaftsacten durchzusetzen. Mir kam
es nur darauf an, als Vorgesetzter die amtliche Autorität zu
wahren; ein Straferkenntniß gegen Arnim habe ich weder er=
strebt noch erwartet, im Gegentheile würde ich, nachdem ein
solches erfolgt war, seine Begnadigung wirksam befürwortet
haben, wenn dieselbe in der durch das Contumacial=Erkennt=
niß geschaffenen Lage juristisch zulässig gewesen wäre. Mich trieb
keine persönliche Rachsucht, sondern, wenn man eine tadelnde
Bezeichnung finden will, eher bürokratische Rechthaberei eines in
seiner Autorität mißachteten Vorgesetzten. War schon das Erkennt=
niß in dem ersten Proceß auf neun Monat Gefängniß ein meiner
Ansicht nach übertrieben strenges, so war die Verurtheilung in dem
zweiten Processe zu fünf Jahren Zuchthaus doch nur, wie der Ver=
urtheilte selbst richtig bemerkt hat, dadurch möglich geworden, daß
der regelmäßige Strafrichter nicht in der Lage ist, die Sünden der
Diplomatie in internationalen Verhandlungen mit vollem Verständ=
nisse zu beurtheilen. Dieses Erkenntniß würde ich nur dann für
adäquat gehalten haben, wenn der Verdacht erwiesen gewesen wäre,
daß der Verurtheilte seine Verbindungen mit dem Baron Hirsch
benutzt hätte, um die Verzögerung der Ausführung seiner Instruc=
tionen Börsenspeculationen dienstbar zu machen. Ein Beweis
dafür ist in dem Gerichtsverfahren weder geführt, noch versucht
worden. Die Annahme, daß er lediglich aus geschäftlichen Gründen
die Ausführung einer präcisen Weisung unterlassen habe, blieb
immerhin zu seinen Gunsten möglich, obschon ich mir den Ge=
dankengang, dem er dabei gefolgt sein müßte, nicht klar machen
kann. Der erwähnte Verdacht ist aber meinerseits nicht aus=
gesprochen worden, obschon er dem Auswärtigen Amte und der
Hofgesellschaft durch Pariser Correspondenzen und Reisende mit=
getheilt worden war und in diesen Kreisen colportirt wurde.
Es war ein Verlust für den diplomatischen Dienst bei uns,
daß die ungewöhnliche Begabung Arnims für diesen Dienst nicht

mit einem gleichen Maße von Zuverläſſigkeit und Glaubwürdigkeit
gepaart war.

Welche Eindrücke die diplomatiſchen Kreiſe empfingen, zeigt
u. A. der nachſtehende Brief des Staatsſekretärs von Bülow vom
23. October 1874:

„Die Kreuzzeitung enthält heut eine perfide Einſendung, offen=
bar von Graf Arnim ſelbſt auf die Melodie: Was habe ich denn
Böſes gethan? Nichts, als ganz perſönliche Actenſtücke vor der
Indiscretion von Botſchaftern und Kanzliſten gerettet; ich würde
ſie längſt herausgegeben haben, wenn das Auswärtige Amt nicht
ſo rückſichtslos und grob geweſen wäre. Es iſt ſchwer, während
der Unterſuchung auf ſolche Lügen und Verdrehungen zu antworten:
Einſtweilen bringt die Weſerzeitung geſtern die ſehr nützliche Notiz
über den Inhalt mehrerer der vermißten Actenſtücke. Geſtern war
Feldmarſchall von Manteuffel bei mir, zumeiſt um ſich nach der causa
Arnim zu erkundigen. Er ſprach in ſehr paſſender Weiſe ſeine Ueber=
zeugung aus, daß man nicht anders habe handeln können, und daß
er den Reichskanzler und die Diplomatie bedaure, mit ſolchen Er=
fahrungen die Geſchäfte leiten zu müſſen. Da er übrigens Arnim
von Jugend auf kenne, und unter oder neben ihm in Nancy genug
habe leiden müſſen, ſo überraſche die Kataſtrophe ihn nicht; Arnim
ſei ein Mann, der bei jeder Sache nur gefragt habe: Was nützt oder
ſchadet ſie mir perſönlich? Wörtlich daſſelbe ſagten mir Lord Odo
Ruſſell als Ergebniß ſeiner römiſchen Erfahrungen und Nothomb
als Erinnerung aus Brüſſel. Am merkwürdigſten war mir, daß der
Feldmarſchall wiederholt darauf zurückkam, daß Arnim im Sommer 72
angefangen habe, gegen E. D. zu conſpiriren, ihn, Manteuffel, in
dieſer Beziehung im Sommer 73 habe ſondiren wollen und durch ſeine
Haltung gegen Thiers deſſen Sturz mit allen üblen politiſchen Folgen
hauptſächlich mit verſchuldet habe. Ueber letzteres Kapitel ſprach er mit
großer Sach= und Perſonalkenntniß und nicht ohne Hindeutung auf
den Einfluß, den damals Arnim ſich allerhöchſten Orts zu verſchaffen ge=
wußt, durch Schüren gegen Republik und für legitime Ueberlieferung.

Am Tage von Thiers' Sturz habe er mit mehreren hervorragenden Orleanisten dinirt; die Bulletins aus Versailles seien ihm während des Diners zugegangen und mit Jubel begrüßt worden — ein Rückhalt für die Partei, ohne den sie vielleicht nicht den moralischen Muth zu dem coup d'état vom 24. Mai gehabt. Im gleichen Sinne sagte mir Nothomb, Thiers habe ihm im vorigen Winter von Arnim gesagt: cet homme m'a fait beaucoup de mal, beaucoup plus même que ne sait ni pense Monsieur de Bismarck."

In dem Verleumdungsproceß gegen den Redacteur der „Reichs= glocke", Januar 1877, sagte der Staatsanwalt:

„Ich mache für diese verbrecherische Tendenz alle Mitarbeiter des Blattes, auch alle diejenigen, die das Blatt durch Rath und durch That unterstützen, moralisch verantwortlich, zunächst ins= besondre den Herrn von Loë, sodann aber auch den Grafen Harry von Arnim. Es ist garnicht zu bezweifeln, daß alle die Artikel ‚Arnim contra Bismarck', die es sich zur Aufgabe gemacht haben, seit Jahr und Tag die Person des Fürsten Bismarck anzugreifen, herabzusetzen, im Interesse des Grafen Arnim geschrieben werden."

II.

Meiner Ueberzeugung nach hat die römische Curie den Krieg zwischen Frankreich und Deutschland ebenso wie die meisten Politiker seit 1866 als wahrscheinlich betrachtet, als ebenso wahrscheinlich auch, daß Preußen unterliegen würde. Den Krieg vorausgesetzt, mußte der damalige Papst darauf rechnen, daß der Sieg Frank= reichs über das evangelische Preußen die Möglichkeit bieten werde, den Vorstoß, den er selbst mit dem Concil und der Unfehlbarkeit gegen die akatholische Welt und gegen nervenschwache Katholiken gemacht hatte, zu weitern Consequenzen zu treiben. Wie das kaiserliche Frankreich und besonders die Kaiserin Eugenie damals zu dem Papste standen, ließ sich ohne zu gewagte Berechnung an= nehmen, daß Frankreich, wenn seine Heere siegreich in Berlin ständen,

bei dem Friedensschlusse die Interessen der katholischen Kirche in
Preußen nicht unberücksichtigt lassen würde, wie der Kaiser von
Rußland Friedensschlüsse zu benutzen pflegte, um sich seiner Glaubens=
genossen im Oriente anzunehmen. Es würden sich die gesta Dei
per Francos vielleicht um einige neue Fortschritte der päpstlichen
Macht bereichert haben, und die Entscheidung der confessionellen
Kämpfe, die nach der Meinung katholischer Schriftsteller (Donoso
Cortes de Valdegamas) schließlich „auf dem Sande der Mark
Brandenburg" auszufechten sind, würde durch eine übermächtige
Stellung Frankreichs in Deutschland nach verschiedenen Richtungen
hin gefördert worden sein. Die Parteinahme der Kaiserin Eugenie
für die kriegerische Richtung der französischen Politik wird schwer=
lich ohne Zusammenhang mit ihrer Hingebung für die katholische
Kirche und den Papst gewesen sein; und wenn die französische
Politik und die persönlichen Beziehungen Louis Napoleons zur
italienischen Bewegung es unmöglich machten, daß Kaiser und
Kaiserin dem Papste in Italien in befriedigender Weise gefällig
waren, so würde die Kaiserin ihre Ergebenheit für den Papst im
Falle des Sieges in Deutschland bethätigt und auf diesem Gebiete
eine allerdings unzulängliche fiche de consolation für die Schäden
gewährt haben, die der päpstliche Stuhl in Italien unter und
durch Napoleons Mitwirkung erlitten hatte.

Wenn nach dem Frankfurter Frieden eine katholisirende Partei,
sei es royalistischer, sei es republikanischer Form, in Frankreich am
Ruder geblieben wäre, so würde es schwerlich gelungen sein, die
Erneuerung des Krieges so lange, wie geschehn, hinauszuschieben.
Es war alsdann zu befürchten, daß die beiden von uns bekämpften
Nachbarmächte, Oestreich und Frankreich, auf dem Boden der
gemeinsamen Katholicität sich einander nähern und uns entgegen=
treten würden, und die Thatsache, daß es in Deutschland so wenig
wie in Italien an Elementen fehlte, deren confessionelles Gefühl
stärker war als das nationale, hätte zur Verstärkung und Er=
muthigung einer solchen katholischen Allianz gedient. Ob wir ihr

gegenüber Bundesgenossen finden würden, ließ sich nicht sicher vor=
aussehn; jedenfalls hätte es in der Willkür Rußlands gestanden,
die östreichisch=französische Freundschaft durch seinen Zutritt zu
einer übermächtigen Coalition auszubilden, wie im siebenjährigen
Kriege, oder uns doch unter dem diplomatischen Drucke dieser Mög=
lichkeit in Abhängigkeit zu erhalten.

Mit der Herstellung einer katholisirenden Monarchie in Frank=
reich wäre die Versuchung, gemeinschaftlich mit Oestreich Revanche
zu nehmen, erheblich näher getreten. Ich hielt es deshalb dem
Interesse Deutschlands und des Friedens widersprechend, die Restau=
ration des Königthums in Frankreich zu fördern, und gerieth in
Gegnerschaft zu den Vertretern dieser Idee. Dieser Gegensatz spitzte
sich persönlich zu gegenüber dem damaligen französischen Botschafter
Gontaut=Biron und unserm damaligen Botschafter in Paris, Grafen
Harry Arnim. Der Erstre war im Sinne der Partei thätig, der
er von Natur angehörte, der legitimistisch=katholischen; der Letztre
aber speculirte auf die legitimistischen Sympathien des Kaisers, um
meine Politik zu discreditiren und mein Nachfolger zu werden.
Gontaut, ein geschickter und liebenswürdiger Diplomat aus alter
Familie, fand bei der Kaiserin Augusta Anknüpfungspunkte einer=
seits in deren Vorliebe für katholische Elemente in und neben dem
Centrum, mit denen die Regirung im Kampfe stand, andrerseits
in seiner Eigenschaft als Franzose, die in den Jugenberinnerungen
der Kaiserin aus der Zeit ohne Eisenbahnen an deutschen Höfen
fast in gleichem Maße wie die Eigenschaft des Engländers zur Em=
pfehlung diente[1]). Ihre Majestät hatte französisch sprechende Diener,
ihr französischer Vorleser Gérard *) fand Eingang in die Kaiserliche

---

*) Derselbe, wahrscheinlich von Gontaut an Ihre Majestät empfohlen,
unterhielt einen lebhaften Briefwechsel mit Gambetta, der nach des Letztern
Tode in die Hände von Madame Abám gerieth und als hauptsächliches Material
für die Schrift La Société de Berlin gedient hat. Nach Paris zurückgekehrt,
wurde Gérard eine Zeit lang Leiter der officiösen Presse, dann Legationssekretär
in Madrid, Geschäftsträger in Rom und 1890 Gesandter in Montenegro.

[1]) S. Bd. I 121 f.

Familie und Correſpondenz. Alles Ausländiſche mit Ausnahme des
Ruſſiſchen hatte für die Kaiſerin dieſelbe Anziehungskraft, wie
für ſo viele deutſchen Kleinſtädter. Bei den alten langſamen Ver=
kehrsmitteln war früher an den deutſchen Höfen ein Ausländer, be=
ſonders ein Engländer oder Franzoſe faſt immer ein intereſſanter
Beſuch, nach deſſen Stellung in der Heimath nicht ängſtlich gefragt
wurde; um ihn hoffähig zu machen, genügte es, daß er „weit her"
und eben kein Landsmann war.

Auf demſelben Boden erwuchs in ausſchließlich evangeliſchen
Kreiſen das Intereſſe, welches die fremdartige Erſcheinung eines
Katholiken und, am Hofe, eines Würdenträgers der katholiſchen
Kirche, damals einflößte. Es war zur Zeit Friedrich Wilhelms III.
eine intereſſante Unterbrechung der Einförmigkeit, wenn Jemand
katholiſch war. Ein katholiſcher Mitſchüler wurde ohne jedes con=
feſſionelle Uebelwollen mit einer Art von Verwunderung wie eine
exotiſche Erſcheinung und nicht ohne Befriedigung darüber betrachtet,
daß ihm von der Bartholomäusnacht, von Scheiterhaufen und dem
dreißigjährigen Kriege nichts anzumerken war. Im Hauſe des
Profeſſors von Savigny, deſſen Frau katholiſch war, wurde den
Kindern, wenn ſie 14 Jahre alt waren, die Wahl der Confeſſion
freigeſtellt; ſie folgten der evangeliſchen Confeſſion des Vaters
mit Ausnahme meines Altersgenoſſen, des nachmaligen Bundestags=
geſandten und Mitbegründers des Centrums. In der Zeit, als
wir Beide Primaner oder Studenten waren, ſprach er ohne pole=
miſche Färbung über die Motive der getroffenen Wahl und führte
dabei die imponirende Würde des katholiſchen Gottesdienſtes, dann
aber auch den Grund an, katholiſch ſei doch im Ganzen vor=
nehmer, „proteſtantiſch iſt ja jeder dumme Junge"

Dieſe Verhältniſſe und Stimmungen haben ſich geändert in
dem halben Jahrhundert, in dem die politiſche und wirthſchaft=
liche Entwicklung alle Varietäten der Bevölkerung nicht blos Europas
mit einander in nähere Berührung gebracht hat. Heut zu Tage
kann man durch die Kundgebung, katholiſch zu ſein, in keinem Ver=

liner Kreise mehr Aufsehn erregen oder auch nur einen Eindruck machen. Nur die Kaiserin Augusta ist von ihren Jugendeindrücken nicht frei geworden. Ein katholischer Geistlicher erschien ihr vornehmer als ein evangelischer von gleichem Range und von gleicher Bedeutung. Die Aufgabe, einen Franzosen oder Engländer zu gewinnen, hatte für sie mehr Anziehung als dieselbe Aufgabe einem Landsmanne gegenüber, und der Beifall der Katholiken wirkte befriedigender als der der Glaubensgenossen. Gontaut-Biron, dazu aus vornehmer Familie, hatte keine Schwierigkeit, sich in den Hofkreisen eine Stellung zu schaffen, deren Verbindungen auf mehr als einem Wege an die Person des Kaisers heranreichten.

Daß die Kaiserin in der Person Gérards einen französischen geheimen Agenten zu ihrem Vorleser nahm, ist eine Abnormität, deren Möglichkeit ohne das Vertrauen, welches Gontaut durch seine Geschicklichkeit und durch die Mitwirkung eines Theils der katholischen Umgebung Ihrer Majestät genoß, nicht verständlich ist. Für die französische Politik und die Stellung des französischen Botschafters in Berlin war es natürlich ein erheblicher Vortheil, einen Mann wie Gérard in dem kaiserlichen Haushalte zu sehn. Derselbe war gewandt bis auf die Unfähigkeit, seine Eitelkeit im Aeußern zu unterdrücken. Er liebte es, als Muster der neusten Pariser Mode zu erscheinen, in einer für Berlin auffälligen Uebertreibung, ein Mißgriff, durch welchen er sich indessen in dem Palais nicht schadete. Das Interesse für exotische und besonders Pariser Typen war mächtiger als der Sinn für einfachen Geschmack.

Gontauts Thätigkeit im Dienste Frankreichs beschränkte sich nicht auf das Berliner Terrain. Er reiste 1875 nach Petersburg, um dort mit dem Fürsten Gortschakow den Theatercoup einzuleiten, welcher bei dem bevorstehenden Besuche des Kaisers Alexander in Berlin die Welt glauben machen sollte, daß er allein das wehrlose Frankreich vor einem deutschen Ueberfall bewahrt habe, indem er uns mit einem Quos ego! in den Arm gegriffen und zu dem Zweck den Kaiser nach Berlin begleitet habe.

Von wem der Gedanke ausgegangen ist, weiß ich nicht; wenn von Gontaut, so wird er bei Gortschakow einen empfänglichen Boden gefunden haben bei dessen eitler Natur, seiner Eifersucht auf mich und dem Widerstande, den ich seinen Ansprüchen auf Präpotenz zu leisten gehabt hatte. Ich hatte ihm in vertraulichem Gespräch sagen müssen: „Sie behandeln uns nicht wie eine befreundete Macht, sondern comme un domestique, qui ne monte pas assez vite, quand on a sonné." Gortschakow beutete es aus, daß er dem Gesandten Grafen Redern und den auf ihn folgenden Geschäfts-trägern an Autorität überlegen war, und benutzte mit Vorliebe zu Verhandlungen den Weg der Mittheilung seinerseits an unsre Ver-tretung in Petersburg unter Vermeidung der Instruirung des russi-schen Botschafters in Berlin behufs Besprechung mit mir. Ich halte es für Verleumdung, was Russen mir gesagt haben, das Motiv dieses Verfahrens sei gewesen, daß in dem Etat des aus-wärtigen Ministers ein Pauschquantum für Telegramme ausgeworfen sei und Gortschakow deshalb seine Mittheilungen lieber auf deutsche Kosten durch unsern Geschäftsträger als auf russische besorgt habe. Ich suche, obschon er sicher geizig war, das Motiv auf politischem Gebiete. Gortschakow war ein geistreicher und glänzender Redner und liebte es, sich als solchen namentlich den fremden, in Peters-burg beglaubigten Diplomaten gegenüber zu zeigen. Er sprach französisch und deutsch mit gleicher Beredsamkeit, und ich habe seinen docirenden Vorträgen oft stundenlang gern zugehört als Gesandter und später als College. Mit Vorliebe hatte er als Zuhörer fremde Diplomaten und namentlich jüngere Geschäftsträger v o n I n t e l l i -g e n z, denen gegenüber die vornehme Stellung des auswärtigen Ministers, bei dem sie beglaubigt waren, dem oratorischen Eindrucke zu Hülfe kam. Auf diesem Wege gingen mir die Gortschakow'schen Willensmeinungen in Formen zu, die an das Roma locuta est erinnerten. Ich beschwerte mich in Privatbriefen bei ihm direct über diese Form des Geschäftsbetriebes und über die Tonart seiner Eröffnungen und bat ihn, in mir nicht mehr den diplomatischen

Schüler zu sehn, der ich in Petersburg ihm gegenüber bereitwillig
gewesen wäre, sondern jetzt mit der Thatsache zu rechnen, daß ich
ein für die Politik meines Kaisers und eines großen Reiches verantwortlicher College sei.

Als 1875 während der Vacanz des Botschafterpostens ein
Legationssekretär als Geschäftsträger fungirte, wurde Herr von Radowitz, damals Gesandter in Athen, en mission extraordinaire nach
Petersburg geschickt, um die Geschäftsführung auch äußerlich auf
den Fuß der Gleichheit zu bringen. Er hatte dadurch Gelegenheit,
sich durch entschlossene Emancipation von Gortschakows präpotenter
Beeinflussung dessen Abneigung in einem so hohen Grade zuzuziehn,
daß die Abneigung des russischen Cabinets gegen ihn ungeachtet
seiner russischen Heirath vielleicht noch heut nicht erloschen ist.

Die Rolle des Friedensengels, sehr geeignet, Gortschakows
Selbstgefühl durch den ihm über alles theuern Eindruck in Paris
zu befriedigen, war von Gontaut in Berlin vorbereitet worden; es
läßt sich annehmen, daß seine Gespräche mit dem Grafen Moltke
und mit Radowitz, die später als Beweismittel für unsre kriegerischen Absichten angeführt wurden, von ihm mit Geschick herbeigeführt waren, um vor Europa das Bild eines von uns bedrohten,
von Rußland beschützten Frankreich zur Anschauung zu bringen.
In Berlin am 10. Mai 1875 angekommen, erließ Gortschakow
unter dem Datum dieses Ortes ein zur Mittheilung bestimmtes
telegraphisches Circular, welches mit den Worten anfing: „Main-
tenant, also unter russischem Druck, la paix est assurée," als ob
das vorher nicht der Fall gewesen wäre. Einer der dadurch avi-
sirten außerdeutschen Monarchen hat mir gelegentlich den Text gezeigt.

Ich machte dem Fürsten Gortschakow lebhafte Vorwürfe und
sagte, es sei kein freundschaftliches Verhalten, wenn man einem ver-
trauenden und nichts ahnenden Freunde plötzlich und hinterrücks auf
die Schulter springe, um dort eine Circus-Vorstellung auf seine
Kosten in Scene zu setzen, und daß dergleichen Vorgänge zwischen
uns leitenden Ministern den beiden Monarchien und Staaten zum

Schaden gereichten. Wenn ihm daran liege, in Paris gerühmt zu werden, ſo brauchte er deshalb unſre ruſſiſchen Beziehungen noch nicht zu verderben, ich ſei gern bereit, ihm beizuſtehn und in Berlin Fünffrankenſtücke ſchlagen zu laſſen mit der Umſchrift: Gortchakoff protège la France; wir könnten auch in der deutſchen Botſchaft ein Theater herſtellen, wo er der franzöſiſchen Geſellſchaft mit derſelben Umſchrift als Schutzengel im weißen Kleide und mit Flügeln in bengaliſchem Feuer vorgeführt würde.

Er wurde unter meinen bittern Invectiven ziemlich kleinlaut, beſtritt die für mich beweiskräftig feſtſtehenden Thatſachen und zeigte nicht die ihm ſonſt eigne Sicherheit und Beredſamkeit, woraus ich ſchließen durfte, daß er Zweifel hatte, ob ſein kaiſer=licher Herr ſein Verhalten billigen werde. Der Beweis wurde vervollſtändigt, als ich mich bei dem Kaiſer Alexander mit derſelben Offenheit über Gortſchakows unehrliches Verfahren beſchwerte; der Kaiſer gab den ganzen Thatbeſtand zu und beſchränkte ſich rauchend und lachend darauf, zu ſagen, ich möge dieſe vanité ſénile nicht zu ernſthaft nehmen. Die dadurch allerdings ausgeſprochene Miß=billigung hat aber niemals einen hinreichend authentiſchen Ausdruck gefunden, um die Legende von unſrer Abſicht, 1875 Frankreich zu überfallen, aus der Welt zu ſchaffen.

Mir lag eine ſolche damals und ſpäter ſo fern, daß ich eher zurückgetreten ſein würde, als zu einem vom Zaune zu brechen=den Kriege die Hand zu bieten, der kein andres Motiv gehabt haben würde, als Frankreich nicht wieder zu Athem und zu Kräften kommen zu laſſen. Ein ſolcher Krieg hätte meiner Anſicht nach nicht zu haltbaren Zuſtänden in Europa auf die Dauer geführt, wohl aber eine Uebereinſtimmung von Rußland, Oeſtreich und England in Mißtrauen und eventuell in activem Vorgehn einleiten können gegen das neue und noch nicht conſolidirte Reich, das damit die Wege betreten haben würde, auf denen das erſte und das zweite franzöſiſche Kaiſerreich in einer fortgeſetzten Kriegs= und Preſtige=Politik ihrem Untergange entgegengingen. Europa würde

in unserm Verfahren einen Mißbrauch der gewonnenen Stärke er-
blickt haben, und Jedermanns Hand, einschließlich der centrifugalen
Kräfte im Reiche selbst, würde dauernd gegen Deutschland erhoben
oder am Degen gewesen sein. Grade der friedliche Charakter der
deutschen Politik nach den überraschenden Beweisen der militärischen
Kraft der Nation hat wesentlich dazu beigetragen, die fremden
Mächte und die innern Gegner früher, als wir erwarteten, wenigstens bis zu einem tolerari posse mit der neudeutschen Kraftentwicklung zu versöhnen und das Reich zum Theil mit Wohlwollen,
zum Theil als einstweilen annehmbaren Friedenswächter sich entwickeln und festigen zu sehn.

Es war für unsre Begriffe merkwürdig, daß der Kaiser von
Rußland bei der Geringschätzung, mit der er sich über seinen
leitenden Minister äußerte, ihm doch die ganze Maschine des Auswärtigen Amtes in der Hand ließ und ihm dadurch den Einfluß
auf die Missionen gestattete, den er thatsächlich ausübte. Trotz
der Klarheit, mit der der Kaiser die Abwege erkannte, die einzuschlagen sein Minister sich durch persönliche Gründe verleiten
ließ, unterwarf er die Concepte, die ihm Gortschakow zu eigenhändigen Briefen an den Kaiser Wilhelm vorlegte, nicht der scharfen
Sichtung, deren sie bedurft hätten, wenn der Eindruck verhütet
werden sollte, daß die wohlwollende Gesinnung des Kaisers in der
Hauptsache den anspruchsvollen und bedrohlichen Stimmungen Gortschakows Platz gemacht habe. Der Kaiser Alexander hatte eine elegante
und deutliche feine Handschrift, und die Arbeit des Schreibens hatte
nichts Unbequemes für ihn, aber wenn auch die in der Regel sehr
langen und in die Details eingehenden Schreiben von Souverän
zu Souverän ganz von der eignen Hand des Kaisers herrührten,
so habe ich doch nach Stil und Inhalt in der Regel auf die Unterlage eines von Gortschakow redigirten Concepts schließen zu können
geglaubt; wie denn auch die eigenhändigen Antworten unsres Herrn
von mir zu entwerfen waren. Auf diese Weise hatte die eigenhändige Correspondenz, in der beide Monarchen die wichtigsten

politischen Fragen mit entscheidender Autorität behandelten, zwar
nicht die constitutionelle Garantie einer ministeriellen Gegenzeich=
nung, aber doch das Correctiv ministerieller Mitwirkung, voraus=
gesetzt, daß sich der Allerhöchste Briefsteller genau an das Concept
hielt. Darüber erhielt der Verfasser des letztern allerdings keine
Sicherheit, da die Reinschrift garnicht oder doch nur versiegelt in
seine Hände kam.

Wie weit verzweigt die Contaut=Gortschakow'sche Intrige ge=
wesen war, ergiebt folgendes Schreiben, das ich am 13. August 1875
aus Varzin an den Kaiser richtete [1]):

„Eurer Majestät huldreiches Schreiben vom 8. d. M. aus Gastein
habe ich mit ehrfurchtsvollem Danke erhalten und mich vor Allem
gefreut, daß Eurer Majestät die Kur gut bekommen ist, trotz alles
schlechten Wetters in den Alpen. Den Brief der Königin Victoria
beehre ich mich wieder beizufügen; es wäre sehr interessant gewesen,
wenn Ihre Majestät sich genauer über den Ursprung der damaligen
Kriegsgerüchte ausgelassen hätte. Die Quellen müssen der hohen Frau
doch für sehr sicher gegolten haben, sonst würde Ihre Majestät sich
nicht von Neuem darauf berufen, und würde die englische Regirung
auch nicht so gewichtige und für uns so unfreundliche Schritte daran
geknüpft haben. Ich weiß nicht, ob Eure Majestät es für thunlich
halten, die Königin Victoria beim Worte zu nehmen, wenn Ihre
Majestät versichert, es sei Ihr ‚ein Leichtes nachzuweisen, daß Ihre
Befürchtungen nicht übertrieben waren‘ Es wäre sonst wohl von
Wichtigkeit zu ermitteln, von welcher Seite her so ‚kräftige Irrthümer‘
nach Windsor haben befördert werden können. Die Andeutung über
Personen, welche als ‚Vertreter‘ der Regirung Eurer Majestät gelten
müssen, scheint auf den Grafen Münster zu zielen. Derselbe kann
ja sehr wohl gleich dem Grafen Moltke akademisch von der Nütz=
lichkeit eines rechtzeitigen Angriffs auf Frankreich gesprochen haben,
obschon ich es nicht weiß und er niemals dazu beauftragt worden

---

[1]) Bismarck=Jahrbuch IV 35 ff.

ist. Man kann ja sagen, daß es für den Frieden nicht förderlich
ist, wenn Frankreich die Sicherheit hat, daß es unter keinen Um=
ständen angegriffen wird, es möge thun, was es wolle. Ich würde
noch heut wie 1867 in der Luxemburger Frage Eurer Majestät
niemals zureden, einen Krieg um deswillen sofort zu führen, weil
wahrscheinlich ist, daß der Gegner ihn später besser gerüstet beginnen
werde; man kann die Wege der göttlichen Vorsehung dazu niemals
sicher genug im Voraus erkennen. Aber es ist auch nicht nützlich,
dem Gegner die Sicherheit zu geben, daß man seinen Angriff jeden=
falls abwarten werde. Deshalb würde ich Münster noch nicht
tadeln, wenn er in solchem Sinne gelegentlich geredet hätte, und
die englische Regirung hätte deshalb noch kein Recht gehabt, auf
außeramtliche Reden eines Botschafters amtliche Schritte zu gründen,
und sans nous dire gare die andern Mächte zu einer Pression
auf uns aufzufordern. Ein so ernstes und unfreundliches Ver=
fahren läßt doch vermuthen, daß die Königin Victoria noch andre
Gründe gehabt habe, an kriegerische Absichten zu glauben als ge=
legentliche Gesprächswendungen des Grafen Münster, an die ich
nicht einmal glaube. Lord Russell hat versichert, daß er jederzeit
seinen festen Glauben an unsre friedlichen Absichten berichtet habe.
Dagegen haben alle Ultramontane und ihre Freunde uns heimlich
und öffentlich in der Presse angeklagt, den Krieg in kurzer Frist
zu wollen, und der französische Botschafter, der in diesen Kreisen
lebt, hat die Lügen derselben als sichre Nachrichten nach Paris
gegeben. Aber auch das würde im Grunde noch nicht hinreichen,
der Königin Victoria die Zuversicht und das Vertrauen zu den von
Eurer Majestät selbst dementirten Unwahrheiten zu geben, das Höchst=
dieselbe noch in dem Briefe vom 20. Juni ausspricht. Ich bin
mit den Eigenthümlichkeiten der Königin zu wenig bekannt, um
eine Meinung darüber zu haben, ob es möglich ist, daß die Wen=
dung, es sei ‚ein Leichtes nachzuweisen‘, etwa nur den Zweck haben
könnte, eine Uebereilung, die einmal geschehn ist, zu maskiren, an=
statt sie offen einzugestehn.

Verzeihn E. M., wenn das Interesse des Fachmannes mich über diesen abgemachten Punkt nach dreimonatlicher Enthaltung hat weitläuftig werden lassen."

III.

Graf Friedrich Eulenburg erklärte sich Sommer 1877 körper=lich bankrott, und in der That war seine Leistungsfähigkeit sehr ver=ringert, nicht durch Uebermaß von Arbeit, sondern durch die Scho=nungslosigkeit, mit der er sich von Jugend auf jeder Art von Genuß hingegeben hatte. Er besaß Geist und Muth, aber nicht immer Lust zu ausdauernder Arbeit. Sein Nervensystem war ge=schädigt und schwankte schließlich zwischen weinerlicher Mattigkeit und künstlicher Aufregung. Dabei hatte ihn in der Mitte der 70er Jahre, wie ich vermuthe, ein gewisses Popularitätsbedürfniß über=fallen, das ihm früher fremd geblieben war, so lange er gesund genug war, um sich zu amüsiren. Diese Anwandlung war nicht frei von einem Anflug von Eifersucht auf mich, wenn wir auch alte Freunde waren. Er suchte sie dadurch zu befriedigen, daß er sich der Verwaltungsreform annahm. Sie mußte gelingen, wenn sie ihm Ruhm erwerben sollte. Um den Erfolg zu sichern, machte er bei den parlamentarischen Verhandlungen darüber unpraktische Concessionen und bürokratisirte den wesentlichen Träger unsrer ländlichen Zustände, den Landrathsposten, gleichzeitig mit der neuen Local=Verwaltung. Der Landrathsposten war in frühern Zeiten eine preußische Eigenthümlichkeit, der letzte Ausläufer der Verwal=tungshierarchie, durch den sie mit dem Volke unmittelbar in Be=rührung stand. In dem socialen Ansehn aber stand der Landrath höher als andere Beamte gleichen Ranges. Man wurde früher nicht Landrath mit der Absicht, dadurch Carrière zu machen, son=dern mit der Aussicht, sein Leben als Landrath des Kreises zu beschließen. Die Autorität eines solchen wuchs mit den Jahren

seiner Amtsdauer; er hatte keine andern Interessen als die des
Kreises zu vertreten und für keine andern Wünsche als die seiner
Eingesessenen zu streben. Es liegt auf der Hand, wie nützlich eine
solche Institution nach oben und nach unten wirkte, und mit wie
geringen Mitteln an Menschen und Geld die Kreisgeschäfte betrieben werden konnten. Seitdem ist der Landrath ein reiner
Regirungsbeamter geworden, seine Stellung ein Durchgangsposten
für weitere Beförderung im Staatsdienste, eine Erleichterung der
Wahl zum Abgeordneten; und in der Eigenschaft des letztern wird
er, wenn er strebsam ist, seine Beziehungen nach oben als Beamter
wichtiger finden als die zu den Einsassen seines Kreises. Zugleich
sind die neugeschaffnen örtlichen Amtsvorstände nicht Organe der
Selbstverwaltung, nach Analogie der städtischen Behörden, sondern
eine unterste schreiberartig wirkende Klasse der Bürokratie geworden, durch welche jede unpraktische oder müßige Anregung der
unzulänglich beschäftigten und den Realitäten des Lebens fremden
Centralbürokratie über das platte Land verbreitet wird und die
die unglücklichen Selbst-Verwalter nöthigt, Berichte und Listen zu-
sammenzustellen, um die Wißbegierde von Beamten zu befriedigen,
die mehr Zeit als Staatsgeschäfte haben. Es ist für Landwirthe
oder Industrielle nicht möglich, solchen Anforderungen im „Neben-
amte" zu genügen. An ihre Stelle treten nothwendig mehr und
mehr remunerirte Schreiber, deren Kosten durch die Eingesessenen
aufzubringen sind und die von der höhern Bürokratie ad nutum
abhängig sind.

Als Nachfolger des Grafen Eulenburg hatte ich Rudolf von
Bennigsen in's Auge gefaßt und habe im Laufe des Jahres 1877
in Varzin zweimal, im Juli und im December, Besprechungen mit
ihm gehabt. Es fand sich dabei, daß er dem Boden unsrer Verhandlung eine weitere Ausdehnung zu geben suchte, als mit den
Ansichten Sr. Majestät und mit meinen eignen Auffassungen
vereinbar war. Ich wußte, daß es schon eine schwierige Aufgabe
sein würde, ihn für seine Person dem Könige annehmbar zu

machen; er aber faßte die Sache so auf, als ob es sich um einen
durch die politische Situation gegebenen Systemwechsel handelte,
um die Uebernahme der Leitung durch die nationalliberale Partei.
Das Streben nach dem Mitbesitz des Regiments hatte sich schon
erkennbar gemacht in dem Eifer, mit dem die Partei das Stell=
vertretungsgesetz betrieben hatte in der Meinung, auf diesem Wege
ein collegialisches Reichsministerium anzubahnen, in dem anstatt
des allein verantwortlichen Reichskanzlers selbständige Ressorts
mit collegialischer Abstimmung wie in Preußen die Entscheidung
hätten. Bennigsen wollte daher nicht einfach Eulenburgs Nach=
folger werden, sondern verlangte, daß mit ihm wenigstens Forcken=
beck und Stauffenberg einträten. Der Erstre sei der geeignete
Mann für das Innere und werde dort dieselbe Geschicklichkeit und
Thatkraft wie in der Verwaltung der Stadt Berlin bewähren; er
selbst würde das Finanzministerium wählen; Stauffenberg müsse
an die Spitze des Reichsschatzamts treten, um mit ihm zusammen
zu wirken.

Ich sagte ihm, es sei nichts vacant als die Stelle Eulenburgs;
ich sei bereit, ihn für diese dem Könige vorzuschlagen, und würde
mich freuen, wenn ich den Vorschlag durchsetzte. Wenn ich aber
Sr. Majestät rathen wollte, noch zwei Ministerposten proprio
motu frei zu machen, um sie mit Nationalliberalen zu besetzen,
so werde der hohe Herr das Gefühl haben, daß es sich nicht
um eine zweckmäßige Stellenbesetzung, sondern um einen System=
wechsel handle, und einen solchen werde er prinzipiell ablehnen.
Bennigsen dürfe überhaupt nicht darauf rechnen, daß es dem Könige
und unsrer ganzen politischen Lage gegenüber möglich sein werde,
seine Fraction gewissermaßen mit in das Ministerium zu nehmen
und als ihr Führer den ihrer Bedeutung entsprechenden Ein=
fluß im Schoße der Regirung auszuüben, gewissermaßen ein con=
stitutionelles Majoritätsministerium zu schaffen. Bei uns sei der
König thatsächlich und ohne Widerspruch mit dem Verfassungstexte
Ministerpräsident, und Bennigsen würde, wenn er als Minister

etwa die bezeichnete Richtung einhalten wollte, bald zwischen dem
Könige und seiner Fraction zu wählen haben. Er möge sich klar
machen, daß wenn es mir gelänge, seine Ernennung durchzusetzen,
damit ihm und seiner Partei eine mächtige Handhabe zur Ver=
stärkung und Erweiterung ihres Einflusses geboten sei; er möge
sich das Beispiel Roons vergegenwärtigen, der als der einzige
Conservative in das liberale Auerswaldsche Ministerium trat und
der Krystallisationspunkt wurde, um den es sich in ein con=
servatives verwandelte. Er möge nichts Unmögliches von mir ver=
langen, ich kennte den König und die Grenzen meines Einflusses
genau genug; mir wären die Parteien ziemlich gleichgültig, sogar
ganz gleichgültig, wenn ich von den eingestandenen und nicht ein=
gestandenen Republikanern absähe, die nach rechts mit der Fort=
schrittspartei abschlössen. Mein Ziel sei die Befestigung unsrer
nationalen Sicherheit; zu ihrer innern Ausgestaltung werde die
Nation Zeit haben, wenn erst ihre Einheit und damit ihre Sicher=
heit nach Außen consolidirt sein werde. Für die Erreichung des
letztern Zwecks sei gegenwärtig auf dem parlamentarischen Gebiete
die nationalliberale Partei das stärkste Element. Die conservative
Partei, der ich im Parlament angehört, habe die geographische
Ausdehnung, deren sie in der heutigen Bevölkerung fähig sei, er=
reicht und trage nicht das Wachsthum in sich, um zu einer natio=
nalen Majorität zu werden; ihr naturgeschichtliches Vorkommen,
ihr Standort sei beschränkt in unsern neuen Provinzen; im Westen
und Süden von Deutschland habe sie nicht dieselben Unterlagen
wie in Alt=Preußen; in Bennigsens Heimath, Hanover, namentlich
habe man nur zwischen Welfen und Nationalliberalen zu wählen,
und die letztern böten einstweilen die beste Unterlage von allen
denen, auf welchen das Reich Wurzel schlagen könne. Diese poli=
tische Erwägung veranlasse mich, ihnen, als der gegenwärtig stärksten
Partei, entgegen zu kommen, indem ich ihren Führer zum Collegen
zu werben suchte, ob für die Finanzen oder das Innere, sei mir
gleichgültig. Ich sähe die Sache von dem rein politischen Stand=

punkte an, bedingt durch die Auffassung, daß es für jetzt und bis
nach den nächsten großen Kriegen nur darauf ankomme, Deutsch=
land fest zusammenwachsen zu lassen, es durch seine Wehrhaftigkeit
gegen äußere Gefahren und durch seine Verfassung gegen innere
dynastische Brüche sicher zu stellen. Ob wir uns nachher im Innern
etwas conservativer oder etwas liberaler einrichteten, das werde
eine Zweckmäßigkeitsfrage sein, die man erst ruhig erwägen könne,
wenn das Haus wetterfest sei. Ich hätte den aufrichtigen Wunsch,
ihn zu überreden, daß er, wie ich mich ausdrückte, zu mir in das
Schiff springe und mir bei dem Steuern helfe; ich läge am Lan=
dungsplatze und wartete auf sein Einsteigen.

Bennigsen blieb aber dabei, nicht ohne Forckenbeck und Stauffen=
berg eintreten zu wollen, und ließ mich unter dem Eindrucke, daß
mein Versuch mißlungen sei, einem Eindrucke, der schnell verstärkt
wurde durch das Einlaufen eines ungewöhnlich ungnädigen Schrei=
bens des Kaisers, aus dem ich ersah, daß Graf Eulenburg zu
ihm mit der Frage in das Zimmer getreten sei: „Haben Eure
Majestät schon von dem neuen Ministerium gehört? Bennigsen."
Dieser Mittheilung folgte der lebhafte schriftliche Ausbruch kaiser=
licher Entrüstung über meine Eigenmächtigkeit und über die Zu=
muthung, daß Er aufhören solle, „conservativ" zu regiren. Ich
war unwohl und abgespannt, und der Text des kaiserlichen Schrei=
bens und der Eulenburgische Angriff fielen mir dermaßen auf die
Nerven, daß ich von Neuem ziemlich schwer erkrankte, nachdem ich
dem Kaiser durch Roon geantwortet hatte, ich könne ihm einen
Nachfolger Eulenburgs doch nicht vorschlagen, ohne mich vorher
vergewissert zu haben, daß der Betreffende die Ernennung an=
nehmen werde; ich hätte Bennigsen für geeignet gehalten und seine
Stimmungen sondirt, bei ihm aber nicht die Auffassung gefunden,
die ich erwartet hätte, und die Ueberzeugung gewonnen, daß ich
ihn nicht zum Minister vorschlagen könne; die ungnädige Ver=
urtheilung, die ich durch das Schreiben erfahren hätte, nöthige
mich, mein Abschiedsgesuch vom Frühjahr zu erneuern. Diese

Correspondenz fand in den letzten Tagen des Jahres 1877 statt, und meine neue Erkrankung fiel grade in die Neujahrsnacht.

Der Kaiser antwortete mir auf das Schreiben Roons, er sei über das Sachverhältniß getäuscht worden und wünsche, daß ich seinen vorhergehenden Brief als nicht geschrieben betrachte. Jede weitere Verhandlung mit Bennigsen verbot sich durch diesen Vorgang von selbst, ich hielt es aber in unserm politischen Interesse nicht für zweckmäßig, Letztern von der Beurtheilung in Kenntniß zu setzen, die seine Person und Candidatur bei dem Kaiser gefunden hatte. Ich ließ die für mich definitiv abgeschlossene Unterhandlung äußerlich in suspenso; als ich dann wieder in Berlin war, ergriff Bennigsen die Initiative, um die seiner Meinung nach noch schwebende Angelegenheit in freundschaftlicher Form zum negativen Abschluß zu bringen. Er fragte mich im Reichstagsgebäude, ob es wahr sei, daß ich das Tabakmonopol einzuführen strebe, und erklärte auf meine bejahende Antwort, daß er dann die Mitwirkung als Minister ablehnen müsse. Ich verschwieg ihm auch dann noch, daß mir jede Möglichkeit, mit ihm zu verhandeln, durch den Kaiser schon seit Neujahr abgeschnitten war. Vielleicht hatte er sich auf anderm Wege überzeugt, daß sein Plan einer grundsätzlichen Modification der Regirungspolitik im Sinne der nationalliberalen Anschauungen bei dem Kaiser auf unüberwindliche Hindernisse stoßen würde, namentlich seit einer von Stauffenberg gehaltenen Rede über die Nothwendigkeit der Abschaffung des Art. 109 der preußischen Verfassung (Forterhebung der Steuern).

Wenn die nationalliberalen Führer ihre Politik geschickt betrieben hätten, so hätten sie längst wissen müssen, daß bei dem Kaiser, dessen Unterschrift sie zu ihrer Ernennung bedurften und begehrten, es keinen empfindlicheren politischen Punkt gab als diesen Artikel, und daß sie sich den hohen Herrn nicht sichrer entfremden konnten als durch den Versuch, ihm dieses Palladium zu entreißen. Als ich Sr. Majestät vertraulich den Verlauf meiner Verhandlungen mit Bennigsen erzählte und dessen Wunsch in Betreff Stauffenbergs

erwähnte, war der Kaiser noch unter dem Eindrucke der Rede des
Letztern und sagte, indem er mit dem Finger auf seine Schulter
deutete, wo auf der Uniform die Regimentsnummer sitzt: „Nro. 109
Regiment Stauffenberg" Wenn der Kaiser damals den von mir
zur Herstellung der Uebereinstimmung mit der Reichstagsmajorität
gewünschten Eintritt Bennigsens genehmigt und selbst wenn der
Letzte bald die Unmöglichkeit eingesehn hätte, das Cabinet und
den König in seine Fractionsrichtung zu bringen, so würden sich
doch, wie ich heut überzeugt bin, die einigermaßen doctrinäre Schärfe
des Fractionsprogramms und die Empfindlichkeit der monarchischen
Auffassung des Kaisers nicht lange mit einander vertragen haben.
Damals war ich dessen nicht so sicher gewesen, um nicht den Versuch
zu machen, ob ich Se. Majestät bewegen könnte, sich der national=
liberalen Auffassung zu nähern. Die Schärfe des Widerstandes,
die allerdings durch Eulenburgs feindliche Einwirkung gesteigert
worden war, übertraf meine Erwartung, obschon mir bekannt war,
daß der Kaiser gegen Bennigsen und seine frühere Thätigkeit in
Hanover eine instinctive monarchische Abneigung hegte. Obwohl
die nationalliberale Partei in Hanover und die Wirksamkeit ihres
Führers vor und nach 1866 die „Verstaatlichung" Hanovers wesent=
lich erleichtert hatte, und der Kaiser ebenso wenig wie sein Vater
1805 eine Neigung hatte, diesen Erwerb rückgängig zu machen, so
war der fürstliche Instinct in ihm doch herrschend genug, um solches
Verhalten eines hanöverschen Unterthanen gegen die welfische
Dynastie mit innerlichem Unbehagen zu beurtheilen.

Es ist eine der vielen unwahren Legenden, daß ich die National=
liberalen hätte „an die Wand drücken" wollen. Im Gegentheil,
die Herrn versuchten es so mit mir zu machen. Durch den Bruch
mit den Conservativen infolge der ganzen Verleumdungsära durch
die „Reichsglocke" und die „Kreuzzeitung" und der Kriegserklärung,
die unter Führung meines mißvergnügten frühern Freundes Kleist=
Retzow erfolgte, durch das neidische Uebelwollen meiner Standes=
genossen, der Landjunker, durch alle diese Verluste von Anlehnungen,

durch die Feindschaften am Hofe, die katholischen und weiblichen
Einflüsse daselbst waren meine Stützpunkte außerhalb der national=
liberalen Fraction schwächer geworden und bestanden allein in dem
persönlichen Verhältniß des Kaisers zu mir. Die Nationalliberalen
nahmen davon nicht etwa einen Anlaß, unsre gegenseitigen Be=
ziehungen dadurch zu stärken, daß sie mich unterstützten, sondern
machten im Gegentheil den Versuch, mich gegen meinen Willen in
das Schlepptau zu nehmen. Zu diesem Zwecke wurden Beziehungen
zu mehren meiner Collegen angeknüpft; durch die Minister Frieden=
thal und Botho Eulenburg, welcher Letztre das Ohr meines Ver=
treters im Präsidium, des Grafen Stolberg hatte, wurden ohne
mein Wissen amtliche Verständigungen mit den Präsidien beider
Parlamente nicht nur bezüglich der Sitzungs= und Vertagungs=
fragen, sondern auch in Betreff materieller Vorlagen gegen meinen,
den Collegen bekannten Willen eingeleitet. Der Gesammtandrang
auf meine Stellung, das Streben nach Mitregentschaft oder Allein=
herrschaft an meiner Stelle, das sich in dem Plane selbständiger
Reichsminister und in den erwähnten Heimlichkeiten verrathen hatte,
trat handgreiflich zu Tage in der Conseilsitzung, die der Kronprinz
als Vertreter seines verwundeten Vaters am 5. Juni 1878 ab=
hielt, um über die Auflösung des Reichstags nach dem Nobiling=
schen Attentate zu beschließen. Die Hälfte meiner Collegen oder
mehr, jedenfalls die Majorität des Ministeriums und des Conseils,
stimmte abweichend von meinem Votum gegen die Auflösung und
machte dafür geltend, daß der vorhandene Reichstag, nachdem das
Nobilingsche Attentat auf das Hödelsche gefolgt sei, bereit sein
werde, seine jüngste Abstimmung zu ändern und der Regirung ent=
gegen zu kommen. Die Zuversicht, die meine Collegen bei dieser
Gelegenheit kundgaben, beruhte offenbar auf vertraulicher Verständi=
gung zwischen ihnen und einflußreichen Parlamentariern, während
mir gegenüber kein Einziger von den letztern auch nur eine Aus=
sprache versucht hatte. Es schien, daß man sich über die Theilung
meiner Erbschaft bereits verständigt hatte.

Ich war sicher, daß der Kronprinz, auch wenn alle meine
Collegen andrer Ansicht gewesen wären, die meinige annehmen
werde, abgesehn von der Zustimmung, die ich unter den 20 oder
mehr zugezogenen Generalen und Beamten, wenigstens bei den
erstern fand. Wenn ich überhaupt Minister bleiben wollte, was
ja eine Opportunitätsfrage geschäftlicher sowohl wie persönlicher
Natur war, die ich bei eigner Prüfung mir bejahte, so befand ich
mich im Stande der Nothwehr und mußte suchen, eine Aenderung
der Situation im Parlament und in dem Personalbestande meiner
Collegen herbeizuführen. Minister bleiben wollte ich, weil ich, wenn
der schwer verwundete Kaiser am Leben bliebe, was bei dem starken
Blutverlust in seinem hohen Alter noch unsicher, fest entschlossen
war, ihn nicht gegen seinen Willen zu verlassen, und es als Gewissens-
pflicht ansah, wenn er stürbe, seinem Nachfolger die Dienste, die
ich ihm vermöge des Vertrauens und der Erfahrung, die ich mir
erworben hatte, leisten konnte, nicht gegen seinen Willen zu versagen. Nicht ich habe Händel mit den Nationalliberalen gesucht,
sondern sie haben im Complot mit meinen Collegen mich an die
Wand zu drängen versucht. Die geschmacklose und widerliche Redensart von dem „an die Wand drücken, bis sie quietschten", hat niemals
in meinem Denken, geschweige denn auf meiner Lippe Platz gefunden — eine der lügenhaften Erfindungen, mit denen man politischen Gegnern Schaden zu thun sucht. Obenein war diese Redensart nicht einmal eignes Product derer, welche sie verbreiteten, sondern ein ungeschicktes Plagiat. Graf Beust erzählt in seinen Memoiren („Aus drei Viertel-Jahrhunderten" Thl. I S. 5):

„Die Slaven in Oesterreich haben mir das beiläufig nie von
mir gesprochene Wort aufgebracht, ‚man müsse sie an die Wand
drücken' Der Ursprung dieses Wortes war folgender: Der frühere
Minister, spätere Statthalter von Galizien, Graf Goluchowski, pflegte
sich mit mir in französischer Sprache zu unterhalten. Seinen Bemühungen war es vorzugsweise zu danken, daß nach meiner Uebernahme des Ministerpräsidiums 1867 der galizische Landtag vor-

behaltlos für den Reichsrath wählte. Damals hatte ich zu Graf Goluchowski gesagt: ‚Si cela se fait, les Slaves sont mis au pied du mur‘ — eine von der obigen sehr verschiedene Aeußerung.“

Ich habe unter meinen Argumenten für Auflösung besonders geltend gemacht, daß dem Reichstage ohne Verletzung seines An= sehns die Zurücknahme seines Beschlusses nur durch vorgängige Auf= lösung möglich gemacht werden könne. Ob hervorragende National= liberale damals die Absicht hatten, nur meine Collegen oder meine Nachfolger zu werden, kann unentschieden bleiben, da erstres immer den Uebergang zu der andern Alternative bilden konnte; den zweifels= freien Eindruck aber hatte ich, daß zwischen einigen meiner Collegen, einigen Nationalliberalen und einigen Leuten von Einfluß am Hofe und im Centrum über die Theilung meiner politischen Erbschaft die Verhandlungen bis zur Verständigung oder nahezu so weit gediehn waren. Diese Verständigung bedingte ein ähnliches Aggregat wie in dem Ministerium Gladstone zwischen Liberalismus und Katholicis= mus. Der Letztre reichte durch die nächsten Umgebungen der Kaiserin Augusta, einschließlich des Einflusses der „Reichsglocke“, des Haus= ministers von Schleinitz bis in das Palais des alten Kaisers; und bei ihm fand der Gesammtangriff gegen mich einen thätigen Bundes= genossen in dem General von Stosch. Derselbe hatte auch am kron= prinzlichen Hofe eine gute Stellung, theils direct durch eignes Talent, theils mit Hülfe des Herrn von Normann und seiner Frau, mit denen er schon von Magdeburg her vertraut war und deren Ueber= siedlung nach Berlin er vermittelt hatte.

IV.

Bei dem Plane, mich durch ein Cabinet Gladstone zu ersetzen, war auf den Grafen Botho Eulenburg gerechnet, seit dem 31. März 1878 Minister des Innern, welchem seine Verwandschaft den traditio= nellen Hofeinfluß seiner und der Dönhoffschen Familie sicherte. Er ist gescheidt, elegant, eine vornehmere Natur als Harry von Arnim, glatter polirt als Robert Golz; aber ich habe auch mit ihm das Erlebniß gehabt, daß begabte Mitarbeiter und eventuelle Nach=folger, die ich heranzuziehn suchte, mir ihr Wohlwollen nicht dauernd bewahrten.

Meine Beziehungen zu ihm wurden zuerst geschädigt durch einen Ausbruch der Empfindlichkeit, die bei ihm äußerlich durch die volle Höflichkeit guter Erziehung verdeckt wurde, aber doch von einer für den geläufigen und vertraulichen Geschäftsverkehr störenden Schärfe war. Mein damaliger Beistand für vertrauliche Geschäfte, der Ge=heim=Rath Tiedemann, veranlaßte durch die Form, in der er einen Auftrag während meiner Abwesenheit von Berlin bei dem Grafen ausrichtete, diesen zu einer mir unerwarteten brieflichen Explosion. Da mein Auftrag an Tiedemann ein sachliches und noch lebendiges Interesse hat, so lasse ich die Correspondenz folgen.

„Kissingen, den 15. August 1878.

Eure Hochwohlgeboren bitte ich, Herrn Minister Grafen Eulen=burg und Herrn Geheim=Rath Hahn mein Bedauern darüber aus=zusprechen, daß der Entwurf des Socialistengesetzes in der Provinzial=Correspondenz amtlich publicirt worden ist, bevor er im Bundesrath vorgelegt war. Die Veröffentlichung präjudicirt jeder Amendirung durch uns und ist für Baiern und andre Dissentirende verletzend. Nach meinen Verhandlungen von hier aus mit Baiern muß ich annehmen, daß letztres an seinem Widerspruche gegen das Reichs=amt unbedingt festhält. Würtemberg und, wie ich höre, auch Sachsen widersprechen dem Reichsamt nicht im Prinzip, wohl aber an=gebrachter Maßen, indem sie die Zuziehung von Richtern perhorres=ciren. Diesem Widerspruche kann ich mich persönlich nur anschließen. Es handelt sich nicht um richterliche, sondern um politische Functionen, und auch das preußische Ministerium darf in seinen Vorentscheidungen nicht einem richterlichen Collegium unterstellt und auf diese Weise für alle Zukunft in seiner politischen Bewegung gegen den Socialis=

muß lahm gelegt werden. Die Functionen des Reichsamts können nach meiner Auffassung nur durch den Bundesrath entweder direct oder durch Delegation an einen jährlich zu wählenden Ausschuß geübt werden. Der Bundesrath repräsentirt die Regirungsgewalt der Gesammt-Souveränetät von Deutschland, dabei etwa dem Staats= rathe unter andern Verhältnissen entsprechend.

Bisher muß ich indessen annehmen, daß Baiern auf diesen für Würtemberg, Sachsen und für mich persönlich annehmbaren Ausweg nicht eingehn wird. Auch die Klausel in Nro. 3 Artikel 23, daß nur arbeitslose Individuen ausgewiesen werden dürfen, ist für den Zweck ungenügend.

Ferner bedarf das Gesetz meines Erachtens eines Zusatzes in Betreff der Beamten dahingehend, daß Betheiligung an socialistischer Politik die Entlassung ohne Pension nach sich zieht. Die Mehr= zahl der schlecht bezahlten Subalternbeamten in Berlin, und dann der Bahnwärter, Weichensteller und ähnlicher Kategorien sind Socia= listen, eine Thatsache, deren Gefährlichkeit bei Aufständen und Truppentransporten einleuchtet.

Ich halte ferner, wenn das Gesetz wirken soll, für die Dauer nicht möglich, den gesetzlich als Socialisten erweislichen Staats= bürgern das Wahlrecht und die Wählbarkeit und den Genuß der Privilegien der Reichstagsmitglieder zu lassen.

Alle diese Verschärfungen werden, nachdem einmal die mildere Form in allen Zeitungen gleichzeitig bekannt gegeben, denselben also wohl amtlich mitgetheilt ist, im Reichstage sehr viel weniger Aussicht haben, als der Fall sein könnte, wenn eine mildere Version nicht amtlich bekannt geworden wäre.

Die Vorlage, so wie sie jetzt ist, wird praktisch dem Socia= lismus nicht Schaden thun, zu seiner Unschädlichmachung keinesfalls ausreichen, namentlich da ganz zweifellos ist, daß der Reichstag von jeder Vorlage etwas abhandelt. Ich bedaure, daß meine Ge= sundheit mir absolut verbietet, mich jetzt sofort an den Verhand= lungen des Bundesrathes zu betheiligen, und muß mir vorbehalten,

meine weitern Anträge im Bundesrathe im Hinblick auf die ordent=
liche Reichstagssession im Winter zu stellen.

v. Bismarck."

„Berlin, den 18. August 1878.

Eure Durchlaucht

haben den Geheimen Regierungsrath Tiedemann beauftragt, mir
und dem Geheimen Rath Hahn Ihr Bedauern darüber auszusprechen,
daß der Entwurf des Socialistengesetzes in der Provinzial=Corre=
spondenz amtlich publicirt worden ist, ehe er im Bundesrath vor=
gelegt war. Den Geheimen Rath Hahn trifft hierbei keine Ver=
antwortlichkeit, da er nicht ohne meine Zustimmung gehandelt hat.
Letztere habe ich erst ertheilt, nachdem Abends zuvor die den
Entwurf enthaltende Drucksache des Bundesraths ohne besondere
Anempfehlung discreter Behandlung ausgegeben und mir Seitens
des Herrn Präsidenten des Reichskanzleramts mitgetheilt worden
war, daß unter diesen Umständen die Veröffentlichung des Ent=
wurfs durch die Zeitungen am folgenden, also an demselben Tage,
an welchem die Provinzial=Correspondenz erschien, mit Sicherheit
zu erwarten sei, eine Annahme, welche sich demnächst als völlig
zutreffend erwiesen hat. Die Sitzung des Bundesraths fand am
14. d. M. Nachmittags 2 Uhr statt, die Provinzial=Correspondenz
wurde an demselben Tage Nachmittags ausgegeben; die Mittheilung
des Inhalts des Gesetzentwurfs in derselben hat also nicht früher
stattgefunden, als die Vorlegung des Entwurfs im Bundesrathe.

Ob es dennoch besser gewesen wäre, jene Mittheilung in der
Provinzial=Correspondenz zu unterlassen, habe ich nicht die Absicht
weiter zu erörtern. Ew. Durchlaucht erleuchtetes Urtheil zu ver=
nehmen, wird mir stets von hohem Werthe sein, auch wenn dasselbe
von dem meinigen abweicht. Dagegen kann ich es nicht stillschwei=
gend hinnehmen, daß Ew. Durchlaucht Ihr Mißfallen mir durch
Einen Ihrer Untergebenen haben eröffnen und die darin liegende
Mißachtung meiner Stellung um so schärfer haben hervortreten

lassen, als Sie mich hierbei mit Einem meiner Untergebenen auf
Eine Linie stellten. Das Verletzende dieses Verfahrens springt so
sehr in die Augen, daß die Annahme der Absichtlichkeit und die
hieran nothwendiger Weise sich knüpfende Gedankenreihe nahe
liegen. Der letzteren Folge zu geben, werde ich nicht zögern, so=
bald ich mich überzeuge, daß diese Annahme zutrifft. Indem ich
einstweilen davon ausgehe, daß dies nicht der Fall ist, beschränke
ich mich darauf, Ew. Durchlaucht dringend zu bitten, ein ähnliches
Verfahren nicht wiederkehren zu lassen.

Mit 2c.   Graf Eulenburg."

"Gastein, den 20. August 1878.

Eure Excellenz haben, wie ich aus dem geehrten Schreiben
vom 18. entnehme, die, wie es scheint, wenig vorsichtige, mir jeden=
falls unerwartete Folge, die der Geheim=Rath Tiedemann meiner
vertraulichen und formlosen Aeußerung gegeben hat, mir mit vollem
Gewichte zur Last geschrieben, ohne mir auch nur das Beneficium
der Unvollkommenheit des Geschäftsganges bei eingreifender Bade=
kur zu gewähren. Nach Inhalt Ihres Schreibens bin ich unter
dem Eindruck, daß Ihnen gegenüber eine Tactlosigkeit in der Form
begangen ist, für die ich Sie um Verzeihung bitte, obschon ich sie
nicht verschuldet, höchstens ermöglicht habe. Daß Eurer Excellenz
dabei der Gedanke an eine Absichtlichkeit meinerseits hat nahe treten
können, ist mir unerwartet und betrübend, indem ich die freund=
schaftliche Natur unsrer persönlichen Beziehungen zu einander zu
gesichert glaubte, um ein derartiges Mißverständniß aufkommen
zu lassen.

Mit 2c.   v. Bismarck."

Es ist bekannt, unter welchen Umständen Graf Eulenburg
im Februar 1881 seinen Abschied nahm, und daß er im August
desselben Jahres zum Oberpräsidenten in Kassel ernannt wurde.

An seinen Namen knüpft sich folgender Briefwechsel zwischen Sr. Majestät und mir. Den Gegenstand meines darin erwähnten Vortrags vom 17. December 1881 habe ich nicht zu ermitteln vermocht.

„Berlin, den 18. December 1881.

Einen eigenthümlichen Traum muß ich Ihnen erzählen, den ich diese Nacht träumte, so klar, wie ich ihn hier mittheile.

Der Reichstag trat nach den jetzigen Ferien zum ersten Mal zusammen. Während der Discussion trat der Graf Eulenburg ein; sogleich schwieg die Discussion; nach einer langen Pause ertheilte der Präsident dem letzten Redner von Neuem das Wort. Schweigen! Der Präsident hebt die Sitzung auf. Nun entsteht ein Tumult und Geschrei. Keinem Mitgliede darf ein Orden während der Session des Reichstags ertheilt werden; der Monarch darf nicht in der Session genannt werden. Andern Tages Sitzung. Eulenburg erscheint und wird mit solchem Zischen und Lärm empfangen — darüber erwache ich in einer nervösen Agitation, daß ich lange mich nicht erholen konnte und zwei Stunden von ¹⁄₂5 bis ¹⁄₂7 Uhr nicht schlafen konnte.

Das alles geschah in meiner Gegenwart im Hause so klar, wie ich es hier niederschreibe.

Ich will nicht hoffen, daß der Traum sich realisire, aber eigen= thümlich bleibt die Sache. Da dieser Traum erst nach dem sechs= stündigen ruhigen Schlaf eintrat, so könnte er doch keine unmittel= bare Folge unserer Unterredung sein.

Enfin ich mußte Ihnen diese Curiosität doch erzählen.

Ihr

Wilhelm."

„Berlin, den 18. December 1881.

Eurer Majestät danke ich ehrfurchtsvoll für das huldreiche Hand= schreiben. Ich glaube doch, daß der Traum das Ergebniß nicht grade meines vorhergehenden Vortrages, aber doch der Gesammtheit der Eindrücke der letzten Tage, auf Grund der mündlichen Berichte von Puttkamer, der Zeitungsartikel und meines Vortrags war. Die Bilder des Wachens tauchen im Spiegel des Traumes nicht sofort, sondern erst dann wieder auf, wenn der Geist durch Schlaf und Ruhe still geworden ist. Eurer Majestät Mittheilung ermuthigt mich zur Erzählung eines Traumes, den ich Frühjahr 1863 in den schwersten Conflictstagen hatte, aus denen ein menschliches Auge keinen gangbaren Ausweg sah. Mir träumte, und ich erzählte es sofort am Morgen meiner Frau und andern Zeugen, daß ich auf einem schmalen Alpenpfad ritt, rechts Abgrund, links Felsen; der Pfad wurde schmaler, so daß das Pferd sich weigerte, und Umkehr und Absitzen wegen Mangel an Platz unmöglich; da schlug ich mit meiner Gerte in der linken Hand gegen die glatte Felswand und rief Gott an; die Gerte wurde unendlich lang, die Felswand stürzte wie eine Coulisse und eröffnete einen breiten Weg mit dem Blick auf Hügel und Waldland wie in Böhmen, Preußische Truppen mit Fahnen und in mir noch im Traume der Gedanke, wie ich das schleunig Eurer Majestät melden könnte. Dieser Traum erfüllte sich, und ich erwachte froh und gestärkt aus ihm.

Der böse Traum, aus dem Eure Majestät nervös und agitirt erwachten, kann doch nur so weit in Erfüllung gehn, daß wir noch manche stürmische und lärmende Parlamentssitzung haben werden, durch welche die Parlamente ihr Ansehn leider untergraben und die Staatsgeschäfte hemmen; aber Eurer Majestät Gegenwart dabei ist nicht möglich, und ich halte dergleichen Erscheinungen wie die letzten Reichstagssitzungen zwar für bedauerlich als Maßstab unsrer Sitten und unsrer politischen Bildung, vielleicht unsrer politischen Befähigung; aber für kein Unglück an sich: l'excès du mal en devient le remède.

Verzeihn Eure Majestät mit gewohnter Huld diese durch Allerhöchstdero Schreiben angeregte Ferienbetrachtung; denn seit gestern bis zum 9. Januar haben wir Ferien und Ruhe."

Die Beschwerde des Grafen Eulenburg über Tiedemann und die darin sofort gestellte Cabinetsfrage waren mir in ihrer Form um so mehr auf die Nerven gefallen, als ich an den Folgen einer schweren Erkrankung litt, die durch die Einwirkung der auf den Kaiser gemachten Attentate und den gleichzeitigen Zwang zur Arbeit in dem Präsidium des Berliner Congresses hervorgerufen, zwar aus amtlichem Pflichtgefühle zurückgedrängt, aber durch die Gasteiner Kur mehr verschärft als geheilt war. Diese Kur, der mein Mit= arbeiter, der Staatsminister Bernhard von Bülow, am 20. October 1879 erlag, wirkt auf überarbeitete Nerven nicht beruhigend, wenn sie durch Arbeit oder Gemüthsbewegung gestört wird.

Unmittelbar nach meiner Rückkehr nach Berlin hatte ich die Vorlage des Socialistengesetzes im Reichstage zu vertreten und fand dabei die Erfahrung bestätigt, daß die oratorische Leistung auf der Tribüne eine geringere Nervenanstrengung erfordert als die Correctur einer langen schnell gesprochenen Rede, deren Wortlaut an leitender Stelle vertreten werden soll. Während einer solchen Correctur kam bei mir eine seit Monaten vorbereitete Nervenkrisis körperlich zum Ausbruche, glücklicherweise in der leichtern Form der Nesselsucht.

Die Aufgaben eines leitenden Ministers einer europäischen Großmacht mit parlamentarischer Verfassung sind an sich hin= reichend aufreibender Natur, um die Arbeitsfähigkeit eines Mannes zu absorbiren; sie werden es in höherm Maße, wenn der Minister, wie in Deutschland und Italien, einer Nation über das Stadium ihrer Ausbildung hinwegzuhelfen und wie bei uns mit einem starken Isolirungstrieb der Parteien und Individuen zu kämpfen hat. Wenn man Alles, was der Mensch an Kräften und Gesundheit besitzt, an die Lösung solcher Aufgaben setzt, so ist man gegen alle Er= schwerungen derselben, welche nicht sachlich nothwendig sind, doppelt empfindlich. Ich glaubte schon zu Anfang der 70er Jahre mit meiner Gesundheit zu Ende zu sein und überließ deshalb das Prä= sidium des Cabinets dem einzigen mir persönlich Nahestehenden unter meinen Collegen, dem Grafen Roon, wurde aber damals

nicht durch sachliche Schwierigkeiten entmuthigt. Um letztres her=
beizuführen, mußte die feindliche Intrige der Kreise hinzutreten,
auf deren Unterstützung ich vorzugsweise glaubte rechnen zu können,
und die sich zur Zeit der „Reichsglocke" in den Beziehungen der
durch dieses Blatt vertretenen Elemente in erster Linie zum Hofe
und den Conservativen und zu vielen meiner amtlichen Mitarbeiter
kennzeichnete. Die Thatsache, daß ich bei dem mir sonst so gnä=
digen Monarchen keinen genügenden Beistand gegen die Hof= und
Hauseinflüsse des Reichsglockenringes fand, hatte mich am meisten
entmuthigt und das Gewicht der Erwägungen vervollständigt, die
mich zu meinem Abschiedsgesuche vom 27. März 1877 bewogen
hatten. Die Gürtelrose, an welcher ich krank war, als Graf
Schuwalow 1878 von mir die Berufung des Congresses verlangte,
kennzeichnete den Fehlbetrag in dem damaligen Zustande meiner
Gesundheit, war eine Quittung über Erschöpfung der Nerven.
Mehr als die „Reichsglocke" und deren Zubehör am Hofe hatte
daran der Mangel an Aufrichtigkeit in der Mitwirkung einiger
meiner amtlichen Mitarbeiter Antheil. Meine Vertretung durch
das Vicepräsidium des Grafen Stolberg nahm durch den Einfluß,
den die Minister Friedenthal und dann Graf Botho Eulenburg
auf meinen Vertreter ausübten, eine Gestalt an, die mir schließ=
lich den Eindruck machte, daß ich mich einem Systeme allmäligen
Abdrängens von den Geschäften der politischen Leitung gegenüber
befand. Das Symbol dieses Systems machte sich in der That=
sache kenntlich, daß die amtlichen Kundgebungen des Staatsmini=
steriums aus der damaligen Zeit meiner Mitunterschrift entbehrten.
Es geschah das nicht auf meinen Wunsch oder mit meiner Zu=
stimmung, sondern unter Benutzung meiner Gleichgültigkeit gegen
Aeußerlichkeiten, und ich habe diese Vorgänge ungerügt gelassen,
bis ich über die systematische Absichtlichkeit derselben keinen Zweifel
mehr haben konnte.

Die auf spätere Ereignisse Licht werfenden Einzelnheiten ge=
hören nicht alle in die Situation zur Zeit der Conseilsitzung im

Juni 1878, aber sie beleuchten zum Theil retrospectiv die damalige
Lage und ihre Triebfedern. Graf Botho Eulenburg als Minister
des Innern gab damals auf der Tribüne des Landtags ohne
Zwang sein Wohlwollen für den Abgeordneten Rickert gegenüber
einem Artikel der „Norbb. Allg. Ztg." mit absichtlicher Klarheit
zu erkennen, für mich um so einleuchtender, als ich keinen Zweifel
hatte, daß er jenen von ihm gemißbilligten Artikel mit mir in
Verbindung brachte. Wie in der Nacht beim Gewitter jeder Blitz
die Gegend deutlich zeigt, so gestatteten auch mir einzelne Schach-
züge meiner Gegner die Gesammtheit der Situation zu überblicken,
die durch äußerlich achtungsvolle Kundgebungen von persönlichem
Wohlwollen bei thatsächlicher Boycottirung erzeugt wurde. Ob
ein Cabinet Gladstone, dessen Mission durch die Namen Stosch,
Eulenburg, Friedenthal, Camphausen, Rickert und beliebige Ab-
schwächungen des Gattungsbegriffs „Windthorst" mit katholischen
Hofeinflüssen bezeichnet werden kann, wenn es gelang, dasselbe
zu Stande zu bringen, in sich haltbar gewesen wäre, ist eine
Frage, die sich die Interessenten wohl nicht vorgelegt hatten; der
Hauptzweck war der negative, mich zu beseitigen, und über den
waren einstweilen die Inhaber der Antheilscheine auf die Zukunft
einig. Jeder konnte nachher wieder hoffen, den Andern hinaus-
zudrängen, wie das bei uns im System aller der heterogenen
Coalitionen liegt, die nur in der Abneigung gegen das Bestehende
einig sind. Die ganze Combination hatte damals keinen Erfolg,
weil weder der König noch der Kronprinz dafür zu gewinnen
waren. Ueber die Beziehungen des Letztern zu mir waren die
strebenden Gegner damals wie später 1888 stets falsch unterrichtet. Er hatte bis an sein Lebensende dasselbe Vertrauen zu
mir wie sein Vater, und die Neigung, es zu erschüttern, erreichte
bei seiner Gemalin niemals dieselbe kampfbereite Entschiedenheit
wie bei der Kaiserin Augusta, die sich auch in der Wahl der
Mittel freier bewegte.

Neben den aufreibenden Kämpfen persönlicher Natur waren mir

sachliche Schwierigkeiten und anstrengende Arbeiten erwachsen aus
dem Bruche mit der Freihandelspolitik, den mein Brief an den
Freiherrn von Thüngen ¹) über Schutzzoll symptomatisch kennzeichnet,
dann aus der Secession und dem Uebergange der Secessionisten zu
dem Centrum. Ich verfiel in einen Gesundheitsbankrott, der
mich lähmte, bis Dr. Schweninger meine Krankheit richtig erkannte,
richtig behandelte und mir ein relatives Gesundheitsgefühl ver-
schaffte, das ich seit vielen Jahren nicht mehr gekannt hatte.

V.

Herr von Gruner, während der Neuen Aera Unterstaats-
sekretär in dem Ministerium der Auswärtigen Angelegenheiten,
wurde bald nach meiner Uebernahme des Ministeriums des Auswärtigen zur Disposition gestellt und durch Herrn von Thile ersetzt.
Er gehörte schon seit meiner Ernennung zum Bundesgesandten zu
meinen Gegnern, da er diese Stellung als ein Erbtheil von seinem
Vater Justus Gruner angesehn hatte; er blieb mir Feind und war
geschäftlich unfähig. Im November 1863 richtete er an Se. Majestät ein Schreiben über den Budgetstreit in demselben Sinne,
in dem der Oberstlieutenant von Vincke auf Olbendorf (vergl.
Bd. I S. 303) und Roggenbach denselben Schritt zu thun für gut
befunden hatten. Indem diese Herrn ihre Vorschläge an den König
richteten, gingen sie von der Voraussetzung aus, daß derselbe,
wenn er ihrem Rathe folgend, dem Abgeordnetenhause nachgäbe,
ein andres Ministerium, wenigstens einen andern Ministerpräsidenten
und Minister des Auswärtigen berufen werde, ein Ergebniß, für
das außerhalb des öffentlichen Lebens Einflüsse in Thätigkeit waren,
denen der Hausminister von Schleinitz mit andern dem Hofe nahestehenden Personen seine Dienste widmete. Auch später lebte Herr

---

¹) Vom 16. April 1879, Politische Reden VIII 54 f.

von Gruner in den Kreisen, die 1876 die „Reichsglocke" prote=
girten und speisten.

Nachdem der Redacteur dieses Blattes im Januar 1877 ver=
urtheilt und ich im März das von Sr. Majestät abgelehnte Ab=
schiedsgesuch eingereicht hatte, kam es im Juni, während ich mich
zur Kur in Kissingen befand, im Geschäftswege zu meiner Kenntniß,
daß Herr von Gruner in das Hausministerium berufen, zugleich
ohne Gegenzeichnung eines verantwortlichen Ministers zum Wirk=
lichen Geheimen Rath ernannt sei, und daß Herr von Schleinitz
an den Curator des „Reichs= und Staats=Anzeigers" das An=
sinnen gestellt habe, diese Ernennung in dem amtlichen Blatte zu
publiciren.

Ich schrieb darüber unter dem 8. Juni an den Chef der
Reichskanzlei Geheim=Rath Tiedemann, zur Mittheilung an das
Staatsministerium:

„Meiner Ansicht nach ist der amtliche Theil des Reichs=
und Staats=Anzeigers für solche Veröffentlichungen da, welche be=
züglich der Reichs= und der Preußischen Staats=Angelegenheiten
unter Verantwortung des Reichskanzlers resp. des Preußischen
Staatsministeriums erfolgen. Kommt die Ernennung Gruners ohne
Weiteres in den amtlichen Theil, so kann selbst durch die vorgängige
Erwähnung der Ueberweisung an das Hausministerium die Prä=
sumtion nicht entkräftet werden, daß das Staatsministerium die Er=
nennung Gruners zum Wirkl. Geheimen Rath mit seiner Ver=
antwortlichkeit deckt. Die öffentliche Meinung und der Landtag
würden kaum annehmen, daß das Staatsministerium diese Aus=
zeichnung seines notorischen Gegners gewünscht habe; sie würden
vielmehr die Wahrheit leicht errathen, daß das Staatsministerium
bei Hofe nicht das hinreichende Ansehn, bei Sr. Majestät nicht
den hinreichenden Einfluß gehabt habe, um diese Ernennung zu
hindern; man würde auch darüber garnicht zweifelhaft sein, daß
diese im Staatsanzeiger veröffentlichte Ernennung eine vom Staats=
ministerium more solito contrasignirte gewesen sei. Der Glaube,

daß das Staatsministerium sich im Besitz des von der Verfassung
vorausgesetzten Einflusses auf die Allerhöchsten Entschließungen be=
fände, würde auch dann nicht gefördert werden, wenn etwa die
ungnädige Allerhöchste Randbemerkung und die darauf erfolgte Ant=
wort des Staatsministeriums öffentlich bekannt würden. Man würde
in Versuchung sein, in Betreff von Inhalt und Wirkung Vergleiche
mit dem Vorgange in Frankreich anzustellen, der dort zu dem
jüngsten Ministerwechsel führte.

Ich bin nicht ohne Besorgniß, daß wir in dem Grunerschen
Vorgange nur eine Sonde zu erblicken haben, die von Herrn von
Schleinitz und seinen Rathgebern (nicht von Sr. Majestät dem
Kaiser) angelegt wird, um zu probiren, was man uns bieten kann
und wie hoch wir unsre ministerielle Autorität anschlagen. Meiner
Ansicht nach ist Fügsamkeit gegen diese unberechtigten Einflüsse auf
die Allerhöchsten Entschließungen nicht das Mittel, sie abzuschneiden;
im Gegentheil, sie werden wachsen, und der Conflict, der jetzt ein
blos formaler ist, würde sich auf ungünstigern Feldern und unter
Hineinziehung großer Parteifragen demnächst wiederholen.

Ich könnte mich nach meiner augenblicklichen Lage jeder amt=
lichen Aeußerung enthalten, aber ich habe das Gefühl, daß die für
mich persönlich doch sehr wichtige Frage meines Wiedereintritts in die
Geschäfte auf diesem Wege auch ohne Rücksicht auf meine Gesund=
heit präjudicirt werden würde. Da ich hoffe, daß meine Gesund=
heit sich bessern wird, und da ich für diesen Fall mir gern den
Wiedereintritt in die Geschäfte, so weit er dem Allerhöchsten Willen
entspricht, offen erhalte, so nehme ich ein persönliches Interesse
daran, daß das Ansehn der ministeriellen Stellung hinreichend ge=
wahrt werde, um mir die Wiederaufnahme einer solchen nach meinem
Gewissen möglich zu erhalten.

Die richtige der Logik des ersten Beschlusses entsprechende Er=
ledigung wäre meiner Ansicht nach die Ablehnung der von dem Haus=
minister beantragten Veröffentlichung für den amtlichen Theil des
Staats=Anzeigers. Die amtliche Aufnahme ist vor Mißdeutung in

der Oeffentlichkeit nicht zu schützen und bleibt immer ein partieller
Sieg der Reichsglocken-Intrige über die gegenwärtige Regirung.
Bekanntmachungen des Hausministeriums gehören an und für sich
nicht in den „Reichs- und Staats-Anzeiger'; soll letztrer außerdem
ein „Königlicher Haus-Anzeiger' sein, so können doch meiner Ansicht nach in seinem amtlichen Theile immer keine Anordnungen
des Hausministers Platz greifen, der keine Verantwortlichkeit für
den Inhalt des amtlichen Blattes trägt; dieselben müßten immer
in der einen oder andern Gestalt das von dem Hausminister nach-
zusuchende Placet des verantwortlichen Staatsministeriums erhalten,
bevor sie abgedruckt werden. Dieses Placet ist im vorliegenden
Falle nicht nachgesucht; der Hausminister hat ein Verfügungsrecht
über den Staats-Anzeiger in Anspruch genommen, und wäre deshalb
sein Verlangen angebrachtermaßen schon unter Anführung dieses formellen Grundes abzulehnen. Geht ein Befehl zur Aufnahme einer
Angelegenheit des Königlichen Hauses von Sr. Majestät dem Könige
selbst aus, so wird seine Ausführung in den Fällen, welche die Regel
bilden, ja kein Bedenken haben; nur wird es sich auch selbst in unver-
fänglichen Fällen empfehlen, die amtlichen Bekanntmachungen des
Königlichen Hauses durch ihren Platz von denen des Staates gesondert
erscheinen zu lassen. Diese Sonderung wäre meines Erachtens in
der Art vorzunehmen, daß die das Königliche Haus angehenden
Allerhöchsten Anordnungen nicht promiscue mit denen des Staatsministeriums erscheinen, sondern es würde neben den beiden großen
amtlichen Rubriken des Staatsanzeigers „Deutsches Reich' und
„Königreich Preußen', am höflichsten zwischen beiden, eventuell
auch nach „Königreich Preußen' eine dritte mit der Bezeichnung
„Königliches Haus' einzuschalten sein, von den andern beiden Rubriken
ebenso mittelst durchgehender Striche geschieden, wie jetzt „Preußen'
und das „Reich'. Damit ließe sich die formale Frage für die
Zukunft erledigen, und in einer, wie mir scheint, nach keiner Seite
hin verletzenden Form.

Etwas andres ist es aber, wenn eine Allerhöchste Entschließung

amtlich bekannt gemacht wird, welche in der Oeffentlichkeit, ungeachtet
der in den Acten verbleibenden Versicherung des Gegentheils, das=
jenige bekundet, was man im constitutionellen Sprachgebrauch Mangel
an Vertrauen des Monarchen zu seinen Ministern zu nennen pflegt.
Dagegen haben Minister natürlich kein andres Hülfsmittel, als
den Rücktritt aus ihrer Stellung. Unzweifelhaft trifft der vorliegende
Fall, soweit er diese Natur hat, mehr mich als meine Collegen.
Die letztern sind von der Reichsglocke und andern Blättern, in
denen die Tendenzen der Herrn von Gruner, von Schleinitz, Graf
Nesselrode, Rathusius=Ludom vertreten wurden, theils garnicht, theils
doch nicht in dem Maße wie ich öffentlich verleumdet worden.

Eine Begnadigung des Herrn von Rathusius, eine Auszeichnung
des Grafen Nesselrode und des Herrn von Gruner grade in der
Zeit, wo die Verleumdungen des Organs dieser Herrn gegen mich
die öffentliche Meinung und die Gerichte beschäftigten, wo der Zu=
sammenhang jener Herrn mit diesen Blättern offenkundig wurde,
enthalten einen Act Königlichen Wohlwollens für Leute, die durch
weiter nichts bekannt sind, als durch ihre Feindschaft gegen die
Regirung und durch öffentliche Verletzung meiner Ehre. Letztre
aber sollte, so lange ich des Königs Diener bin, unter Sr. Majestät
Schutze stehn. Wird mir das Gegentheil dieses Schutzes zu Theil,
so liegt ein persönliches Motiv vor, welches mich viel gebieterischer
aus dem Dienste vertreibt, als die Rücksicht auf meine Gesundheit
es jemals könnte. Diese Entschließungsgründe liegen nur persön=
lich für mich vor, werden aber je nach der Entwicklung der Sache
für die Möglichkeit meines Wiedereintritts in die Geschäfte ent=
scheidend sein.

Meinen Herrn Collegen stelle ich ergebenst anheim, im In=
teresse ihrer ministeriellen Zukunft dafür Sorge tragen zu wollen,
daß die amtliche Publication von Gruners Ernennung, wenn Se.
Majestät nicht überhaupt darauf verzichten will, doch in einer Form
stattfinde, aus der die Nichtcontrasignatur zweifellos ersichtlich ist.
Es würde dies in der oben vorgeschlagenen Dreitheilung der Er=

nennungen zwischen Reich, Preußen und Haus erreichbar sein, namentlich wenn die Presse dazu eine Erläuterung erhält. Em= pfehlen würde es sich aber meines Erachtens, wenn die Anstellung Gruners im Hausministerium v o r h e r in separato unter der Haus= ministerial=Rubrik veröffentlicht und am andern Tage bekannt ge= geben würde, daß Se. Majestät geruht hätte, den im Hausmini= sterium 2c. Angestellten den Titel eines Wirklichen Geheim=Raths 2c. zu verleihn; eine etwas abweichende Gestalt des Wortlauts der Bekanntmachung von der sonst üblichen, wenn auch nur eine ganz geringe, würde sich immer empfehlen."

Diesem, an den Geheim=Rath Tiedemann gerichteten, unter fliegendem Siegel an den Minister von Bülow beförderten Schreiben fügte ich für Letztern mit dem Anheimstellen vertraulicher Benutzung bei den Collegen Folgendes hinzu:

„. Ich bin, wie ich glaube, von dem Vorgange in einem stärkern Maße betroffen als meine Collegen; höchstens Camphausen ist außer mir noch von der Reichsglockenpartei verleumdet worden, aber doch lange nicht mit dem Maße von Niedertracht, wie es mir gegenüber geschehn ist. Man hat ihn sachlich in Bezug auf sein Amt mit unwürdigen Mitteln angegriffen, aber doch seine persön= liche Ehre nicht angetastet. Das Staatsministerium im Ganzen ist gewiß in der Lage, sich durch die F o r m der Ernennung Gruners verletzt zu finden und gegen diese Verletzung zu reagiren, um seine Rechte und seine Würde für die Zukunft sicher zu stellen. Die Verletzung aber, die in der T h a t s a c h e der Ernennung Gruners liegt, trifft wesentlich mich allein; seine langjährige Feind= schaft gegen mich persönlich ist es allein, welche die Aufmerksam= keit auf ihn hat lenken können, denn er besitzt weder Fähigkeiten noch Verdienste, war im Auswärtigen Amte durch seine, in wich= tigen Momenten an Geisteskrankheit grenzende Unfähigkeit ein Hinderniß und hat nunmehr seit 15 Jahren nichts geleistet, als mit der ganzen Verbissenheit verkannter Selbstüberschätzung gegen mich gesprochen, geschrieben, intrigirt. Ich sehe dabei für den

Augenblick ganz davon ab, daß grade diese Reichsglocken=Elemente
mir die Erfüllung meiner Amtspflicht in einem meine Kräfte über=
schreitenden Maße erschweren. Ich spreche jetzt nur von dem
Schlag, der dadurch persönlich gegen mich hat geführt werden
sollen, daß dieser Mensch Sr. Majestät hat mit Erfolg empfohlen
werden können. Wenn ich dem gegenüber in meinem Schreiben
an Tiedemann sage, daß für meine Herrn Collegen ein zwingendes
Motiv zum Rücktritt in diesem Grunerschen Falle nicht liegt, so
erscheint mir meine Lage demselben gegenüber als eine wesentlich
andre.

Ich würde Ihnen sehr dankbar sein, wenn Sie namentlich mit
Camphausen, Friedenthal und Falk in diesem Sinne vertraulich reden
wollten. Das Verhalten Wilmowskis gestaltet sich anders, als ich
erwartet hatte. Ich hatte bisher auf ihn als auf einen sichern
Bundesgenossen gegen die Schleinitzsche Camarilla gerechnet; seine
Thätigkeit in diesem Falle aber verstehe ich nicht recht. Er wird
mit Eulenburg und Leonhardt zusammen das Staatsministerium um
das Maß von Selbstachtung, von Consideration und schließlich auch
im Lande bringen, ohne welches sich in diesen schwierigen Lagen
am Hofe und im Lande die Staatsgeschäfte nicht führen lassen.
Gegen Eulenburg wird man sich nur so äußern können, wie es
wiedererzählt werden kann. Wie stellt sich eigentlich Hofmann zu
der Sache?

Mir scheint die Kur gut zu bekommen, doch markirt sich jeder
Rückschlag über ärgerliche Eindrücke in empfindlicher Weise und
läßt mich voraussehn, daß mein Gesundheitszustand ein geschäfts=
fähiger schwerlich wieder werden wird. Vor der einfachen Be=
sorgung der Amtsgeschäfte würde ich nicht zurückschrecken; aber die
faux frais der Hofintrigen vermag ich nicht mehr in der Weise zu
tragen wie früher, vielleicht auch deshalb, weil sie an Umfang und
Wirkung in erschreckender Weise zugenommen haben. Diese eigent=
lichen Gründe meiner fortbestehenden Absicht, zurückzutreten, habe
ich vor drei Monaten verschwiegen, obschon es wesentlich dieselben

waren; und ich werde auch demnächst aus Rücksicht für den Kaiser keine andern Motive für mein Ausscheiden anführen können, als den Zustand meiner Gesundheit."

Die Sache schloß damit ab, daß die Ernennung Gruners zum Wirklichen Geheimen Rathe im Staatsanzeiger nicht veröffentlicht wurde.

Siebenundzwanzigstes Kapitel.

Die Ressorts.

Bei meinen vielen Abwesenheiten verlor ich mit manchen meiner Collegen die Fühlung; die Thatsache, daß ich jedem Einzelnen von ihnen das Aufsteigen von zum Theil geringen Stellungen bis zum Minister verschafft und sie mit Einmischungen in ihre Ressorts nicht belästigt hatte, ließ mich ihr persönliches Wohlwollen für mich überschätzen. In die laufenden Geschäfte ihrer Ressorts habe ich sehr selten hineingeredet, und nur wenn ich sah, daß ein großes öffentliches Interesse Gefahr lief, unter Sonderinteressen zu leiden. Ich habe z. B. die Canalisirung des Rheins am Rheingau bekämpft, die um der Schifffahrt willen geschehn sollte und das Flußbett zwischen den Ufern und den beiden zu erbauenden Dämmen auf 30 Jahre in einen Sumpf verwandelt hätte; desgleichen den Plan, den Kurfürstendamm nur in der gewöhnlichen Breite der Chausseen zu chaussiren und bis dicht an den alten Weg zu bebauen. In beiden Fällen habe ich die Absichten der zunächst competenten Behörden gekreuzt und glaube mir damit ein dauerndes Verdienst erworben zu haben. Auch mit Protectionen bin ich meinen Collegen und den mir untergeordneten Reichsämtern nicht lästig gefallen. Verfassungsmäßig hätte ich alle Post-, Telegraphen- und Eisenbahnbeamte anstellen und alle Posten der einzelnen Reichs-Ressorts besetzen können. Ich glaube aber kaum, daß ich je von Herrn von Stephan oder Andern Posten für einen von mir empfohlenen Candidaten verlangt habe, auch nicht für einen Briefträger. Nur der Neigung, neue eingreifende Gesetze oder Organisationen zu machen, der Neigung, vom grünen Tische aus zu reglementiren, bin ich bei meinen Collegen nicht selten entgegen getreten, weil ich wußte, daß, wenn nicht sie selbst, so doch ihre Räthe die Gesetzmacherei übertrieben, und daß so manche vortragende Räthe in den innern Ressorts seit dem Examen her Projecte in ihren Fächern haben, durch die sie die Unterthanen des Reiches zu beglücken suchen, sobald sie einen Chef finden, der darauf eingeht.

Ungeachtet meiner Zurückhaltung ist nach meinem Ausscheiden bei der Mehrheit meiner Geschäftsfreunde ein Gefühl wie der Er- leichterung von einem Drucke wahrgenommen worden, das in vielen Fällen eben aus dem Widerstande zu erklären ist, den ich dem über- wuchernden Triebe zu unnöthigen Eingriffen in den Bestand unsrer Gesetzgebung geleistet hatte. Auf dem Gebiete der Schule hatte ich dauernd, aber ohne Erfolg die Theorie bekämpft, daß der Unter- richtsminister ohne Gesetz und ohne sich an das vorhandene Schul- vermögen zu binden, auf dem Verwaltungswege und ohne die Leistungsfähigkeit zu beachten, bestimmen könne, was jede Gemeinde zur Schule beizutragen habe. Diese in keinem andern Verwaltungs- zweige vorhandene Machtvollkommenheit, deren Anwendung in manchen Fällen so weit getrieben wurde, daß die Gemeinden existenz- unfähig wurden, beruhte nicht auf Gesetz, sondern auf einem Re- script des frühern Cultusministers von Raumer, das das Schulbudget von einer Verfügung der betreffenden Abtheilung der Regirungen, in letzter Instanz des Ministers, abhängig machte. Das Bestreben, diesen Ministerabsolutismus durch Gesetz zu consolidiren, war für mich ein Hinderniß, den gelegentlich mir vorgelegten Schulgesetz- entwürfen meine Zustimmung zu geben.

Auf dem Gebiete der Finanzen war meine Zustimmung zu einer Steuerreform jederzeit dem Verlangen untergeordnet, die- jenigen directen Steuern, die von dem Vermögen des Zahlenden

unabhängig ſind, nicht ferner als Maßſtab für jährliche Zuſchläge
zu benutzen. Wenn auch die durch Auflegung der Grund= und
Häuſerſteuer einmal begangene Ungerechtigfeit ſich nicht ausgleichen
ließ, ſo iſt es deshalb doch nicht der Gerechtigkeit entſprechend, ſie
jährlich durch Zuſchläge zu wiederholen. Mein letzter College im
Finanzminiſterium, Scholz, mit dem ich jederzeit in freundlichen
Beziehungen gelebt habe, theilte meine Anſicht, hatte jedoch mit
den parlamentariſchen und miniſteriellen Schwierigkeiten der Remedur
zu kämpfen; dagegen war die Streitmacht ſeiner Räthe ohne Zweifel
der freiern Bewegung froh, die nach meinem Ausſcheiden aus dem
Staatsminiſterium eintrat. Eine Forderung, mit der ich Jahre
lang im Finanzminiſterium keinen Anklang finden konnte, war
neben der Selbſteinſchätzung die, daß das Einkommen von aus=
ländiſchen Werthen höher zu beſteuern ſei als von deutſchen,
gewiſſermaßen ein Schutzzoll für deutſche Werthe, und das
von ſelbſt flüſſige höher als das durch Arbeit jährlich neu zu ge=
winnende.

Auf dem Gebiete der Landwirthſchaft iſt der Wegfall des von
mir angeblich ausgeübten agrariſchen Druckes hauptſächlich den
kranken Schweinen und den Viehſeuchen zu Gute gekommen, des=
gleichen den höhern und niedern Beamten, denen die Aufgabe zu=
fiel, vor dem Parlamente und dem Lande die Agitationslüge von
der Vertheuerung der Lebensmittel zu befämpfen. In der Nach=
giebigkeit auf dieſem Gebiete und in der, nach unangenehmen Er=
fahrungen im Februar 1891 wieder zurückgenommnen, Erleichterung
des franzöſiſchen Verkehrs mit dem Elſaß ſehe ich den gemeinſchaft=
lichen Ausdruck der Kampfesſcheu, die die Zukunft für etwas mehr
Bequemlichkeit in der Gegenwart zu opfern bereit iſt. Der Zweck,
wohlfeiles Schweinefleiſch zu haben, wird durch laxe Behandlung
der Anſteckungsgefahr auf die Dauer ebenſo wenig gefördert werden,
wie die Loslöſung des Elſaß von Frankreich durch die beifalls=
bedürftige Weichlichkeit gegen locale Beſchwerden und Grenz=
ſchwierigkeiten.

Was die Reichsämter betrifft, so habe ich mit dem Schatz=
amte stets gute Fühlung gehabt, zur Zeit von Scholz wie von
Maltzahn. Die Bestimmung dieses Amtes hatte keine größere Trag=
weite als diejenige, dem Reichskanzler in seinen Erörterungen und
Verständigungen mit dem preußischen Minister der Finanzen Bei=
stand und technisch geschulte Arbeitskräfte zu stellen. Die entscheidende
Stelle in Finanzfragen blieb der preußische Finanzminister und das
Staatsministerium. Der Charakter beider Herrn gestattete, Mei=
nungsverschiedenheiten in ehrlicher Erörterung und ohne Verstim=
mung zu erledigen. Die neuerdings in der Presse vertretne und
thatsächlich gehandhabte Auffassung von der Möglichkeit einer von
einander unabhängigen Finanzpolitik des Reichskanzlers oder gar
des ihm untergebnen Reichsschatzamtes einerseits und des preußi=
schen Finanzministers andrerseits galt zu meiner Zeit als ver=
fassungswidrig. Divergenzen beider Stellen fanden ihre Lösung
in collegialischen Berathungen des Staatsministeriums, dem der
Kanzler als auswärtiger Minister angehörte, und ohne dessen vor=
ausgesetztes oder ausgesprochnes Einverständniß er nicht berechtigt
ist, im Bundesrath die preußischen Stimmen abzugeben oder eine
Gesetzesvorlage zu machen.

Weniger durchsichtig waren für mich die Beziehungen zu dem
Reichspostamte. Während des französischen Krieges traten Erschei=
nungen hervor, die mich hart an den Bruch mit Herrn von Stephan
brachten, aber ich war schon damals von seiner ungewöhnlichen
Begabung, nicht für sein Fach allein, so überzeugt, daß ich
ihn gegen die Ungnade Sr. Majestät mit Erfolg vertrat. Herr
von Stephan hatte an seine Untergebenen ein amtliches Circular
gerichtet, in dem er die Besorgung von gewissen Blättern für alle
Armeelazarethe in Frankreich anbefahl und zur Motivirung dieses
Befehls auf Wünsche J. K. Hoheit der Kronprinzessin Bezug nahm.
Wie weit er dazu berechtigt war, weiß ich nicht; wer aber den
alten Herrn kannte, wird sich seine Stimmung denken können, als

dieſer poſtaliſche Erlaß durch Militärberichte zu ſeiner Kenntniß
gekommen war. Die Farbe der empfohlenen Blätter allein hätte
genügt, um Stephan bei Wilhelm I. in Ungnade zu bringen; noch
verſtimmender aber wirkte die Berufung auf ein Mitglied der königlichen Familie und grade der Frau Kronprinzeſſin. Ich ſtellte den
Frieden mit Sr. Majeſtät her. Das Bedürfniß hoher Anerkennung
iſt eins der Paſſiva, die auf den meiſten ungewöhnlichen Begabungen
laſten. Ich nahm an, daß die Schwächen, welche Stephan aus
ſeinen Anfängen in ſeine höhern Stellungen hinübergebracht hatte,
je älter und je vornehmer er werde, deſto mehr von ihm abfallen
würden. Ich kann nur wünſchen, daß er in ſeinem Amte alt werde
und geſund bleibe, und würde ſeinen Verluſt für ſchwer erſetzlich
halten ¹), vermuthe aber, daß auch er bei meinem Abgange zu denen
gehörte, welche eine Erleichterung zu empfinden glaubten. Ich bin
ſtets der Meinung geweſen, daß der Transport- und Correſpondenz-
Verkehr zu dem Staatszwecke beizuſteuern habe und dieſe Beiſteuer in
der Porto- und Frachtvergütung einzubegreifen ſei. Stephan iſt mehr
Reſſortpatriot und als ſolcher allerdings nicht nur ſeinem Reſſort
und deſſen Beamten, ſondern auch dem Reiche in einem Maße nützlich
geweſen, das für jeden Nachfolger ſchwer erreichbar ſein wird. Ich
bin ſeinen Eigenmächtigkeiten ſtets mit dem Wohlwollen entgegen
getreten, das die Achtung vor ſeiner eminenten Begabung mir einflößte, auch wenn ſie in meine Competenz als Kanzler und ſtimm-
führender Vertreter Preußens einſchnitten, oder er durch ſeine Vorliebe für Prachtbauten die finanziellen Ergebniſſe ſchädigte.

¹) Stephan ſtarb 8. April 1897.

Achtundzwanzigstes Kapitel.

Berliner Congreß.

I.

Im Herbst 1876 erhielt ich in Varzin ein chiffrirtes Tele=
gramm unsres Militärbevollmächtigten, des Generals von Werder
aus Livadia, durch welches er im Auftrage des Kaisers Ale=
xander eine Aeußerung darüber verlangte, ob wir neutral bleiben
würden, wenn Rußland mit Oestreich in Krieg geriethe. Bei der
Beantwortung desselben hatte ich zu erwägen, daß Werders Chiffre
innerhalb des Kaiserlichen Palais nicht unzugänglich sein werde,
hatte ich doch die Erfahrung gemacht, daß selbst in unserm Gesand=
schaftshause in Petersburg durch keinen künstlichen Verschluß, sondern
nur durch häufigen Wechsel der Chiffre das Geheimniß derselben zu
bewahren war[1]). Ich konnte meiner Ueberzeugung nach nichts nach
Livadia telegraphiren, was nicht auch zur Kenntniß des Kaisers
kommen würde. Daß eine solche Frage überhaupt auf solchem
Wege gestellt werden konnte, hatte schon eine Verschiebung der
geschäftlichen Traditionen zur Voraussetzung. Wenn ein Cabinet
Fragen der Art an ein andres stellen will, so ist der correcte Weg
eine vertrauliche mündliche Sondirung durch den eignen Botschafter
oder von Souverän zu Souverän bei persönlicher Begegnung. Daß

---

[1]) S. Bd. I 228.

die Sondirung durch eine Anfrage bei dem Vertreter der zu son= direnden Macht seine Bedenken hat, hatte die russische Diplomatie durch die Vorgänge zwischen dem Kaiser Nicolaus und Seymour erfahren. Die Neigung Gortschakows, telegraphische Anfragen bei uns nicht durch den russischen Vertreter in Berlin, sondern durch den deutschen in Petersburg zu bewirken[1]), hat mich ge= nöthigt, unsre Missionen in Petersburg häufiger als an andern Höfen darauf aufmerksam zu machen, daß ihre Aufgabe nicht in der Vertretung der Anliegen des russischen Cabinets bei uns, sondern unsrer Wünsche an Rußland liege. Die Versuchung für einen Diplomaten, seine dienstliche und gesellschaftliche Stel= lung durch Gefälligkeiten für die Regirung, bei der er beglaubigt ist, zu pflegen, ist groß und wird noch gefährlicher, wenn der fremde Minister unsern Agenten für seine Wünsche bearbeiten und gewinnen kann, ehe dieser alle die Gründe kennt, aus denen für seine Regirung die Erfüllung und selbst die Zumuthung inop= portun ist.

Außerhalb aller aber, selbst der russischen, Gewohnheiten lag es, wenn der deutsche Militärbevollmächtigte am russischen Hofe uns, und während ich nicht in Berlin war, auf Befehl des russischen Kaisers eine politische Frage von großer Tragweite in dem kate= gorischen Stile eines Telegramms vorlegte. Ich hatte, so unbequem sie mir auch war, nie eine Aenderung in der alten Gewohnheit er= langen können, daß unsre Militärbevollmächtigten in Petersburg nicht, wie andre, durch das Auswärtige Amt, sondern direct in eigenhändigen Briefen an Se. Majestät berichteten, — einer Ge= wohnheit, die sich davon herschrieb, daß Friedrich Wilhelm III. dem ersten Militärattaché in Petersburg, dem frühern Commandanten von Kolberg, Lucadou, eine besonders intime Stellung zu dem Kaiser gegeben hatte. Freilich meldete der Militärattaché in solchen Briefen Alles, was der russische Kaiser über Politik in dem gewohnheits-

---

[1]) S. o. S. 173.

mäßigen vertraulichen Verkehre am Hofe mit ihm gesprochen hatte, und das war nicht selten viel mehr, als Gortschakow mit dem Botschafter sprach; der „Pruski Fligelabjudant", wie er am Hofe hieß, sah den Kaiser fast täglich, jedenfalls viel öfter als Gortschakow, der Kaiser sprach mit ihm nicht bloß über Militärisches, und die Aufträge zu Bestellungen an unsern Herrn beschränkten sich nicht auf Familienangelegenheiten. Die diplomatischen Verhandlungen zwischen beiden Cabineten haben ihren Schwerpunkt, wie zur Zeit Rauchs und Münsters, oft und lange mehr in den Berichten des Militärbevollmächtigten als in denen der amtlich accreditirten Gesandten gefunden. Da indessen Kaiser Wilhelm niemals versäumte, mir seine Correspondenz mit dem Militärbevollmächtigten in Petersburg nachträglich, wenn auch oft zu spät, mitzutheilen, und politische Entschlüsse nie ohne Erwägung an amtlicher Stelle faßte, so beschränkten sich die Nachtheile dieses directen Verkehrs auf Verspätung von Informationen und Anzeigen, die in solchen Immediatberichten enthalten waren. Es lag also außerhalb dieser Gewohnheit im Geschäftsverkehr, daß Kaiser Alexander, ohne Zweifel auf Anregung des Fürsten Gortschakow, Herrn von Werder als Organ benutzte, um uns jene Doctorfrage vorzulegen. Gortschakow war damals bemüht, seinem Kaiser zu beweisen, daß meine Ergebenheit für ihn und meine Sympathie für Rußland unaufrichtig oder doch nur „platonisch" sei, und sein Vertrauen zu mir zu erschüttern, was ihm denn auch später gelungen ist.

Bevor ich die Werdersche Anfrage sachlich beantwortete, versuchte ich es mit dilatorischen Rückäußerungen, bezugnehmend auf die Unmöglichkeit, mich auf eine solche Frage ohne höhere Ermächtigung zu äußern, und empfahl auf wiederholtes Drängen, die Frage auf amtlichem, wenn auch vertraulichem Wege durch den russischen Botschafter in Berlin im Auswärtigen Amte zu stellen. Indessen schnitten wiederholte Interpellationen durch Werdersche Telegramme diesen ausweichenden Weg ab. Inzwischen hatte ich Se. Majestät gebeten, Herrn von Werder, der in Livadia diplomatisch gemißbraucht

werde, ohne sich dessen erwehren zu können, telegraphisch an das
kaiserliche Hoflager zu berufen und ihm die Uebernahme von poli=
tischen Aufträgen zu untersagen, als eine Leistung, die dem russischen,
aber nicht dem deutschen Dienste angehöre.   Der Kaiser ging auf
meinen Wunsch nicht ein, und da Kaiser Alexander endlich auf
Grund unsrer persönlichen Beziehungen die Aussprache meiner eignen
Meinung unter Betheiligung der russischen Botschaft in Berlin von
mir verlangte, so war es mir nicht länger möglich, der Beantwortung
der indiscreten Frage auszuweichen.   Ich ersuchte den Botschafter
von Schweinitz, der am Ende seines Urlaubs stand, mich vor der
Rückkehr nach St. Petersburg in Varzin zu besuchen, um meine
Instruction entgegenzunehmen.   Vom 11. bis 13. October war
Schweinitz mein Gast.   Ich beauftragte ihn, sich sobald als mög=
lich über Petersburg an das Hoflager des Kaisers Alexander nach
Livadia zu begeben.   Der Sinn meiner Instruction für Herrn
von Schweinitz war, unser erstes Bedürfniß sei, die Freundschaft
zwischen den großen Monarchien zu erhalten, welche der Revolution
gegenüber mehr zu verlieren, als im Kampfe unter einander zu ge=
winnen hätten.   Wenn dies zu unserm Schmerze zwischen Rußland
und Oestreich nicht möglich sei, so könnten wir zwar ertragen,
daß unsre Freunde gegen einander Schlachten verlören oder ge=
wönnen, aber nicht, daß einer von beiden so schwer verwundet
und geschädigt werde, daß seine Stellung als unabhängige und
in Europa mitredende Großmacht gefährdet würde.   Diese unsre
Erklärung, welche von uns in zweifelsfreier Deutlichkeit zu er=
zwingen Gortschakow seinen Herrn bewogen hatte, um ihm den
platonischen Charakter unsrer Liebe zu beweisen, hatte zur Folge,
daß das russische Gewitter von Ostgalizien sich nach dem Balkan
hin verzog, — und daß Rußland anstatt der mit uns abgebrochnen
Verhandlungen dergleichen mit Oestreich, so viel ich mich erinnere,
zunächst in Pest, im Sinne der Abmachungen von Reichstadt,
wo die Kaiser Alexander und Franz Joseph am 8. Juli 1876
zusammengetroffen waren, einleitete unter dem Verlangen, sie vor

uns geheim zu halten. Diese Convention[1]), nicht der Berliner Congreß, ist die Grundlage des öftreichischen Besitzes an Bosnien und der Herzegowina und hat den Russen während ihres Krieges mit den Türken die Neutralität Oestreichs gesichert.

II.

Daß das russische Cabinet in den Abmachungen von Reich= stadt den Oestreichern für ihre Neutralität die Erwerbung Bosniens zugestanden hat, läßt annehmen, daß Herr von Oubril uns nicht die Wahrheit sagte, indem er versicherte, es werde sich in dem Balkankriege nur um eine promenade militaire, um Beschäftigung des trop plein des Heeres und um Roßschweife und Georgenkreuze handeln; dafür wäre Bosnien ein zu hoher Preis gewesen. Wahr= scheinlich hatte man in Petersburg darauf gerechnet, daß Bulgarien, wenn von der Türkei losgelöst, dauernd in Abhängigkeit von Rußland bleiben werde. Diese Berechnung würde wahrscheinlich auch dann nicht zugetroffen sein, wenn der Friede von San Stefano ungeschmälert zur Ausführung gekommen wäre. Um nicht vor dem eignen Volke für diesen Irrthum verantwortlich zu sein, hat man sich mit Erfolg be= müht, der deutschen Politik, der „Untreue" des deutschen Freundes die Schuld für den unbefriedigenden Ausgang des Krieges aufzubürden. Es war das eine unehrliche Fiction; wir hatten niemals etwas Andres in Aussicht gestellt als wohlwollende Neutralität, und wie ehrlich wir es damit gemeint haben, ergibt sich schon daraus, daß wir uns durch die von Rußland verlangte Geheimhaltung der Reichstadter Abmachungen vor uns in unserm Vertrauen und Wohlwollen für Rußland nicht irre machen ließen, sondern bereitwillig dem Wunsche, den der Graf Peter Schuwalow mir nach Friedrichsruh überbrachte, entgegen kamen, einen Congreß nach Berlin zu berufen. Der Wunsch

---

[1]) Abgeschlossen am 15. Januar 1877.

der russischen Regirung, vermittelst eines Congresses zu dem Frieden
mit der Türkei zu gelangen, bewies, daß sie sich militärisch nicht
stark genug fühlte, es auf Krieg mit England und Oestreich an=
kommen zu lassen, nachdem die rechtzeitige Besetzung von Con=
stantinopel einmal versäumt war. Für die Mißgriffe der russischen
Politik theilt Fürst Gortschakow ohne Zweifel mit jüngern und
energischeren Gesinnungsgenossen die Verantwortlichkeit, aber frei
davon ist er nicht. Wie stark seine Stellung, nach den russischen
Traditionen gemessen, dem Kaiser gegenüber war, zeigt die
Thatsache, daß er gegen den ihm bekannten Wunsch seines
Herrn an dem Berliner Congresse als Vertreter Rußlands theil=
nahm. Indem er, gestützt auf seine Eigenschaft als Reichskanzler
und auswärtiger Minister, seinen Sitz einnahm, entstand die eigen=
thümliche Situation, daß der vorgesetzte Reichskanzler und der seinem
Ressort unterstellte Botschafter Schuwalow neben einander figurirten,
der Träger der russischen Vollmacht aber nicht der Reichskanzler
sondern der Botschafter war [1]).

Diese vielleicht actenmäßig nur aus den russischen Archiven
und vielleicht auch aus diesen nicht nachweisbare, aber nach meiner
Wahrnehmung unzweifelhafte Situation zeigt, daß auch in einer
Regirung mit so einheitlicher und absoluter Spitze, wie der russi=
schen, die Einheit der politischen Action nicht gesichert ist. Sie ist
es vielleicht in höherm Grade in England, wo der leitende Minister
und die Berichte, die er empfängt, der öffentlichen Kritik unter=
liegen, während in Rußland nur der jedesmalige Kaiser in der
Lage ist, je nach seiner Menschenkenntniß und Befähigung zu be=
urtheilen, welcher von seinen berichtenden und vortragenden Dienern
irrt oder ihn belügt, und von welchem er die Wahrheit erfährt.
Ich will damit nicht sagen, daß der laufende Dienst des auswärtigen
Amtes in London klüger betrieben wird als in Petersburg, aber die
englische Regirung geräth seltener als die russische in die Noth=

---

[1]) S. o. S. 106.

wendigkeit, Irrthümer ihrer Untergebenen durch Unaufrichtigkeit
wieder gut zu machen. Lord Palmerſton hat freilich am 4. April
1856 im Unterhauſe mit einer von der Maſſe der Mitglieder wahr=
ſcheinlich nicht verſtandenen Ironie geſagt, die Auswahl der dem
Parlamente vorzulegenden Schriftſtücke über Kars habe große Sorg=
falt und Aufmerkſamkeit von Perſonen, die nicht eine untergeord=
nete, ſondern eine hohe Stellung im Auswärtigen einnähmen, er=
fordert. Das Blaubuch über Kars, die caſtrirten Depeſchen von
Sir Alexander Burnes aus Afghaniſtan und die Mittheilungen der
Miniſter über die Entſtehung der Note, welche die Wiener Con=
ferenz 1854 dem Sultan anſtatt der Mentſchikowſchen zur Unter=
zeichnung empfahl, ſind Proben von der Leichtigkeit, mit welcher
Parlament und Preſſe in England getäuſcht werden können. Daß
die Archive des Auswärtigen Amtes in London ängſtlicher als irgend=
wo gehütet werden, läßt vermuthen, daß in ihnen noch manche
ähnliche Probe zu entdecken ſein würde. Im Ganzen wird man
aber doch ſagen dürfen, daß der Zar leichter zu belügen iſt als das
Parlament.

Bei den diplomatiſchen Verhandlungen über Ausführung der
Beſtimmungen des Berliner Congreſſes wurde in Petersburg er=
wartet, daß wir jede ruſſiſche Auffaſſung der öſtreichiſch=engliſchen
gegenüber ohne weitres und namentlich ohne vorgängige Ver=
ſtändigung zwiſchen Berlin und Petersburg unterſtützen und durch=
ſetzen würden. Meine angedeutete, endlich ausgeſprochene Forderung,
die ruſſiſchen Wünſche uns vertraulich, aber deutlich auszuſprechen
und darüber zu verhandeln, wurde eludirt, und ich erhielt den
Eindruck, daß Fürſt Gortſchakow von mir, wie eine Dame von
ihrem Verehrer, erwartete, daß ich die ruſſiſchen Wünſche errathen
und vertreten würde, ohne daß Rußland ſelbſt ſie auszuſprechen
und dadurch eine Verantwortlichkeit zu übernehmen brauchte. Selbſt
in Fällen, wo wir annehmen durften, der ruſſiſchen Intereſſen und
Abſichten völlig gewiß zu ſein, und glaubten, der ruſſiſchen Politik
einen Beweis unſrer Freundſchaft freiwillig geben zu können, ohne

eigne Interessen zu schädigen, erfuhren wir statt der erwarteten An=
erkennung eine nörgelnde Mißbilligung, weil wir angeblich in Rich=
tung und Maß nicht das von unserm russischen Freunde Erwartete
getroffen hatten. Auch wenn letztres unzweifelhaft der Fall war,
hatten wir keinen bessern Erfolg. In diesem ganzen Verfahren
lag eine berechnete Unehrlichkeit nicht nur uns, sondern auch dem
Kaiser Alexander gegenüber, dessen Gemüthe die deutsche Politik
als unehrlich und unzuverlässig erscheinen sollte. Votre amitié est
trop platonique, hat die Kaiserin Marie einem unsrer Vertreter
vorwurfsvoll gesagt. Platonisch bleibt die Freundschaft eines groß=
mächtlichen Cabinets für die andern allerdings immer bis zu einem
gewissen Grade; denn keine Großmacht kann sich in den ausschließ=
lichen Dienst einer andern stellen. Sie wird immer ihre, nicht nur
gegenwärtigen, sondern auch zukünftigen Beziehungen zu den übrigen
im Auge behalten und dauernde, prinzipielle Feindschaft mit jeder
von ihnen nach Möglichkeit vermeiden müssen. Für Deutschland
mit seiner centralen, nach drei großen Angriffsfronten offnen Lage
trifft das besonders zu.

Irrthümer in der Cabinetspolitik der großen Mächte strafen
sich nicht sofort, weder in Petersburg noch in Berlin, aber un=
schädlich sind sie nie. Die geschichtliche Logik ist noch genauer in
ihren Revisionen als unsre Oberrechenkammer. Bei Ausführung
der Congreßbeschlüsse erwartete und verlangte Rußland, daß die
deutschen Commissarien bei localen Verhandlungen darüber im Orient,
bei Divergenzen zwischen russischen und andern Auffassungen, generell
der russischen zustimmen sollten[1]). Uns konnte in manchen Fragen
allerdings die objective Entscheidung ziemlich gleichgültig sein, es kam
für uns nur darauf an, die Stipulationen ehrlich auszulegen und
unsre Beziehungen auch zu den übrigen Großmächten nicht durch
parteiisches Verhalten zu stören in Localfragen, die ein deutsches

---

[1]) Vgl. dazu die einer Depesche entnommene Charakteristik der Situation
im Bismarck=Jahrbuch I 125 ff.

Interesse nicht berührten. Die leidenschaftliche Bitterkeit der Sprache
aller russischen Organe, die durch die Censur autorisirte Verhetzung
der russischen Volksstimmung gegen uns ließ es dann gerathen
erscheinen, die Sympathien, die wir bei nichtrussischen Mächten
noch haben konnten, uns nicht zu entfremden.

In dieser Situation nun kam ein eigenhändiges Schreiben des
Kaisers Alexander, das trotz aller Verehrung für den bejahrten
Freund und Oheim an zwei Stellen bestimmte Kriegsdrohungen
enthielt in der Form, die völkerrechtlich üblich ist, etwa des In=
halts: wenn die Weigerung, das deutsche Votum dem russischen
anzupassen, festgehalten wird, so kann der Friede zwischen uns nicht
dauern. Dieses Thema war in scharfen und unzweideutigen Worten
an zwei Stellen variirt. Daß Fürst Gortschakow, der am 6. Sep=
tember 1879 in einem Interview mit dem Correspondenten des
orleanistischen „Soleil", Louis Peyramont, Frankreich eine sehr auf=
fallende Liebeserklärung machte, auch an jenem Schreiben mitge=
arbeitet hatte, sah ich dem letztern an; durch zwei spätere Wahr=
nehmungen wurde meine Vermuthung bestätigt. Im October hörte
eine Dame der Berliner Gesellschaft, die in dem Hôtel de l'Eu=
rope in Baden=Baden Zimmernachbarin Gortschakows war, ihn
sagen: „j'aurais voulu faire la guerre, mais la France a
d'autres intentions." Und am 1. November war der Pariser
Correspondent der „Times" in der Lage, seinem Blatte zu melden,
vor der Zusammenkunft in Alexandrowo habe der Zar an Kaiser
Wilhelm geschrieben, sich über die Haltung Deutschlands beschwert
und sich der Phrase bedient: „Der Kanzler Ew. Majestät hat die
Versprechungen von 1870 vergessen" *).

---

*) Der Correspondent, Herr Oppert aus Blowitz in Böhmen, wird die
Verbreitung dieser ihm doch wohl von Gortschakow zugegangenen Nachricht um
so bereitwilliger übernommen haben, als er mir von dem Congreß her grollte.
Auf den Wunsch Beaconsfields, der ihn bei guter Laune erhalten wollte, hatte
ich ihm die dritte Classe des Kronenordens verschafft. Er war über die nach
preußischen Begriffen ungewöhnlich hoch gegriffene Auszeichnung entrüstet,
lehnte sie ab und verlangte die zweite Classe.

Angesichts der Haltung der russischen Presse, der steigenden Erregtheit der großen Massen des Volkes, der Truppenanhäufung unmittelbar längs der preußischen Grenzen wäre es leichtfertig gewesen, den Ernst der Situation und der kaiserlichen Drohung gegen den früher so verehrten Freund zu bezweifeln. Daß Kaiser Wilhelm auf den Rath des Feldmarschalls von Manteuffel am 3. September 1879 nach Alexandrowo ging, um die schriftlichen Drohungen seines Neffen mündlich begütigend zu beantworten, widerstrebte meinem Gefühle und meinem Urtheil über das, was noth thue.

III.

Betrachtungen analog denen, welche den Versuch widerriethen, die complicirten Schwierigkeiten von 1863 auf dem Wege eines russischen Bündnisses zu lösen [1]), standen in der zweiten Hälfte der siebziger Jahre ebenfalls einer stärkern Accentuirung der russischen Freundschaft ohne Oestreich entgegen. Ich weiß nicht, in wie weit Graf Peter Schuwalow vor Beginn des letzten Balkankrieges und während des Congresses ausdrücklich beauftragt war, die Frage eines deutsch-russischen Bündnisses zu besprechen; er war nicht in Berlin beglaubigt, sondern in London, seine persönlichen Beziehungen zu mir gestatteten ihm aber, sowohl bei seinen vorübergehenden Berührungen Berlins auf der Durchreise wie während des Congresses mit mir alle Eventualitäten rückhaltlos zu besprechen.

Anfang Februar 1877 hatte ich von ihm ein längeres Schreiben aus London erhalten; meine Antwort und seine Erwiderung darauf lasse ich folgen:

Berlin, le 15 février 1877.

Cher Comte,

Je vous remercie des bonnes paroles que vous avez bien voulu m'écrire et je suis bien obligé au Cte. Munster pour

---

[1]) S. o. S. 62 ff.

avoir si bien interprété en cette occasion les sentiments, qui dès notre première connaissance ont formé entre nous un lien qui survivra aux relations politiques, qui aujourd'hui nous mettent en rapport. Parmi les regrets que me laissera la vie officielle, celui qui naîtra du souvenir de mes relations avec vous, sera des plus vifs.

Quel que soit l'avenir politique de nos deux pays, la part que j'ai prise au passé, me laissera la satisfaction, qu'au sujet de la nécessité de leur alliance, j'ai de tout temps été d'accord avec l'homme d'état le plus aimable parmi vos compatriotes. Tant que je resterai en place, je serai fidèle aux traditions qui m'ont guidé depuis 25 ans et dont les principes coincident avec les idées développées dans votre lettre au sujet des services que la Russie et l'Allemagne peuvent se rendre et se sont rendus mutuellement depuis plus d'un siècle sans que les intérêts spéciaux de l'une ou de l'autre en aient souffert. C'est cette conviction qui m'a guidé en 1848, en 54, en 63 comme dans la situation actuelle, et pour laquelle j'ai réussi à gagner l'opinion de la grande majorité de mes compatriotes. C'est une oeuvre qu'il sera peut-être plus facile de détruire qu'il n'a été de la créer, surtout dans le cas où mes successeurs ne mettraient pas la même constance que moi à cultiver des traditions dont l'expérience leur manquera, et quelquefois l'abnégation d'amour propre, qu'il faut pour subordonner les apparences au fond des affaires, les susceptibilités aux grands intérêts monarchiques. Un vieux routier de ma trempe ne se laisse pas facilement dérouter par de fausses alarmes, et dans l'intérêt de mon Souverain et de mon pays, je sais oublier les déboires qui pendant les derniers deux ans ne m'ont pas été épargnés de la part de chez vous; je ne tiens pas compte des „flirtations" que mon ancien ami et tuteur de Pétersbourg et mon jeune ami à Paris ¹) y entretiennent; mais avec les Chan-

---

¹) Orlow.

celiers qui me suivront, il sera peut-être plus aisé d'égarer leur jugement politique en leur faisant entrevoir comme on l'a fait depuis trois ans, la facilité que l'on aurait chez vous à créer une coalition sur la base de la revanche. Le sangfroid avec lequel j'envisage cette éventualité, je ne pourrai pas le léguer à mon successeur. Avec des journaux officieux qui menacent, avec des câlineries parisiennes en feuilletons et en lettres aux dames politiques, il ne sera pas trop difficile un de ces jours de fausser la boussole à un ministre allemand épouvanté par l'idée de l'isolement, et pour l'éviter il prendra des engagements maladroits, mais difficiles à résoudre après coup. Ce ne sera pas moi dans tous les cas; car dès que j'aurai satisfait tant bien que mal aux exigences de la diète qui s'ouvrira le 22 et qui ne doit durer que quelques semaines, je me rendrai aux eaux pour ne plus revenir aux affaires. Je tiens le certificat de la faculté que je suis „untauglich", phrase officielle pour l'admission à la retraite, et qui dans cette circonstance ne dit que la triste vérité! Je n'y tiens plus.

Avant cette époque j'aurai à répondre au dernier énigme de votre politique; je suis maladroit à deviner, j'ai besoin d'être éclairé sur une pensée intime que j'ai à ce qu'il paraît, mal comprise par le passé. En ne recevant ni consigne ni avis, je ne saurai trouver la ligne étroite entre le reproche d'encourager le Turc en parlant paix et le soupçon de pousser traitreusement à la guerre. Je viens de passer sous le feu de ces accusations en sens opposé et je n'ai pas envie de m'y exposer de nouveau sans pilote et sans phare même qui indique le port où vous désirez nous voir arriver.

Bismarck.

Londres, le 25 févr. 1877.

Mon cher Prince,

J'ai été très profondément touché de votre si bonne lettre — seulement c'est un vrai remords pour moi que de penser à la

peine que vous vous êtes donnée de l'écrire et au temps pré-
cieux (quand c'est le vôtre) qu'elle vous à coûté!

Cette lettre restera un des meilleurs souvenirs de ma carrière politique et je la léguerai à mon fils.

Eloigné depuis un an de Berlin et de Pétersbourg, le
doute s'était emparé de moi.

Je pensais que ce qui a v a i t   e x i s t é — n'existait peut-être
pl u s. Vous m'en donnez la preuve contraire. Je m'en ré-
jouis en bon Russe et de tout mon coeur.

Si je n'avais pas retrouvé en vous, cher Prince, l'homme
qui ne varie jamais ni en politique, ni dans sa bienveillance
pour ses amis, — c'est alors pour le coup que j'aurais vendu
mes fonds russes comme vous aviez voulu le faire il y a trois
ans, parce que vous aviez une trop haute opinion de moi.

J'ai copié quelques passages de votre lettre, et les ai
envoyés à mon Empereur. Je sais que cela lui fera plaisir de
les lire. Toutes les fois qu'il s'est trouvé en contact d i r e c t
avec vous, il en est résulté du bon et de l'utile; or lire ce
que vous écrivez à quelqu'un que vous honorez du titre d'ami,
c'est pour l'Empereur, comme s'il était en rapports directs.

Inutile d'ajouter que j'ai omis tout ce qui concernait Gortschakow, car j'ai considéré vos allusions à son égard comme
une preuve de confiance dans ma discrétion.

Tout mal informé que je suis (et pour cause) de ce que
l'on veut à Pétersbourg, l'ajournement et le désarmement me
paraissent probables.

La paix avec la Serbie et le Monténégro va être conclue,
dit-on. Le grand-visir à adressé des lettres à Decazes et
Derby pour leur déclarer que le Sultan promet d'accomplir
spontanément toutes les réformes demandées par la conférence.
L'Europe va nous demander d'accorder du temps à la Turquie.
Serait-ce le moment favorable pour nous de déclarer la guerre
et de nous aliéner encore davantage les sentiments de l'Europe?

Des affaires particulières me réclament impérieusement en
Russie; je compte demander un court congé aussitôt qu'une
décision sera prise chez nous dans un sens ou dans l'autre.
J'espère, mon cher Prince, que vous me permettrez de vous
voir à mon passage par Berlin — j'y tiens énormément.

Excusez la longueur de cette lettre pour la raison que
vous n'avez pas un seul mot à y répondre.

Recevez encore une fois, cher Prince, mes chaleureux re-
merciements pour votre „kindness" et pour votre lettre, à laquelle je ne fais qu'une seule objection, c'est la façon dont
vous parlez malheureusement de votre santé. — Dieu la sou-
tiendra, j'en suis sûr, comme Il préserve tout ce qui est utile
à des millions d'hommes et à la préservation de grands et de
vastes intérêts.

Soyez assuré, cher Prince, que vous trouverez toujours
en moi plus même qu'un admirateur, dont le nombre est
assez grand sans moi, mais un homme qui vous est sincère-
ment attaché et dévoué de tout coeur.

Schouvaloff.

Noch vor dem Congreß berührte Graf Schuwalow die Frage
eines russisch-deutschen Schutz- und Trutzbündnisses und stellte sie
direct. Ich besprach mit ihm offen die Schwierigkeiten und Aussichten, die die Bündnißfrage und zunächst, wenn der Dreibund der
Ostmächte nicht haltbar wäre, die Wahl zwischen Oestreich und Rußland für uns habe. Er sagte unter Anderm in der Discussion:
„vous avez le cauchemar des coalitions", worauf ich erwiderte:
„nécessairement". Als das sicherste Mittel dagegen bezeichnete er
ein festes, unerschütterliches Bündniß mit Rußland, weil bei Aus-
schluß der letztern Macht aus dem Kreise unsrer Coalitionsgegner
keine für uns lebensgefährliche Combination möglich sei.

Ich gab dies zu, sprach aber meine Befürchtung aus, daß die
deutsche Politik, wenn sie ihre Möglichkeiten auf das russische Bünd-

niß einschränkte und allen übrigen Staaten den russischen Wünschen
entsprechend absagte, Rußland gegenüber in eine ungleiche Stellung
gerathen könne, weil die geographische Lage und die autokratische
Verfassung Rußlands diesem für das Aufgeben des Bündnisses
stets mehr Leichtigkeit gewähre, als wir haben würden, und weil
das Festhalten an der alten Tradition des preußisch-russischen Bundes
doch immer nur auf zwei Augen stehe, d. h. von dem Gemüthsleben des jedesmaligen Kaisers von Rußland abhänge. Unsre Beziehungen zu Rußland beruhten wesentlich auf dem persönlichen
Verhältniß beider Monarchen zu einander und auf dessen richtiger
Pflege durch höfische und diplomatische Geschicklichkeit, respective
Gesinnung der beiderseitigen Vertreter. Wir hätten das Beispiel
gehabt, daß bei ziemlich hülflosen preußischen Gesandten in Petersburg durch die Geschicklichkeit von Militärbevollmächtigten, wie
der Generale von Rauch und Graf Münster, die gegenseitigen
Beziehungen intim geblieben wären, trotz mancher berechtigten Empfindlichkeit auf beiden Seiten. Wir hätten ebenso erlebt, daß jäh-
zornige oder reizbare Vertreter Rußlands, wie Budberg und Oubril,
durch ihre Haltung in Berlin und durch ihre Berichterstattung, wenn
sie persönlich verstimmt waren, Eindrücke erzeugten, welche auf die
gegenseitigen Gesammtbeziehungen zweier Völker von einundeinhalb
Hundert Millionen gefährlich zurückwirken konnten.

Ich erinnere mich, daß Fürst Gortschakow mir, als ich in
Petersburg Gesandter war und seines unbegrenzten Vertrauens
mich erfreute, mitunter, wenn er mich warten ließ, noch un-
erbrochne Berliner Berichte zu lesen gab, bevor er selbst sie durchgesehn hatte. Ich war zuweilen erstaunt, daraus zu entnehmen,
mit welchem Uebelwollen mein früherer Freund Budberg seiner
Empfindlichkeit über irgend ein Erlebniß in der Gesellschaft oder
auch nur dem Bedürfniß, einen witzigen Sarkasmus über Berliner
Verhältnisse am Hofe und in dem Ministerium anzubringen, die
Aufgabe der Erhaltung der gegenwärtigen Beziehungen unter-

ordnete. Seine Berichte wurden natürlich dem Kaiser vorgelegt und zwar ohne Commentar und ohne Vortrag, und die kaiserlichen Randbemerkungen, von denen Gortschakow mir in der weitern geschäftlichen Correspondenz mitunter Einsicht gestattete, lieferten mir den zweifellosen Beweis, wie der uns wohlgesinnte Kaiser Alexander II. für die verstimmten Berichte von Budberg und Oubril empfänglich war und daraus nicht auf die falsche Darstellung seiner Vertreter, sondern auf den in Berlin herrschenden Mangel an einsichtiger und wohlwollender Politik schloß. Wenn der Fürst Gortschakow mir derartige Dinge unerbrochen zu lesen gab, um mit seinem Vertrauen zu coquettiren, so pflegte er zu sagen: „Vous oublierez ce que vous ne deviez pas lire," was ich natürlich, nachdem ich im Nebenzimmer die Depeschen durchgesehn hatte, zu= sagte und, so lange ich in Petersburg war, auch gehalten habe, da es nicht meine Aufgabe war, die Beziehungen beider Höfe durch Anklagen gegen den Vertreter des russischen in Berlin zu ver= schlechtern, und da ich ungeschickte Verwerthung meiner Meldungen zu höfischen Intrigen und Verletzungen befürchtete.

Es wäre überhaupt zu wünschen, daß wir an jedem befreun= deten Hofe durch Diplomaten vertreten wären, die ohne der Ge= sammtpolitik des eignen Vaterlandes vorzugreifen, doch nach Mög= lichkeit die Beziehungen beider betheiligten Staaten dadurch pflegten, daß sie Verstimmungen und Klatsch nach Möglichkeit verschwiegen, ihr Bedürfniß, witzig zu sein, zügelten und eher die förderliche Seite der Sache hervorhöben. Ich habe die Berichte unsrer Vertreter an deutschen Höfen höhern Orts oft nicht vorgelegt, weil sie mehr die Tendenz hatten, pikant zu sein oder verstim= mende Aeußerungen oder Erscheinungen mit Vorliebe zu melden und zu würdigen, als die Beziehungen zwischen beiden Höfen zu bessern und zu pflegen, so lange letztres, wie in Deutschland stets der Fall ist, die Aufgabe unsrer Politik war. Ich habe mich für berechtigt gehalten, aus Petersburg und Paris Dinge, die zu Hause nur zwecklos verstimmen konnten oder sich lediglich zu satirischen

Darstellungen eigneten, zu verschweigen, und als ich Minister war, dergleichen allerhöchsten Orts nicht vorzulegen. In der Stellung eines Botschafters am Hofe einer Großmacht findet die Verpflich= tung zur mechanischen Berichterstattung über alle am Domicil des Botschafters vorkommenden thörichten Reden und Bosheiten nicht Anwendung. Ein Botschafter nicht nur, sondern auch jeder deutsche Diplomat an einem deutschen Hofe, sollte nicht Berichte schreiben, wie sie Budberg, Oubril aus Berlin, Balabin aus Wien nach Hause sandten in der Berechnung, daß sie als witzig mit Interesse und mit selbstgefälliger Heiterkeit gelesen würden, sondern er sollte sich, so lange die Verhältnisse freundlich sind und bleiben sollen, des Hetzens und Klatschens enthalten. Wer nur das Förmliche des Geschäftsganges im Auge hat, wird es allerdings für das Richtigste halten, daß der Gesandte rückhaltlos meldet, was er hört, und es dem Minister überläßt, über was er hinwegsehn und was er be= tonen will. Ob das aber sachlich zweckmäßig ist, hängt von der Persönlichkeit des Ministers ab. Da ich mich für ebenso einsichtig hielt wie Herrn von Schleinitz und einen tiefern und gewissen= haftern Antheil an dem Schicksal unsres Landes nahm als er, so habe ich mich für berechtigt und verpflichtet gehalten, manches nicht zu seiner Kenntniß zu bringen, was in seinen Händen Verhetzungen und Intrigen am Hofe im Sinne einer Politik dienen konnte, die nicht die des Königs war.

Ich kehre von dieser Abschweifung zu den Besprechungen zurück, die ich zur Zeit des Balkankrieges mit dem Grafen Peter Schuwalow gehabt habe. Ich sagte ihm, daß wir, wenn wir der Festigkeit eines Bündnisses mit Rußland die Beziehungen zu allen andern Mächten zum Opfer brächten, uns bei acuten Vorkommnissen von französischer und östreichischer Revanchelust bei unsrer exponirten geographischen Lage in einer gefährlichen Abhängigkeit von Ruß= land befinden würden. Die Verträglichkeit Rußlands mit Mächten, die nicht auch ohne sein Wohlwollen bestehn könnten, hätte ihre Grenzen, namentlich bei einer Politik, wie die des Fürsten Gor=

tschakow, die mich mitunter an asiatische Auffassungen erinnerte. Er habe oft jeden politischen Einwand einfach mit dem Argumente niedergeschlagen: „l'empereur est fort irrité", worauf ich ironisch zu antworten pflegte: „Eh, le mien donc!" Schuwalow bemerkte dazu: „Gortschakoff est un animal", was in dem Petersburger Jargon nicht so grob gemeint ist, wie es klingt, „il n'a aucune influence"; er verdanke es überhaupt nur der Achtung des Kaisers vor dem Alter und dem frühern Verdienste, daß er formell noch die Geschäfte führe. Worüber könnten Rußland und Preußen ernst= haft jemals in Streit gerathen? Es gebe gar keine Frage zwischen ihnen, die wichtig genug dazu wäre. Das letztre gab ich zu, er= innerte aber an Olmütz und den siebenjährigen Krieg, man gerathe auch aus unwichtigen Ursachen in Händel, sogar aus Formfragen; es würde manchen Russen auch ohne Gortschakow schwer, einen Freund als gleichberechtigt zu betrachten und zu behandeln, ich wäre in dem Punkte der Form persönlich nicht empfindlich — aber das jetzige Rußland habe bis auf Weitres nicht blos die Formen, sondern auch die Ansprüche Gortschakows.

Ich lehnte die „Option" zwischen Oestreich und Rußland auch damals ab und empfahl den Bund der drei Kaiser oder doch die Pflege des Friedens zwischen ihnen.

Der Dreibund.

I.

Der Dreibund, den ich ursprünglich nach dem Frankfurter Frieden zu erreichen suchte und über den ich schon im September 1870 von Meaux aus in Wien und Petersburg sondirt hatte, war ein Bund der drei Kaiser mit dem Hintergedanken des Beitritts des monarchischen Italiens und gerichtet auf den, wie ich befürchtete, in irgend einer Form bevorstehenden Kampf zwischen den beiden europäischen Richtungen, die Napoleon die republikanische und die kosakische genannt hat und die ich nach heutigen Begriffen bezeichnen möchte einerseits als das System der Ordnung auf monarchischer Grundlage, andrerseits als die sociale Republik, auf deren Niveau die antimonarchische Entwicklung langsam oder sprungweise hinabzusinken pflegt, bis die Unerträglichkeit der dadurch geschaffenen Zustände die enttäuschte Bevölkerung für gewaltsame Rückkehr zu monarchischen Institutionen in cäsarischer Form empfänglich macht. Diesem circulus vitiosus zu entgehn, oder das Eintreten in ihn der gegenwärtigen Generation oder ihren Kindern womöglich zu ersparen, halte ich für eine Aufgabe, die den noch lebenskräftigen Monarchien näher liegen sollte als die Rivalität um den Einfluß auf die nationalen Fragmente, welche die Balkanhalbinsel bevölkern. Wenn die monarchischen Regirungen

für das Bedürfniß des Zusammenhaltens im Interesse staatlicher
und gesellschaftlicher Ordnung kein Verständniß haben, sondern sich
chauvinistischen Regungen ihrer Unterthanen dienstbar machen, so
befürchte ich, daß die internationalen revolutionären und socialen
Kämpfe, die auszufechten sein werden, um so gefährlicher und
für den Sieg der monarchischen Ordnung schwieriger sich gestalten
werden. Ich habe die nächstliegende Assecuranz gegen diese Kämpfe
seit 1871 in dem Dreikaiserbunde und in dem Bestreben gesucht,
dem monarchischen Prinzipe in Italien eine feste Anlehnung an
diesen Bund zu gewähren. Ich war nicht ohne Hoffnung auf einen
dauernden Erfolg, als im September 1872 die Zusammenkunft
der drei Kaiser in Berlin, demnächst die Besuche meines Kaisers
in Petersburg im Mai, des Königs von Italien in Berlin im
September, des deutschen Kaisers in Wien im October des folgenden
Jahres stattfanden. Die erste Trübung dieser Hoffnung wurde
1875 verursacht durch die Hetzereien des Fürsten Gortschakow[1]),
der die Lüge verbreitete, daß wir Frankreich, bevor es sich von seinen
Wunden erholt hätte, zu überfallen beabsichtigten.

Ich bin zur Zeit der Luxemburger Frage (1867) ein grund=
sätzlicher Gegner von Präventivkriegen gewesen, d. h. von An=
griffskriegen, die wir um deshalb führen würden, weil wir ver=
mutheten, daß wir sie später mit dem besser gerüsteten Feinde zu
bestehn haben würden. Daß wir 1875 Frankreich besiegt haben
würden, war nach der Ansicht unsrer Militärs wahrscheinlich; aber
nicht so wahrscheinlich war es, daß die übrigen Mächte neutral
geblieben sein würden. Wenn schon in den letzten Monaten vor
den Versailler Verhandlungen die Gefahr europäischer Einmischung
mich täglich beängstigte, so würde die scheinbare Gehässigkeit eines
Angriffs, den wir unternommen hätten, nur um Frankreich nicht
wieder zu Athem kommen zu lassen, einen willkommnen Vorwand
zunächst für englische Humanitätsphrasen geboten haben, dann aber

---

[1]) Kap. 26, s. o. S. 174.

auch für Rußland, um aus der Politik der persönlichen Freund=
schaft der beiden Kaiser einen Uebergang zu der des kühlen russi=
schen Staatsinteresses zu finden, das 1814 und 1815 bei Ab=
steckung des französischen Gebiets maßgebend gewesen war. Daß
es für die russische Politik eine Grenze giebt, über die hinaus
das Gewicht Frankreichs in Europa nicht vermindert werden darf,
ist erklärlich. Dieselbe war, wie ich glaube, mit dem Frankfurter
Frieden erreicht, und diese Thatsache war vielleicht 1870 und 1871
in Petersburg noch nicht in dem Maße zum Bewußtsein gekommen,
wie fünf Jahre später. Ich glaube kaum, daß das russische Cabinet
während unsres Krieges deutlich vorausgesehn hat, daß es nach
demselben ein so starkes und consolidirtes Deutschland zum Nachbar
haben würde. Im Jahre 1875 nahm ich an, daß an der Newa
schon einige Zweifel darüber herrschten, ob es richtig gewesen sei,
die Dinge so weit kommen zu lassen, ohne in die Entwicklung einzu=
greifen. Die aufrichtige Freundschaft und Verehrung Alexanders II.
für seinen Oheim deckten das Unbehagen, das die amtlichen Kreise
bereits empfanden. Hätten wir damals den Krieg erneuern
wollen, nur um das kranke Frankreich nicht genesen zu lassen, so
würde unzweifelhaft nach einigen mißlungenen Conferenzen zur
Verhütung des Krieges unsre Kriegführung sich in Frankreich in
der Lage befunden haben, die ich in Versailles bei der Ver=
schleppung der Belagerung befürchtet hatte. Die Beendigung des
Krieges würde nicht durch einen Friedensschluß unter vier Augen,
sondern in einem Congresse zu Stande gekommen sein, wie 1814
unter Zuziehung des besiegten Frankreich und vielleicht bei der
Mißgunst, der wir ausgesetzt waren, ebenso wie damals unter
Leitung eines neuen Talleyrand.

Ich hatte schon in Versailles befürchtet, daß die Betheiligung
Frankreichs an den Londoner Conferenzen über die das Schwarze
Meer betreffenden Clauseln des Pariser Friedens dazu benutzt werden
könnte, um mit der Dreistigkeit, die Talleyrand in Wien bewiesen
hatte, die deutsch=französische Frage als Pfropfreis auf die pro=

grammmäßigen Erörterungen zu setzen. Aus dem Grunde habe ich,
trotz vielseitiger Befürwortung, die Betheiligung Favres an jener
Conferenz durch äußere und innere Einflüsse verhindert. Ob Frank=
reich 1875 unserm Anfalle gegenüber in seiner Vertheidigung so
schwach gewesen sein würde, wie unsre Militärs annahmen, erscheint
fraglich, wenn man sich erinnert, daß in dem französisch=englisch=
östreichischen Vertrage vom 3. Januar 1815 das besiegte und noch
theilweise besetzte, durch zwanzig Kriegsjahre erschöpfte Frankreich
doch noch bereit war, für die Coalition gegen Preußen und Rußland
150 000 Mann sofort und demnächst 300 000 in's Feld zu führen.
Die 300 000 in unsrer Gefangenschaft gewesenen altgedienten
Soldaten befanden sich wieder in Frankreich, und wir hätten die
russische Macht schließlich wohl nicht wie im Januar 1815 wohl=
wollend neutral, sondern vielleicht feindlich hinter uns gehabt. Aus
dem Gortschakowschen Circular=Telegramm vom Mai 1875 ¹) an
alle russischen Gesandschaften geht hervor, daß die russische Diplo=
matie bereits zu einer Thätigkeit gegen unsre angebliche Neigung
zur Friedensstörung veranlaßt worden war.

Auf diese Episode folgten die unruhigen Bestrebungen des
russischen Reichskanzlers, unsre und besonders meine persönlich
guten Beziehungen zum Kaiser Alexander zu trüben, unter anderm
dadurch, daß er, wie im 28. Kapitel erzählt ist, durch Vermittlung
des Generals von Werder die Ablehnung des Versprechens der
Neutralität für den Fall eines russisch=östreichischen Krieges von
mir erpreßte. Daß das russische Cabinet sich alsdann direct und
im Geheimen an das Wiener wandte, bezeichnet wiederum eine
Phase der Gortschakowschen Politik, die meinem Streben nach
einem monarchisch=conservativen Dreibunde nicht günstig war.

----

¹) S. o. S. 174.

II.

Graf Schuwalow hatte vollkommen Recht, wenn er mir sagte, daß mir der Gedanke an Coalitionen böse Träume verursache [1]. Wir hatten gegen zwei der europäischen Großmächte siegreiche Kriege geführt; es kam darauf an, wenigstens einen der beiden mächtigen Gegner, die wir im Felde bekämpft hatten, der Versuchung zu entziehn, die in der Aussicht lag, im Bunde mit andern Revanche nehmen zu können. Daß Frankreich das nicht sein konnte, lag für jeden Kenner der Geschichte und der gallischen Nationalität auf der Hand, und wenn ein geheimer Vertrag von Reichstadt ohne unsre Zustimmung und unser Wissen möglich war, so war auch die alte Kaunitzsche Coalition von Frankreich, Oestreich, Rußland nicht unmöglich, sobald die ihr entsprechenden, in Oestreich latent vorhandenen Elemente dort an das Ruder kamen. Sie konnten Anknüpfungspunkte finden, von denen aus sich die alte Rivalität, das alte Streben nach deutscher Hegemonie als Factor der öst-reichischen Politik wieder beleben ließ in Anlehnung, sei es an Frankreich, die zur Zeit des Grafen Beust und der Salzburger Begegnung mit Louis Napoleon, August 1867, in der Luft schwebte, sei es in Annäherung an Rußland, wie sie sich in dem geheimen Abkommen von Reichstadt erkennen ließ.

Die Frage, welche Unterstützung Deutschland von England in einem solchen Falle zu erwarten haben würde, will ich nicht ohne Weiteres im Rückblick auf die Geschichte des siebenjährigen Krieges und des Wiener Congresses beantworten, es aber doch als wahr-scheinlich bezeichnen, daß ohne die Siege Friedrichs des Großen die Sache des Königs von Preußen damals noch früher von Eng-land wäre fallen gelassen worden.

In dieser Situation lag die Aufforderung zu dem Versuch,

---

[1] S. o. S. 224.

die Möglichkeit der antideutschen Coalition durch vertragsmäßige
Sicherstellung der Beziehungen zu wenigstens einer der Groß=
mächte einzuschränken. Die Wahl konnte nur zwischen Oestreich
und Rußland stehn, da die englische Verfassung Bündnisse von
gesicherter Dauer nicht zuläßt und die Verbindung mit Italien
allein ein hinreichendes Gegengewicht gegen eine Coalition der drei
übrigen Großmächte auch dann nicht gewährte, wenn die zukünftige
Haltung und Gestaltung Italiens nicht nur von Frankreich, sondern
auch von Oestreich unabhängig gedacht wurde. Es blieb, um
das Feld der Coalitionsbildung zu verkleinern, nur die bezeich=
nete Wahl.

Für materiell stärker hielt ich die Verbindung mit Rußland.
Sie hatte mir früher auch als sichrer gegolten, weil ich die tradi=
tionelle dynastische Freundschaft, die Gemeinsamkeit des monarchi=
schen Erhaltungstriebes und die Abwesenheit aller eingebornen
Gegensätze in der Politik für sichrer hielt als die wandelbaren
Eindrücke der öffentlichen Meinung in der ungarischen, slavischen
und katholischen Bevölkerung der habsburgischen Monarchie. Absolut
sicher für die Dauer war keine der beiden Verbindungen, weder
das dynastische Band mit Rußland, noch das populäre ungarisch=
deutscher Sympathie. Wenn in Ungarn stets die besonnene poli=
tische Erwägung den Ausschlag gäbe, so würde diese tapfere und
unabhängige Nation sich darüber klar bleiben, daß sie als Insel
in dem weiten Meere slavischer Bevölkerungen sich bei ihrer ver=
hältnißmäßig geringen Ziffer nur durch Anlehnung an das deutsche
Element in Oestreich und in Deutschland sicher stellen kann. Aber
die Kossuthsche Episode und die Unterdrückung der reichstreuen
deutschen Elemente in Ungarn selbst und andre Symptome zeigten,
daß in kritischen Momenten das Selbstvertrauen des ungarischen
Husaren und Advocaten stärker ist als die politische Berechnung
und die Selbstbeherrschung. Läßt doch auch in ruhigen Zeiten
mancher Magyar sich von den Zigeunern das Lied „Der Deutsche
ist ein Hundsfott" aufspielen!

Zu den Bedenken über die zukünftigen östreichisch = deutschen Beziehungen kam der Mangel an Augenmaß für politische Mög= lichkeiten, infolge dessen das deutsche Element in Oestreich die Fühlung mit der Dynastie und die Leitung verloren hat, die ihm in der geschichtlichen Entwicklung zugefallen war. Zu Sorgen für die Zukunft eines östreichisch=deutschen Bundes gab ferner die con= fessionelle Frage Anlaß, die Erinnerung an den Einfluß der Beicht= väter der Kaiserlichen Familie, die Möglichkeit der Herstellung fran= zösischer Beziehungen auf katholisirender Unterlage, sobald in Frank= reich eine entsprechende Wandlung der Form und der Prinzipien der Staatsleitung eingetreten wäre. Wie fern oder wie nahe eine solche in Frankreich liegt, entzieht sich jeder Berechnung.

Dazu kam endlich die polnische Seite der östreichischen Politik. Wir können von Oestreich nicht verlangen, daß es auf die Waffe verzichte, die es in der Pflege des Polenthums in Galizien Rußland gegenüber besitzt. Die Politik, die 1846 dazu führte, daß östreichische Beamte Preise auf die Köpfe polnischer Insurgenten setzten, war möglich, weil Oestreich die Vortheile der heiligen Allianz, des Bünd= nisses der drei Ostmächte, durch ein adäquates Verhalten in den polnischen und orientalischen Dingen bezahlte, gleichsam durch einen Assecuranzbeitrag zu einem gemeinsamen Geschäfte. Bestand der Dreibund der Ostmächte, so konnte Oestreich seine Beziehungen zu den Ruthenen in den Vordergrund stellen; löste er sich auf, so war es rathsamer, den polnischen Adel für den Fall eines russischen Krieges zur Verfügung zu haben. Galizien ist überhaupt der öst= reichischen Monarchie lockrer angefügt, als Posen und Westpreußen der preußischen. Die östreichische, gegen Osten offne Provinz ist außerhalb der Grenzmauer der Karpathen künstlich angeklebt, und Oestreich könnte ohne sie ebenso gut bestehn, wenn es für die 5 oder 6 Millionen Polen und Ruthenen einen Ersatz innerhalb des Donau= beckens fände. Pläne der Art in Gestalt eines Eintausches rumäni= scher und südslavischer Bevölkerungen gegen Galizien, unter Her= stellung Polens mit einem Erzherzoge an der Spitze, sind während

des Krimkrieges und 1863 von berufner und unberufner Seite erwogen worden.   Die alten preußischen Provinzen aber sind von
Posen und Westpreußen durch keine natürliche Grenze getrennt, und
der Verzicht auf sie wäre unausführbar.   Die Frage der Zukunft
Polens ist deshalb unter den Vorbedingungen eines deutsch-östreichi-
schen Kriegsbündnisses eine besonders schwierige.

III.

In dieser Erwägung nöthigte mich der drohende Brief des
Kaisers Alexander (1879) zu festem Entschlusse behufs Abwehr und
Wahrung unsrer Unabhängigkeit von Rußland.   Ein östreichisches
Bündniß war ziemlich bei allen Parteien populär, bei den Conservativen aus einer geschichtlichen Tradition, bezüglich deren man zweifelhaft sein kann, ob sie grade von dem Standpunkt einer conservativen
Fraction heut zu Tage als folgerichtig gelten könne.   Thatsache ist aber,
daß die Mehrheit der Conservativen in Preußen die Anlehnung
an Oestreich als ihren Tendenzen entsprechend ansieht, auch wenn
vorübergehend eine Art von Wettlauf im Liberalismus zwischen den
beiden Regirungen stattfand.   Der conservative Nimbus des östreichischen Namens überwog bei den meisten Mitgliedern dieser
Fraction den Eindruck der theils überwundenen, theils neuen Vor-
stöße auf dem Gebiete des Liberalismus und der gelegentlichen
Neigung zu Annäherungen an die Westmächte und speciell an Frankreich.   Noch näher lagen die Erwägungen, welche den Katholiken
den Bund mit der vorwiegend katholischen Großmacht als nützlich
erscheinen ließen.   Der nationalliberalen Partei war ein vertrags-
mäßig verbrieftes Bündniß des neuen Deutschen Reiches mit Oestreich ein Weg, auf dem man der Lösung der 1848er Cirkelquadratur
näher kam, ohne an den Schwierigkeiten zu scheitern, die einer
unitarischen Verbindung nicht nur zwischen Oestreich und Preußen-
Deutschland, sondern schon innerhalb des östreichisch-ungarischen

Gesammtreiches entgegen standen. Es gab also auf unserm parla=
mentarischen Gebiete außer der socialdemokratischen Partei, deren
Zustimmung überhaupt zu keiner Art von Regirungspolitik zu haben
war, keinen Widerspruch gegen und sehr viel Vorliebe für das
Bündniß mit Oestreich.

Auch die Traditionen des Völkerrechts waren von den Zeiten
des Römischen Reiches deutscher Nation und des Deutschen Bundes
her theoretisch darauf zugeschnitten, daß zwischen dem gesammten
Deutschland und der habsburgischen Monarchie eine staatsrechtliche
Verbindung bestand, durch welche diese mitteleuropäischen Länder=
massen theoretisch zum gegenseitigen Beistande verpflichtet erschienen.
Praktisch allerdings ist ihre politische Zusammengehörigkeit in der
Vorgeschichte nur selten zum Ausdruck gekommen; aber man konnte
Europa und namentlich Rußland gegenüber mit Recht geltend
machen, daß ein dauernder Bund zwischen Oestreich und dem
heutigen Deutschen Reiche völkerrechtlich nichts Neues sei. Diese
Fragen der Popularität in Deutschland und des Völkerrechts standen
jedoch für mich in zweiter Linie und waren zu erwägen als Hülfs=
mittel für die eventuelle Ausführung. Im Vordergrunde stand die
Frage, ob der Durchführung des Gedankens sofort näher zu treten
und mit welchem Maße von Entschiedenheit der voraussichtliche
Widerstand des Kaisers Wilhelm aus Gründen, die weniger der
Politik als dem Gemüthsleben angehörten, zu bekämpfen sein würde.
Mir erschienen die Gründe, die in der politischen Situation uns
auf ein östreichisches Bündniß hinwiesen, so zwingender Natur, daß
ich nach einem solchen auch gegen den Widerstand unsrer öffent=
lichen Meinung gestrebt haben würde.

IV.

Als Kaiser Wilhelm sich nach Alexandrowo begab (3. Sep=
tember), hatte ich schon in Gastein eine Begegnung mit dem Grafen
Andrassy eingeleitet, die am 27. und 28. August stattfand.

Nachdem ich ihm die Lage dargelegt hatte, zog er daraus die Folgerung mit den Worten: „Gegen ein russisch=französisches Bündniß ist der natürliche Gegenzug ein östreichisch=deutsches.“ Ich erwiderte, daß er damit die Frage formulirt habe, zu deren Besprechung ich unsre Zusammenkunft angeregt hätte, und wir kamen leicht zu einer vorläufigen Verständigung über ein rein defensives Bündniß gegen einen russischen Angriff auf einen von beiden Theilen, dagegen fand mein Vorschlag, das Bündniß auch auf andre als russische Angriffe auszudehnen, bei dem Grafen keinen Anklang.

Nachdem ich nicht ohne Schwierigkeit die Ermächtigung Sr. Majestät dazu erlangt hatte, in amtliche Verhandlungen einzutreten, nahm ich zu dem Zwecke meinen Rückweg über Wien.

Vor meiner Abreise von Gastein richtete ich am 10. September folgendes Schreiben an den König von Baiern:

„Gastein, den 10. September 1879.

Eure Majestät haben früher die Gnade gehabt, Allerhöchstihre Zufriedenheit mit den Bestrebungen auszusprechen, welche meinerseits dahin gerichtet waren, dem Deutschen Reiche Frieden und Freund=schaft mit den beiden großen Nachbarreichen Oestreich und Rußland gleichmäßig zu erhalten. Im Laufe der letzten drei Jahre ist diese Aufgabe um so schwieriger geworden, je mehr die russische Politik dem Einflusse der theils kriegerischen, theils revolutionären Tendenzen des Panslavismus sich hingegeben hat. Schon im Jahre 1876 wurde uns von Livadia aus wiederholentlich die Forderung gestellt, uns darüber in verbindlicher Form zu erklären, ob das Deutsche Reich in einem Kriege zwischen Rußland und Oestreich neutral bleiben werde. Es gelang nicht, dieser Erklärung aus=zuweichen, und das russische Kriegswetter zog einstweilen nach dem Balkan ab. Die auch nach dem Congresse noch immer großen Er=folge, welche die russische Politik infolge dieses Krieges gewonnen hat, haben leider die Erregtheit der russischen Politik nicht in dem Maße abgekühlt, wie es für das friedliebende Europa wünschens=

werth wäre. Die russischen Bestrebungen sind unruhig und friedlos
geblieben; der Einfluß des panslavistischen Chauvinismus auf die
Stimmungen des Kaisers Alexander hat sich gesteigert, und mit der,
wie es leider scheint, ernstlichen Ungnade des Grafen Schuwalow
hat dessen Werk, der Berliner Congreß, seine Verurtheilung durch
den Kaiser erfahren. Der leitende Minister, insoweit es einen
solchen in Rußland gegenwärtig giebt, ist der Kriegsminister Milutin.
Auf sein Verlangen sind jetzt nach dem Frieden, wo Rußland
von niemand bedroht ist, die gewaltigen Rüstungen erfolgt, welche
trotz der Finanzopfer des Krieges den Friedensstand des russischen
Heeres um 56000, den Stand der mobilen westlichen Kriegs=
armee um fast 400000 Mann steigerten. Diese Rüstungen können
nur gegen Oestreich oder Deutschland bestimmt sein, und die Truppen=
aufstellungen im Königreich Polen entsprechen einer solchen Be=
stimmung. Der Kriegsminister hat auch den technischen Com=
missionen *) gegenüber rückhaltlos geäußert, daß Rußland sich auf
einen Krieg ‚mit Europa‘ einrichten müsse.

Wenn es zweifellos ist, daß der Kaiser Alexander, ohne den
Türkenkrieg zu wollen, unter dem Drucke der panslavistischen Ein=
flüsse denselben dennoch geführt hat, und wenn inzwischen dieselbe
Partei ihren Einfluß dadurch gesteigert hat, daß dem Kaiser die
Agitation, welche hinter ihr steht, heut mehr und gefährlicheren
Eindruck macht als früher, so liegt die Befürchtung nahe, daß es
ihr ebenso gelingen kann, die Unterschrift des Kaisers Alexander für
weitere kriegerische Unternehmungen nach Westen zu gewinnen. Die
europäischen Schwierigkeiten, welchen Rußland auf diesem Wege be=
gegnen könnte, können einen Minister wie Milutin oder Makoff
wenig schrecken, wenn es wahr ist, was die Conservativen in Ruß=
land befürchten, daß die Bewegungspartei, indem sie Rußland in
schwere Kriege zu verwickeln sucht, weniger einen Sieg Rußlands
über das Ausland, als einen Umsturz im Innern Rußlands erstrebt.

---

*) Welche gewisse Bestimmungen des Berliner Vertrages vom 13. Juli
1878 auszuführen hatten.

Ich kann mich unter diesen Umständen der Ueberzeugung nicht erwehren, daß der Friede durch Rußland, und zwar nur durch Rußland, in der Zukunft, vielleicht auch in naher Zukunft, bedroht sei. Die nach unsern Berichten in jüngster Zeit versuchten Er= mittlungen, ob Rußland in Frankreich und Italien, wenn es Krieg beginnt, Beistand finden würde, haben freilich ein negatives Resultat ergeben. Italien ist machtlos befunden worden, und Frankreich hat erklärt, daß es jetzt keinen Krieg wolle und im Bunde mit Ruß= land allein sich für einen Angriffskrieg gegen Deutschland nicht stark genug fühle.

In dieser Lage hat nun Rußland in den letzten Wochen an uns Forderungen gestellt, welche darauf hinausgehn, daß wir defi= nitiv zwischen Rußland und Oestreich optiren sollen, indem wir die deutschen Mitglieder der orientalischen Commissionen anwiesen, in den zweifelhaften Fragen mit Rußland zu stimmen, während in diesen Fragen unsrer Meinung nach die richtige Auslegung der Congreßbeschlüsse auf Seiten der durch Oestreich, England und Frankreich gebildeten Majorität ist, und Deutschland deshalb mit dieser gestimmt hat, so daß Rußland theils mit, theils ohne Italien allein die Minorität bildet. Obschon diese Fragen, wie z. B. die Lage der Brücke bei Silistria, die der Türkei vom Congreß conce= dirte Militärstraße in Bulgarien, die Verwaltung der Post und Telegraphie und der Grenzstreit über einzelne Dörfer an sich im Vergleich mit dem Frieden großer Reiche sehr unbedeutende sind, so war das russische Verlangen, daß wir in Betreff derselben nicht mehr mit Oestreich, sondern mit Rußland stimmen sollten, nicht einmal, sondern wiederholt von unzweideutigen Drohungen begleitet bezüglich der Folgen, welche unsre Weigerung eventuell für die internationalen Beziehungen beider Länder haben würde. Diese auffällige Thatsache war, da sie mit dem Rücktritt des Grafen Andrassy *) zusammenfiel, geeignet, die Besorgniß zu erwecken, daß

---

*) Am 14. August hatte der Kaiser Franz Joseph die von dem Grafen Andrassy nachgesuchte Entlassung im Prinzip genehmigt, sich aber die definitive

zwischen Rußland und Oestreich eine geheime Verständigung zum Nachtheile Deutschlands stattgefunden hätte. Diese Besorgniß ist aber unbegründet; Oestreich fühlt gegenüber der Unruhe der russischen Politik dasselbe Unbehagen wie wir und scheint zu einer Verständigung mit uns behufs gemeinsamer Abwehr eines etwaigen russischen Angriffs auf eine der beiden Mächte geneigt zu sein.

Ich würde es für eine wesentliche Garantie des europäischen Friedens und der Sicherheit Deutschlands halten, wenn das Deutsche Reich auf eine solche Abmachung mit Oestreich einginge, welche zum Zweck hätte, den Frieden mit Rußland nach wie vor sorgfältig zu pflegen, aber wenn trotzdem eine der beiden Mächte angegriffen würde, einander beizustehn. Im Besitze dieser gegenseitigen Assecuranz könnten beide Reiche sich nach wie vor der erneuten Befestigung des Dreikaiserbundes widmen. Das Deutsche Reich im Bunde mit Oestreich würde der Anlehnung Englands nicht entbehren und bei der friedfertigen Politik der beiden großen Reichskörper den Frieden Europas mit zwei Millionen Streitern verbürgen. Der rein defensive Charakter dieser gegenseitigen Anlehnung der beiden deutschen Mächte aneinander könnte auch für niemand etwas Herausforderndes haben, da dieselbe gegenseitige Assecuranz beider in dem deutschen Bundesverhältniß von 1815 schon 50 Jahre völkerrechtlich bestanden hat.

Unterbleibt jedes Abkommen derart, so wird man es Oestreich nicht verargen können, wenn es unter dem Drucke russischer Drohungen und ohne Gewißheit über Deutschland schließlich entweder bei Frankreich oder bei Rußland selbst nähere Fühlung sucht. Träte der letzte Fall ein, so wäre Deutschland bei seinem Ver-

---

Enthebung vorbehalten, bis über den Nachfolger Beschluß gefaßt sei. Der Graf verstand sich dazu, noch einige Zeit in Function zu bleiben, um das Bündniß mit Deutschland zu Stande zu bringen. Am 8. October wurde seine Verabschiedung und die Ernennung seines Nachfolgers Haymerle veröffentlicht.

hältniß zu Frankreich der gänzlichen Isolirung auf dem Continent ausgesetzt. Nähme Destreich aber bei Frankreich und England Fühlung, ähnlich wie 1854, so wäre Deutschland auf Rußland allein angewiesen und wenn es sich nicht isoliren wollte, an die wie ich fürchte fehlerhaften und gefährlichen Bahnen der russischen innern und äußern Politik gebunden.

Zwingt uns Rußland, zwischen ihm und Destreich zu optiren, so glaube ich, daß Destreich die conservative und friedliebende Richtung für uns anzeigen würde, Rußland aber eine unsichre.

Ich wage mich der Hoffnung hinzugeben, daß Eure Majestät nach Allerhöchstdero mir bekannter politischer Auffassung meine vor= stehende Ueberzeugung theilen, und würde glücklich sein, wenn ich darüber vergewissert werden könnte.

Die Schwierigkeiten der Aufgabe, welche ich mir stelle, sind an sich groß, aber sie werden noch wesentlich gesteigert durch die Nothwendigkeit, eine so umfängliche und vielseitige Angelegenheit schriftlich von hier aus zu verhandeln, wo ich lediglich auf meine eigne, durch die bisherige Ueberanstrengung ganz unzulänglich ge= wordene Arbeitskraft reducirt bin. Ich habe aus Gesundheits= rücksichten meinen Aufenthalt hier schon verlängern müssen, hoffe aber nach dem 20. ds. M. meine Rückreise über Wien antreten zu können. Wenn es bis dahin nicht gelingt, wenigstens prinzipiell zu einer Gewißheit zu gelangen, so wird, wie ich fürchte, die jetzt günstige Gelegenheit versäumt sein, und bei dem Rücktritt Andrassys läßt sich nicht vorhersehn, ob sie jemals wiederkehren wird.

Wenn ich für meine Pflicht halte, meine Ansicht über die Lage und die Politik des Deutschen Reiches in Ehrfurcht zu Eurer Majestät Kenntniß zu bringen, so wollen Allerhöchstdieselben der Thatsache in Gnaden Rechnung tragen, daß Graf Andrassy und ich uns die Geheimhaltung des vorstehend dargelegten Planes gegenseitig zu= gesagt haben und bisher nur Ihre Majestäten die beiden Kaiser Kenntniß haben von der Absicht ihrer leitenden Minister, eine Ver= einbarung zwischen Allerhöchstdenselben herbeizuführen."

Ich füge zur Vervollständigung die Antwort des Königs, sowie meine Erwiderung bei:

„Mein lieber Fürst von Bismarck!

Mit aufrichtigem Bedauern entnahm ich Ihrem Schreiben vom 10. d. M., daß die Wirkung Ihrer Kissinger und Gasteiner Badecur durch anstrengende und aufregende Geschäftsthätigkeit beeinträchtigt wurde. Ihrer ausführlichen Darlegung des gegenwärtigen Standes der Politik bin ich mit dem größten Interesse gefolgt und spreche Ihnen hiefür meinen lebhaften Dank aus. Sollte es zwischen dem Deutschen Reiche und Rußland zu kriegerischen Verwickelungen kommen, so würde mich eine so tief beklagenswerthe Aenderung in den gegenseitigen Beziehungen beider Reiche auf das Schmerzlichste berühren, und noch gebe ich mich der Hoffnung hin, daß es gelingen wird, einer solchen Wendung der Dinge durch eine im friedlichen Sinne sich geltend machende Einwirkung auf Seine Majestät den Kaiser von Rußland vorzubeugen. Unter allen Umständen jedoch dürfen Ihre Bestrebungen für einen engen Anschluß des Deutschen Reichs an Oesterreich-Ungarn meines vollen Beifalles und meiner angelegentlichsten Wünsche für einen glücklichen Erfolg versichert sein.

Mit dem Wunsche, daß Sie neu gekräftigt in die Heimath zurückkehren mögen, verbinde ich gerne die wiederholte Versicherung besonderer Werthschätzung, mit welcher ich bin und stets verbleibe

Berg, den 16. September 1879.

Ihr

aufrichtiger Freund

Ludwig.“

„Gastein, 19. 9. 1879.

Mit ehrfurchtsvollem Danke habe ich Eurer Majestät gnädiges Schreiben vom 16. d. M. erhalten und daraus zu meiner Freude das Allerhöchste Einverständniß mit meinen Bestrebungen nach gegenseitiger Anlehnung mit Oestreich-Ungarn entnommen. In

Betreff der Beziehungen zu Rußland bemerke ich allerunterthänigst, daß die Gefahr kriegerischer Verwicklungen, welche auch ich nicht nur politisch, sondern auch persönlich auf das Tiefste beklagen würde, nach meinem ehrfurchtsvollen Dafürhalten nicht unmittelbar bevorsteht, uns vielmehr nur dann nähertreten würde, wenn Frankreich zu einem gemeinsamen Vorgehn mit Rußland bereit wäre. Dies ist bisher nicht der Fall, und unsre Politik wird nach den Intentionen Seiner Majestät des Kaisers nichts unterlassen, um den Frieden des Reichs mit Rußland durch Einwirkung auf Seine Majestät den Kaiser Alexander nach wie vor zu pflegen und zu befestigen. Die Verhandlungen über einen engern gegenseitigen Anschluß mit Oestreich haben nur friedliche, defensive Ziele und daneben die Förderung der nachbarlichen Verkehrsverhältnisse zum Ziele.

In der Absicht, Gastein morgen zu verlassen, hoffe ich am Sonntag in Wien einzutreffen.

Mit unterthänigstem Danke für Eurer Majestät huldreiche Theilnahme an meiner Gesundheit verharre ich in tiefster Ehrfurcht

Eurer Majestät

unterthänigster Diener

v. Bismarck."

V.

Auf der langen Fahrt von Gastein über Salzburg und Linz wurde mein Bewußtsein, daß ich mich auf rein deutschem Gebiete und unter deutscher Bevölkerung befand, durch die entgegenkommende Haltung des Publikums auf den Stationen vertieft. In Linz war die Masse so groß und ihre Stimmung so erregt, daß ich aus Besorgniß, in Wiener Kreisen Mißverständnisse zu erregen, die Vorhänge der Fenster meines Wagens vorzog, auf keine der wohlwollenden Kundgebungen reagirte und abfuhr, ohne mich gezeigt zu haben. In Wien fand ich eine ähnliche Stimmung in den Straßen, die Begrüßungen der dicht gedrängten Menge waren so zusammen= hängend, daß ich, da ich in Civil war, in die unbequeme Noth= wendigkeit gerieth, die Fahrt zum Gasthofe so gut wie mit bloßem Kopfe zurückzulegen. Auch während der Tage, die ich in dem Gasthofe zubrachte, konnte ich mich nicht am Fenster zeigen, ohne freundliche Demonstrationen der dort Wartenden oder Vorübergehen= den hervorzurufen. Diese Kundgebungen vermehrten sich, nachdem der Kaiser Franz Joseph mir die Ehre erzeigt hatte, mich zu be= suchen. Alle diese Erscheinungen waren der unzweideutige Aus= druck des Wunsches der Bevölkerung der Hauptstadt und der durch= reisten deutschen Provinzen, eine enge Freundschaft mit dem neuen Deutschen Reiche als Signatur der Zukunft beider Großmächte sich bilden zu sehn. Daß dieselben Sympathien im Deutschen Reiche, im Süden noch mehr als im Norden, bei den Conservativen mehr als bei der Opposition, im katholischen Westen mehr als im evan= gelischen Osten, der Blutsverwandschaft entgegenkamen, war mir nicht zweifelhaft. Die angeblich confessionellen Kämpfe des dreißig= jährigen Krieges, die einfach politischen des siebenjährigen und die diplomatischen Rivalitäten vom Tode Friedrichs des Großen bis 1866 hatten das Gefühl dieser Verwandschaft nicht erstickt, so sehr sonst der Deutsche auch geneigt ist, den Landsmann, wenn ihm Gelegenheit dazu geboten wird, mit mehr Eifer zu bekämpfen als den Ausländer. Es ist möglich, daß der slavische Keil, durch den in Gestalt der Czechen die urdeutsche Bevölkerung der östreichischen Stammlande von den nordwestlichen Landsleuten getrennt ist, die Wirkungen, die nachbarliche Reibungen auf Deutsche gleichen Stammes, aber verschiedener dynastischer Angehörigkeit, auszuüben pflegen, abgeschwächt und das germanische Gefühl der Deutsch=Oestreicher gekräftigt hat, das durch den Schutt, den historische Kämpfe hinterlassen, wohl verdeckt, aber nicht erstickt worden ist.

Ich fand bei dem Kaiser Franz Joseph eine sehr huldreiche

Aufnahme und die Bereitwilligkeit, mit uns abzuschließen. Um mich der Zustimmung meines allergnädigsten Herrn zu versichern, hatte ich schon in Gastein täglich einen Theil der für die Cur be= stimmten Zeit am Schreibtische zugebracht und auseinandergesetzt, daß es nothwendig sei, den Kreis der möglichen gegen uns ge= richteten Coalitionen einzuschränken, und daß der zweckmäßigste Weg dazu ein Bündniß mit Oestreich sei. Ich hatte freilich wenig Hoffnung, daß der todte Buchstabe meiner Abhandlungen die mehr auf Gemüthsregungen als auf politischer Erwägung beruhende Auf= fassung Sr. Majestät ändern werde. Der Abschluß eines Vertrages, dessen wenn auch defensives doch kriegerisches Ziel ein Ausdruck des Mißtrauens gegen den Freund und Neffen war, mit dem er eben in Alexandrowo von Neuem unter Thränen und in der vollsten Aufrichtigkeit des Herzens die Versicherungen der alther= gebrachten Freundschaft ausgetauscht hatte, lief zu sehr gegen die ritterlichen Gefühle, mit denen der Kaiser sein Verhältniß zu einem ebenbürtigen Freunde auffaßte. Ich zweifelte zwar nicht, daß die gleiche rückhaltlose Ehrlichkeit des Empfindens bei dem Kaiser Alexander vorhanden war; aber ich wußte, daß er nicht die Schärfe des politischen Urtheils und nicht die Arbeitsamkeit besaß, die ihn dauernd gegen die unaufrichtigen Einflüsse seiner Um= gebung gedeckt hätten, auch nicht die gewissenhafte Zuverlässigkeit in persönlichen Beziehungen, die meinen hohen Herrn auszeichnete. Die Offenheit, die der Kaiser Nicolaus im Guten wie im Bösen bewiesen hatte, war auf die weichere Natur seines Nachfolgers nicht vollständig übergegangen; auch weiblichen Einflüssen gegen= über war die Unabhängigkeit des Sohnes nicht auf derselben Höhe wie die des Vaters. Nun ist aber die einzige Bürgschaft für die Dauer der russischen Freundschaft die Persönlichkeit des regirenden Kaisers, und sobald letzte eine minder sichre Unterlage gewährt, als Alexander I., der 1813 eine auf demselben Throne nicht immer vorauszusetzende Treue gegen das preußische Königshaus bewährt hat, wird man auf das russische Bündniß, wenn man seiner bedarf, nicht jederzeit in dem vollen Maße des Bedürfnisses rechnen können.

Schon im vorigen Jahrhundert war es gefährlich, auf die zwingende Gewalt eines Bündnißtextes zu rechnen, wenn die Verhältnisse, unter denen er geschrieben war, sich geändert hatten; heut zu Tage aber ist es für eine große Regirung kaum möglich, die Kraft ihres Landes für ein andres befreundetes voll einzusetzen, wenn die Ueberzeugung des Volkes es mißbilligt. Es gewährt deshalb der Wortlaut eines Vertrages dann, wenn er zur Kriegführung zwingt, nicht mehr die gleichen Bürgschaften wie zur Zeit der Cabinetskriege, die mit Heeren von 30—60 000 Mann geführt wurden; ein Familienkrieg, wie ihn Friedrich Wilhelm II. für seinen Schwager in Holland führte, ist heut schwer in Scene zu setzen, und für einen Krieg, wie Nicolaus ihn 1849 in Ungarn führte, finden sich die Vorbedingungen nicht leicht wieder. Inbessen ist auf die Diplomatie in den Momenten, wo es sich darum handelt, einen Krieg herbeizuführen oder zu vermeiden, der Wortlaut eines klaren und tiefgreifenden Vertrages nicht ohne Einfluß. Die Bereitwilligkeit zum zweifellosen Wortbruch pflegt auch bei sophistischen und gewaltthätigen Regirungen nicht vorhanden zu sein, so lange nicht die force majeure unabweislicher Interessen eintritt.

Alle Erwägungen und Argumente, die ich dem in Baden befindlichen Kaiser schriftlich aus Gastein, aus Wien und demnächst aus Berlin unterbreitete, waren ohne die gewünschte Wirkung. Um die Zustimmung des Kaisers zu dem von mir mit Andrassy vereinbarten und von dem Kaiser Franz Joseph unter der Voraussetzung, daß Kaiser Wilhelm dasselbe thun würde, genehmigten Vertragsentwurfe herbeizuführen, war ich genöthigt, zu dem für mich sehr peinlichen Mittel der Cabinetsfrage zu greifen, und es gelang mir, meine Collegen für mein Vorhaben zu gewinnen. Da ich selbst von den Anstrengungen der letzten Wochen und von der Unterbrechung der Gasteiner Cur so angegriffen war, um die

Reise nach Baden-Baden zu machen, so übernahm sie Graf
Stolberg; er führte die Verhandlungen, wenn auch unter starkem
Widerstreben Sr. Majestät, glücklich zu Ende. Der Kaiser war
von den politischen Argumenten nicht überzeugt worden, sondern
ertheilte das Versprechen, den Vertrag zu ratificiren, nur aus
Abneigung gegen einen Personenwechsel in dem Ministerium. Der
Kronprinz war von Hause aus für das östreichische Bündniß
lebhaft eingenommen, aber ohne Einfluß auf seinen Vater.

Der Kaiser hielt es in seinem ritterlichen Sinne für erforder=
lich, den Kaiser von Rußland vertraulich darüber zu verständigen,
daß er, wenn er eine der beiden Nachbarmächte angriffe, beide
gegen sich haben werde, damit Kaiser Alexander nicht etwa irrthüm=
lich annehme, Oestreich allein angreifen zu können. Mir schien
diese Besorgniß ungegründet, da das Petersburger Cabinet schon
aus unsrer Beantwortung der aus Livadia an uns gerichteten Frage
wissen mußte, daß wir Oestreich nicht würden fallen lassen, durch
unsern Vertrag mit Oestreich also eine neue Situation nicht ge=
schaffen, nur die vorhandene legalisirt wurde.

VI.

Eine Erneuerung der Kaunitzschen Coalition wäre für Deutsch=
land, wenn es in sich geschlossen einig bleibt und seine Kriege
geschickt geführt werden, zwar keine verzweifelte, aber doch eine sehr
ernste Constellation, welche nach Möglichkeit zu verhüten Aufgabe
unsrer auswärtigen Politik sein muß. Wenn die geeinte östreichisch=
deutsche Macht in der Festigkeit ihres Zusammenhangs und in der
Einheitlichkeit ihrer Führung ebenso gesichert wäre wie die russische
und die französische, jede für sich betrachtet, es sind, so würde ich,
auch ohne daß Italien der Dritte im Bunde wäre, den gleich=
zeitigen Angriff unsrer beiden großen Nachbarreiche nicht für lebens=
gefährlich halten. Wenn aber in Oestreich antideutsche Richtungen

nationaler oder confessioneller Natur sich stärker als bisher zeigen, wenn russische Versuchungen und Anerbietungen auf dem Gebiet der orientalischen Politik wie zur Zeit Katharinas und Josephs II. hinzutreten, wenn italienische Begehrlichkeiten Oestreichs Besitz am Adriatischen Meere bedrohn und seine Streitkräfte in ähnlicher Weise wie zu Radetzkys Zeit in Anspruch nehmen sollten: dann würde der Kampf, dessen Möglichkeit mir vorschwebt, ungleicher sein. Es braucht nicht gesagt zu werden, wie viel gefährdeter Deutschlands Lage erscheint, wenn man sich auch Oestreich, nach Her= stellung der Monarchie in Frankreich, im Einverständniß beider mit der Römischen Curie, im Lager unsrer Gegner denkt mit dem Be= streben, die Ergebnisse von 1866 aus der Welt zu schaffen.

Diese pessimistische, aber doch nicht außer dem Bereich der Möglichkeit liegende und durch Vergangenes nicht ungerechtfertigte Vorstellung hatte mich veranlaßt, die Frage anzuregen, ob sich ein organischer Verband zwischen dem Deutschen Reiche und Oestreich= Ungarn empföhle, der nicht wie gewöhnliche Verträge kündbar, sondern der Gesetzgebung beider Reiche einverleibt und nur durch einen neuen Act der Gesetzgebung eines derselben lösbar wäre.

Eine solche Assecuranz hat für den Gedanken etwas Beruhi= gendes; ob auch im Drange der Ereignisse etwas Sicherstellendes, daran kann man zweifeln, wenn man sich erinnert, daß die theo= retisch sehr viel stärker verpflichtende Verfassung des heiligen Römi= schen Reiches den Zusammenhalt der deutschen Nation niemals hat sichern können, und daß wir nicht im Stande sein würden, für unser Verhältniß zu Oestreich einen Vertragsmodus zu finden, der in sich eine stärkere Bindekraft trüge als die frühern Bundes= verträge, nach denen die Schlacht von Königgrätz theoretisch un= möglich war. Die Haltbarkeit aller Verträge zwischen Großstaaten ist eine bedingte, sobald sie „in dem Kampf um's Dasein" auf die Probe gestellt wird. Keine große Nation wird je zu bewegen sein, ihr Bestehn auf dem Altar der Vertragstreue zu opfern, wenn sie gezwungen ist, zwischen beiden zu wählen. Das ultra posse nemo obligatur kann durch keine Vertragsclausel außer Kraft gesetzt werden; und ebenso wenig läßt sich durch einen Vertrag das Maß von Ernst und Kraftaufwand sicherstellen, mit dem die Erfüllung geleistet werden wird, sobald das eigne Interesse des Erfüllenden dem unterschriebenen Texte und seiner frühern Auslegung nicht mehr zur Seite steht. Es läßt sich daher, wenn in der europäischen Politik Wendungen eintreten, die für Oestreich-Ungarn eine antideutsche Politik als Staatsrettung erscheinen lassen, eine Selbstaufopferung für die Vertragstreue ebenso wenig erwarten, wie während des Krimkrieges die Einlösung einer Dankespflicht erfolgte, die vielleicht gewichtiger war als das Pergament eines Staatsvertrages.

Ein Bündniß unter gesetzlicher Bürgschaft wäre eine Verwirklichung der Verfassungsgedanken gewesen, die in der Paulskirche den gemäßigtsten Mitgliedern, den Vertretern des engern reichsdeutschen und des größern östreichisch-deutschen Bundes vorschwebten; aber grade die vertragsmäßige Sicherstellung solcher gegenseitigen Verpflichtungen ist eine Feindin ihrer Haltbarkeit. Das Beispiel Oestreichs aus der Zeit von 1850 bis 1866 ist mir eine Warnung gewesen, daß die politischen Wechsel, die man auf solche Verhältnisse zu ziehn in Versuchung kommt, über die Grenzen des Credits hinausgehn, den unabhängige Staaten in ihren politischen Operationen einander gewähren können. Ich glaube deshalb, daß das wandelbare Element des politischen Interesses und seiner Gefahren ein unentbehrliches Unterfutter für geschriebene Verträge ist, wenn sie haltbar sein sollen. Für eine ruhige und erhaltende östreichische Politik ist das deutsche Bündniß das nützlichste.

Die Gefahren, die für unsre Einigkeit mit Oestreich in den Versuchungen russisch-östreichischer Verständigungen im Sinne der Zeit von Joseph II. und Katharina oder der Reichstadter Convention und ihrer Heimlichkeit liegen, lassen sich, so weit das überhaupt möglich ist, paralysiren, wenn wir zwar fest auf Treue gegen Oestreich, aber auch darauf halten, daß der Weg von Berlin nach

Petersburg frei bleibt. Unsre Aufgabe ist, unsre beiden kaiser=
lichen Nachbarn in Frieden zu erhalten. Die Zukunft der vierten
großen Dynastie in Italien werden wir in demselben Maße sicher
zu stellen im Stande sein, in dem es uns gelingt, die drei
Kaiserreiche einig zu erhalten und den Ehrgeiz unsrer beiden öst=
lichen Nachbarn entweder zu zügeln oder in beiderseitiger Ver=
ständigung zu befriedigen. Jeder von beiden ist für uns nicht nur
in der europäischen Gleichgewichtsfrage unentbehrlich, — wir könnten
keinen von beiden missen, ohne selbst gefährdet zu werden — son=
dern die Erhaltung eines Elementes monarchischer Ordnung in
Wien und Petersburg, und auf der Basis beider in Rom, ist für
uns in Deutschland eine Aufgabe, die mit der Erhaltung der staat=
lichen Ordnung bei uns selbst zusammenfällt.

VII.

Der Vertrag, den wir mit Oestreich zu gemeinsamer Ab=
wehr eines russischen Angriffs geschlossen haben, ist publici juris.
Ein analoger Defensivvertrag zwischen beiden Mächten gegenüber
Frankreich ist nicht bekannt. Das deutsch=östreichische Bündniß
enthält gegen einen französischen Krieg, von dem Deutschland in
erster Linie bedroht ist, nicht dieselbe Deckung wie gegen einen
russischen, der mehr für Oestreich als für Deutschland wahrschein=
lich ist. Zwischen Deutschland und Rußland existiren keine Ver=
schiedenheiten der Interessen, welche die Keime von Conflicten und
eines Bruches unabweislich in sich trügen. Dagegen gewähren die
übereinstimmenden Bedürfnisse in der polnischen Frage und die
Nachwirkung der hergebrachten dynastischen Solidarität im Gegen=
satz zu den Umsturzbestrebungen Unterlagen für eine gemeinsame
Politik beider Cabinete. Dieselben sind abgeschwächt worden durch
eine zehnjährige Fälschung der öffentlichen Meinung seitens der
russischen Presse, die in dem lesenden Theile der Bevölkerung

einen künstlichen Haß gegen alles Deutsche geschaffen und genährt
hat, mit dem die Dynastie rechnen muß, auch wenn der Kaiser die
deutsche Freundschaft pflegen will. Doch dürfte die Feindschaft der
russischen Massen gegen das Deutschthum kaum schärfer zugespitzt
sein, wie die der Czechen in Böhmen und Mähren, der Slowenen
in dem frühern deutschen Bundesgebiete und der Polen in Galizien.
Kurz, wenn ich in der Wahl zwischen dem russischen und dem öst=
reichischen Bündniß das letzte vorgezogen habe, so bin ich keines=
wegs blind gewesen gegen die Zweifel, welche die Wahl erschwerten.
Ich habe die Pflege nachbarlicher Beziehungen zu Rußland neben
unserm defensiven Bunde mit Oestreich nach wie vor für geboten
angesehn, denn eine sichre Assecuranz gegen einen Schiffbruch der
gewählten Combination ist für Deutschland nicht vorhanden, wohl
aber die Möglichkeit, antideutsche Velleitäten in Oestreich=Ungarn in
Schach zu halten, so lange die deutsche Politik sich die Brücke, die
nach Petersburg führt, nicht abbricht und keinen Riß zwischen Ruß=
land und uns herstellt, der sich nicht überbrücken ließe. So lange
ein solcher unheilbarer Riß nicht vorhanden ist, wird es für Wien
möglich bleiben, die dem deutschen Bündnisse feindlichen oder frem=
den Elemente im Zaume zu halten. Wenn aber der Bruch zwischen
uns und Rußland, schon die Entfremdung, unheilbar erschiene,
würden auch in Wien die Ansprüche wachsen, die man an die
Dienste des deutschen Bundesgenossen glauben würde stellen zu
können, erstens in Erweiterung des casus foederis, der sich bisher
nach dem veröffentlichten Texte doch nur auf die Abwehr eines
russischen Angriffes auf Oestreich erstreckt, und zweitens in dem
Verlangen, dem bezeichneten casus foederis die Vertretung öst=
reichischer Interessen im Balkan und im Orient zu substituiren,
was selbst in unsrer Presse schon mit Erfolg versucht worden ist.
Es ist natürlich, daß die Bewohner des Donaubeckens Bedürfnisse
und Pläne haben, die sich über die heutigen Grenzen der östreichisch=
ungarischen Monarchie hinaus erstrecken; und die deutsche Reichs=
verfassung zeigt den Weg an, auf dem Oestreich eine Versöhnung

der politischen und materiellen Interessen erreichen kann, die zwischen der Ostgrenze des rumänischen Volksstammes und der Bucht von Cattaro vorhanden sind. Aber es ist nicht die Aufgabe des Deutschen Reichs, seine Unterthanen mit Gut und Blut zur Verwirklichung von nachbarlichen Wünschen herzuleihen. Die Erhaltung der östreichisch-ungarischen Monarchie als einer unabhängigen starken Großmacht ist für Deutschland ein Bedürfniß des Gleichgewichts in Europa, für das der Friede des Landes bei eintretender Nothwendigkeit mit gutem Gewissen eingesetzt werden kann. Man sollte sich jedoch in Wien enthalten, über diese Assecuranz hinaus Ansprüche aus dem Bündnisse ableiten zu wollen, für die es nicht geschlossen ist.

Directe Bedrohung des Friedens zwischen Deutschland und Rußland ist kaum auf anderm Wege möglich, als durch künstliche Verhetzung oder durch den Ehrgeiz russischer oder deutscher Militärs von der Art Skobelews, die den Krieg wünschen, bevor sie zu alt werden, um sich darin auszuzeichnen. Es gehört ein ungewöhnliches Maß von Dummheit und Verlogenheit in der öffentlichen Meinung und in der Presse Rußlands dazu, um zu glauben und zu behaupten, daß die deutsche Politik von aggressiven Tendenzen geleitet worden sei, indem sie das östreichische und dann das italienische Defensivbündniß abschloß. Die Verlogenheit war mehr polnisch-französischen, die Dummheit mehr russischen Ursprungs. Polnisch-französische Gewandheit hat auf dem Felde der russischen Leichtgläubigkeit und Unwissenheit den Sieg über den Mangel solcher Gewandheit davongetragen, in dem je nach den Umständen eine Stärke oder Schwäche der deutschen Politik liegt. In den meisten Fällen ist eine offne und ehrliche Politik erfolgreicher als die Feinspinnerei früherer Zeiten, aber sie bedarf, wenn sie gelingen soll, eines Maßes von persönlichem Vertrauen, das leichter zu verlieren als zu erwerben ist.

Niemand kann die Zukunft Oestreichs an sich mit der Sicherheit berechnen, die für dauernde und organische Verträge erforder-

lich ist. Die bei Gestaltung derselben mitwirkenden Factoren sind
ebenso mannigfaltig wie die Völkermischung; und zu der ätzenden
und gelegentlich sprengenden Wirkung dieser kommt der unberechen-
bare Einfluß, den je nach dem Steigen oder Fallen der römischen
Fluth das confessionelle Element auf die leitenden Persönlichkeiten
auszuüben vermag. Nicht blos der Panslavismus und Bulgarien
oder Bosnien, sondern auch die serbische, die rumänische, die polnische, die czechische Frage, ja selbst noch heut die italienische im
Trentino, in Triest und an der dalmatischen Küste, können zu
Krystallisationspunkten für nicht blos östreichische, sondern auch
europäische Krisen werden, von denen die deutschen Interessen nur
insoweit nachweislich berührt werden, als das Deutsche Reich mit
Oestreich in ein solidarisches Haftverhältniß tritt. In Böhmen ist
die Spaltung zwischen Deutschen und Czechen stellenweis schon so
weit in die Armee eingedrungen, daß die Offiziere beider Nationalitäten in einigen Regimentern nicht mit einander verkehren und getrennt essen. Für Deutschland unmittelbar existirt die Gefahr, in
schwere und gefährliche Kämpfe verwickelt zu werden, mehr auf
seiner Westseite infolge der angriffslustigen, auf Eroberung gerichteten Neigungen des französischen Volks, die von den Monarchen
seit den Zeiten Kaiser Karls V. im Interesse ihrer Herrschsucht im
Innern sowohl wie nach Außen groß gezogen worden sind.

Der Beistand Oestreichs ist für uns gegen Rußland leichter
zu haben als gegen Frankreich, nachdem die Frictionen dieser beiden
Mächte in dem von ihnen umworbenen Italien in der alten Form
nicht mehr existiren. Für ein monarchisches und katholisch gesinntes
Frankreich, wenn ein solches wieder erstanden, wäre die Hoffnung
nicht erstorben, ähnliche Beziehungen zu Oestreich wieder zu gewinnen, wie sie während des siebenjährigen Krieges und auf dem
Wiener Congreß vor der Rückkehr Napoleons von Elba bestanden,
in der polnischen Frage 1863 drohten, im Krimkriege und zur
Zeit des Grafen Beust von 1866 bis 1870 in Salzburg und Wien
Aussicht auf Verwirklichung hatten. Bei etwaiger Wiederherstellung

der Monarchie in Frankreich würde die durch die italienische
Rivalität nicht mehr abgeschwächte gegenseitige Anziehung der beiden
katholischen Großmächte unternehmende Politiker in Versuchung
führen können, mit der Wiederbelebung derselben zu experimentiren.

In der Beurtheilung Oestreichs ist es auch heut noch ein Irr=
thum, die Möglichkeit einer feindseligen Politik auszuschließen, wie
sie von Thugut, Schwarzenberg, Buol, Bach und Beust getrieben
worden ist. Kann sich nicht die Politik für Pflicht gehaltner Un=
dankbarkeit, deren Schwarzenberg sich Rußland gegenüber rühmte, in
andrer Richtung wiederholen, die Politik, die uns von 1792 bis
1795, während wir mit Oestreich im Felde standen, Verlegenheit be=
reitete und im Stiche ließ, um uns gegenüber in den polnischen
Händeln stark genug zu bleiben, die bis dicht an den Erfolg bestrebt
war, uns einen russischen Krieg auf den Hals zu ziehn, während
wir als nominelle Verbündete für das Deutsche Reich gegen Frank=
reich fochten, die sich auf dem Wiener Congreß bis nahe zum
Kriege zwischen Rußland und Preußen geltend machte? Die An=
wandlungen, ähnliche Wege einzuschlagen, werden für jetzt durch
die persönliche Ehrlichkeit und Treue des Kaisers Franz Joseph
niedergehalten, und dieser Monarch ist nicht mehr so jung und
ohne Erfahrung, wie zu der Zeit, da er sich von der persönlichen
Rancüne des Grafen Buol gegen den Kaiser Nicolaus zum poli=
tischen Druck auf Rußland bestimmen ließ, wenig Jahre nach
Vilagos; aber seine Garantie ist eine rein persönliche, fällt mit dem
Personenwechsel hinweg, und die Elemente, die die Träger einer
rivalisirenden Politik zu verschiedenen Epochen gewesen sind, können
zu neuem Einflusse gelangen. Die Liebe der galizischen Polen, des
ultramontanen Clerus für das Deutsche Reich ist vorübergehender
und opportunistischer Natur, ebenso das Uebergewicht der Einsicht
in die Nützlichkeit der deutschen Anlehnung über das Gefühl der
Geringschätzung, mit dem der vollblütige Magyar auf den Schwaben
herabsieht. In Ungarn, in Polen sind französische Sympathien
auch heut lebendig, und im Clerus der habsburgischen Gesammt=

monarchie würde eine katholisch=monarchische Restauration in Frank=
reich die Beziehungen wieder beleben können, die 1863 und
zwischen 1866 und 1870 in gemeinsamer Diplomatie und in mehr
oder weniger reifen Vertragsbildungen ihren Ausdruck fanden. Die
Bürgschaft, die diesen Möglichkeiten gegenüber in der Person
des heutigen Kaisers von Oestreich und Königs von Ungarn liegt,
steht, wie gesagt, auf zwei Augen; eine voraussehende Politik soll
aber alle Eventualitäten im Auge behalten, die im Reiche der
Möglichkeit liegen. Die Möglichkeit eines Wettbewerbes zwischen
Wien und Berlin um russische Freundschaft kann ebenso gut wieder=
kommen, wie sie zur Zeit von Olmütz vorhanden war, und zur
Zeit des Reichstadter Vertrages unter dem uns sehr wohlgesinnten
Grafen Andrassy Lebenszeichen gab.

Dieser Eventualität gegenüber ist es ein Vortheil für uns,
daß Oestreich und Rußland entgegengesetzte Interessen im Balkan
haben, und daß solche zwischen Rußland und Preußen=Deutschland
nicht in der Stärke vorhanden sind, daß sie zu Bruch und Kampf
Anlaß geben könnten. Dieser Vortheil kann aber vermöge der russi=
schen Staatsverfassung durch persönliche Verstimmungen und unge=
schickte Politik noch heut mit derselben Leichtigkeit aufgehoben werden,
mit der die Kaiserin Elisabeth durch Witze und bittre Worte Fried=
richs des Großen bewogen wurde, dem französisch=östreichischen
Bunde gegen uns beizutreten. Zuträgereien, wie sie damals zur Auf=
hetzung Rußlands dienten, Erfindungen und Indiscretionen werden
auch heut an beiden Höfen nicht fehlen; aber wir können Unabhängigkeit
und Würde Rußland gegenüber wahren, ohne die russische Empfind=
lichkeit zu provociren und Rußlands Interessen zu schädigen. Ver=
stimmung und Erbitterung, welche ohne Nothwendigkeit provocirt
werden, sind heut so wenig ohne Rückwirkung auf die geschichtlichen
Ereignisse, wie zur Zeit der Kaiserin Elisabeth von Rußland und
der Königin Anna von England. Aber die Rückwirkung von Ereig=
nissen, die dadurch gefördert werden, auf das Wohl und die Zu=
kunft der Völker ist heut zu Tage gewaltiger als vor 100 Jahren.

Eine Coalition wie im siebenjährigen Kriege gegen Preußen von Rußland, Oestreich und Frankreich, vielleicht in Verbindung mit andern dynastischen Unzufriedenheiten, ist für unsre Existenz ebenso gefährlich und für unsern Wohlstand, wenn sie siegt, noch er=drückender als die damalige. Es ist unvernünftig und ruchlos, die Brücke, die uns eine Annäherung an Rußland gestattet, aus per=sönlicher Verstimmung abzubrechen.

Wir müssen und können der östreichisch = ungarischen Mon=archie das Bündniß ehrlich halten; es entspricht unsern Interessen, den historischen Traditionen Deutschlands und der öffentlichen Mei=nung unsres Volkes. Die Eindrücke und Kräfte, unter denen die Zukunft der Wiener Politik sich zu gestalten haben wird, sind jedoch complicirter als bei uns, wegen der Mannigfaltigkeit der Nationalitäten, der Divergenz ihrer Bestrebungen, der clericalen Einflüsse und der in den Breiten des Balkan und des Schwarzen Meeres für die Donauländer liegenden Versuchungen. Wir dürfen Oestreich nicht verlassen, aber auch die Möglichkeit, daß wir von der Wiener Politik freiwillig oder unfreiwillig verlassen werden, nicht aus den Augen verlieren. Die Möglichkeiten, die uns in solchen Fällen offen bleiben, muß die Leitung der deutschen Politik, wenn sie ihre Pflicht thun will, sich klar machen und gegenwärtig halten, bevor sie eintreten, und sie dürfen nicht von Vorliebe oder Verstimmung abhängen, sondern nur von objectiver Erwägung der nationalen Interessen.

VIII.

Ich habe mich stets bemüht, nicht nur die Sicherstellung gegen russische Angriffe, sondern auch die Beruhigung der russischen Stim=mung und den Glauben an den inoffensiven Charakter unsrer Politik zu pflegen. Es ist mir auch bis zu meinem Ausscheiden aus dem Amte vermöge des persönlichen Vertrauens, das Kaiser Alexander III. mir schenkte, stets gelungen, dem Mißtrauen die

Spitze abzubrechen, das wiederholt durch fremde und einheimische
Entstellungen und gelegentlich durch diesseitige militärische Unter=
strömungen in ihm erregt wurde. Er hat mir, als ich ihn auf der
Danziger Rhede zum erſten Male als Kaiſer ſah, und bei allen
ſpätern Begegnungen auch trotz der über den Berliner Congreß
verbreiteten Lügen und trotz der Kenntniß des öſtreichiſchen Ver=
trags ein Wohlwollen bewieſen, das in Skierniewice und in Berlin
zum authentiſchen Ausdruck kam und darauf beruhte, daß er mir
glaubte. Selbſt die durch ihre unverſchämte Dreiſtigkeit eindrucks=
volle Intrige mit gefälſchten Briefen, die ihm in Kopenhagen zu=
geſteckt worden waren, wurde durch meine einfache Verſicherung ſofort
unſchädlich gemacht. Ebenſo gelang es mir bei der Begegnung im
October 1889, die Zweifel, die er wieder aus Kopenhagen mit=
gebracht hatte, zu zerſtreuen bis auf den einen, ob ich Miniſter
bleiben würde. Er war wohl beſſer unterrichtet als ich, als er die
Frage an mich richtete, ob ich meiner Stellung bei dem jungen
Kaiſer ganz ſicher ſei. Ich antwortete, was ich damals dachte, daß
ich von dem Vertrauen Kaiſer Wilhelms II. zu mir überzeugt ſei
und nicht glaubte, daß ich jemals gegen meinen Willen würde ent=
laſſen werden, weil Seine Majeſtät bei meiner langjährigen Er=
fahrung im Dienſte und bei dem Vertrauen, das ich mir in Deutſch=
land ſowohl wie bei den auswärtigen Höfen erworben hätte, in
meiner Perſon einen ſchwer zu erſetzenden Diener beſäße. Der
Kaiſer gab ſeiner großen Genugthuung über meine Zuverſicht Aus=
druck, wenn er ſie auch nicht unbedingt zu theilen ſchien.

Die internationale Politik iſt ein flüſſiges Element, das unter
Umſtänden zeitweilig feſt wird, aber bei Veränderungen der Atmo=
ſphäre in ſeinen urſprünglichen Aggregatzuſtand zurückfällt. Die
clausula rebus sic stantibus wird bei Staatsverträgen, die
Leiſtungen bedingen, ſtillſchweigend angenommen. Der Dreibund
iſt eine ſtrategiſche Stellung, welche Angeſichts der zur Zeit ſeines
Abſchluſſes drohenden Gefahren rathſam und unter den obwaltenden
Verhältniſſen zu erreichen war. Er iſt von Zeit zu Zeit verlängert

worden, und es mag gelingen, ihn weiter zu verlängern; aber ewige Dauer ist keinem Vertrage zwischen Großmächten gesichert, und es wäre unweise, ihn als sichre Grundlage für alle Mög= lichkeiten betrachten zu wollen, durch die in Zukunft die Ver= hältnisse, Bedürfnisse und Stimmungen verändert werden können, unter denen er zu Stande gebracht wurde. Er hat die Bedeutung einer strategischen Stellungnahme in der europäischen Politik nach Maßgabe ihrer Lage zur Zeit des Abschlusses; aber ein für jeden Wechsel haltbares ewiges Fundament bildet er für alle Zukunft ebenso wenig, wie viele frühere Tripel= und Quadrupel=Allianzen der letzten Jahrhunderte und insbesondre die heilige Allianz und der Deutsche Bund. Er dispensirt nicht von dem toujours en vedette!

Dreißigstes Kapitel.

Zukünftige Politik Rußlands.

Die Gefahr auswärtiger Kriege, die Gefahr, daß der nächste
auf der Westgrenze uns gegenüber die rothe Fahne ebenso gut wie
vor hundert Jahren die dreifarbige in's Gefecht führen könne, lag
zur Zeit von Schnäbele und Boulanger vor und liegt noch heut
vor. Die Wahrscheinlichkeit eines Krieges nach zwei Seiten hin
ist durch den Tod von Katkow und Skobelew in etwas vermindert:
es ist nicht nothwendig, daß ein französischer Angriff auf uns Rußland mit derselben Gewißheit gegen uns in das Feld rufen würde,
wie ein russischer Angriff Frankreich; aber die Neigung Rußlands,
still zu sitzen, hängt nicht allein von Stimmungen, sondern mehr
noch von technischen Fragen der Bewaffnung zu Wasser und zu
Lande ab. Wenn Rußland mit der Construction seines Gewehrs,
der Art seines Pulvers und der Stärke seiner Schwarzen-Meer-
Flotte seiner Meinung nach „fertig" ist, so wird die Tonart, in
der heut die Variationen der russischen Politik gehalten sind, vielleicht einer freiern Platz machen.

Es ist nicht wahrscheinlich, daß Rußland, wenn es seine
Rüstung vollendet hat, dieselbe benutzen wird, um ohne Weitres
und in Rechnung auf französischen Beistand uns anzugreifen. Der
deutsche Krieg bietet für Rußland ebenso wenig unmittelbare Vortheile, wie der russische für Deutschland, höchstens im Betrage der

Kriegscontribution würde der russische Sieger günstiger stehn als der deutsche, aber doch kaum auf seine Kosten kommen. Der Gedanke an den Erwerb Ostpreußens, der im siebenjährigen Kriege an das Licht trat, wird schwerlich noch Anhänger haben. Wenn Rußland schon den deutschen Bestandtheil der Bevölkerung seiner baltischen Provinzen nicht vertragen mag, so ist nicht anzunehmen, daß seine Politik auf die Verstärkung dieser für gefährlich gehaltenen Minderheit durch einen so kräftigen Zusatz wie den ostpreußischen ausgehn wird. Ebenso wenig erscheint dem russischen Staatsmanne eine Vermehrung der polnischen Unterthanen des Zaren durch Posen und Westpreußen begehrenswerth. Wenn man Deutschland und Rußland isolirt betrachtet, so ist es schwer, auf einer von beiden Seiten einen zwingenden oder auch nur berechtigten Kriegsgrund zu finden. Lediglich zur Befriedigung der Rauflust oder zur Verhütung der Gefahren unbeschäftigter Heere kann man vielleicht in einen Balkankrieg gehn; ein deutsch-russischer aber wiegt zu schwer, um auf der einen oder andern Seite als Mittel nur zur Beschäftigung der Armee und ihrer Offiziere verwendet zu werden.

Ich glaube auch nicht, daß Rußland, wenn es fertig ist, ohne Weitres Oestreich angreifen würde, und bin noch heut der Meinung, daß die Truppenaufstellung im russischen Westen auf keine direct aggressive Tendenz gegen Deutschland berechnet ist, sondern nur auf die Vertheidigung im Falle, daß Rußlands Vorgehn gegen die Türkei die westlichen Mächte zur Repression bestimmen sollte. Wenn Rußland sich für ausreichend gerüstet halten wird, wozu eine angemessene Stärke der Flotte im Schwarzen Meere gehört, so wird, denke ich mir, das Petersburger Cabinet, ähnlich wie es in dem Vertrage von Hunkiar-Iskelessi 1833 verfahren, dem Sultan anbieten, ihm seine Stellung in Konstantinopel und den ihm verbliebenen Provinzen zu garantiren, wenn er Rußland den Schlüssel zum russischen Hause, d. h. zum Schwarzen Meere, in der Gestalt eines russischen Verschlusses des Bosporus gewährt.

Daß die Pforte auf ein russisches Protectorat in dieser Form
eingehe, liegt nicht nur in der Möglichkeit, sondern, wenn die
Sache geschickt betrieben wird, auch in der Wahrscheinlichkeit. Der
Sultan hat in frühern Jahrzehnten glauben können, daß die
Eifersucht der europäischen Mächte ihm gegen Rußland Garantien
gewähre. Für England und Oestreich war es eine traditionelle
Politik, die Türkei zu erhalten; aber die Gladstoneschen Kund=
gebungen haben dem Sultan diesen Rückhalt entzogen, nicht nur
in London, sondern auch in Wien, denn man kann nicht an=
nehmen, daß das Wiener Cabinet die Traditionen der Metter=
nichschen Zeit (Ypsilanti, Feindschaft gegen die Befreiung Griechen=
lands) hätte in Reichstadt fallen lassen, wenn es der englischen
Unterstützung sicher geblieben wäre. Der Bann der Dankbarkeit
gegen den Kaiser Nicolaus war bereits durch Buol während
des Krimfrieges gebrochen, und auf dem Pariser Congresse war
die Haltung Oestreichs um so deutlicher in die alte Metternichsche
Richtung zurückgetreten, als sie nicht durch die finanziellen Be=
ziehungen jenes Staatsmannes zum russischen Kaiser gemildert,
vielmehr durch Kränkung der Eitelkeit des Grafen Buol verschärft
war. ▪ Das Oestreich von 1856 würde ohne die zersetzende Wir=
kung ungeschickter englischer Politik selbst um den Preis Bosniens
sich weder von England noch von der Pforte losgesagt haben.
So wie die Sachen aber heut liegen, ist es nicht wahrscheinlich,
daß der Sultan von England oder Oestreich noch so viel Bei=
stand und Schutz erwartet, wie ihm Rußland, ohne eigne Interessen
Preis zu geben, zusagen und vermöge seiner Nachbarschaft erfolg=
reich gewähren kann.

Wenn Rußland, nachdem es hinreichend fertig ist, um den
Sultan und den Bosporus nöthigenfalls militärisch zu Wasser und
zu Lande überzulaufen, dem Sultan persönlich und vertraulich vor=
schlägt, gegen Bewilligung einer ausreichenden Befestigung und
Truppenzahl am nördlichen Eingang des Bosporus ihm seine
Stellung im Serail und alle Provinzen nicht nur gegen das Aus=

land, sondern auch gegen seine eignen Unterthanen zu garantiren, so würde das ein Angebot sein, in dem eine erhebliche Versuchung zur Annahme liegt. Setzen wir aber den Fall, daß der Sultan aus eignem oder auf fremden Antrieb die russische Insinuation zurückweist, so kann die neue Schwarze=Meer=Flotte die Bestimmung haben, auch vor entschiedener Sache sich der Stellung am Bosporus zu bemächtigen, deren Rußland zu bedürfen glaubt, um in den Besitz seines Hausschlüssels zu gelangen.

Wie auch diese Phase der von mir vorausgesetzten russischen Politik verlaufen mag, so wird aus derselben immer die Situation entstehn, daß Rußland wie im Juli 1853 ein Pfand nimmt und abwartet, ob man und wer es ihm wieder abnehmen werde. Der erste Schritt der russischen Diplomatie nach diesen seit lange vorbereiteten Operationen würde vielleicht eine vorsichtige Sondirung in Berlin sein, bezüglich der Frage, ob Oestreich oder England, wenn sie sich dem russischen Vorgehn kriegerisch widersetzten, auf die Unterstützung Deutschlands rechnen könnten. Diese Frage würde meiner Ueberzeugung nach unbedingt zu verneinen sein. Ich glaube, daß es für Deutschland nützlich sein würde, wenn die Russen auf dem einen oder andern Wege, physisch oder diplomatisch, sich in Konstantinopel festgesetzt und dasselbe zu vertheidigen hätten. Wir würden dann nicht mehr in der Lage sein, von England und gelegentlich auch von Oestreich als Hetzhund gegen russische Bos=porus=Gelüste ausgebeutet zu werden, sondern abwarten können, ob Oestreich angegriffen wird und damit unser casus belli eintritt.

Auch für die östreichische Politik wäre es richtiger, sich den Wirkungen des ungarischen Chauvinismus so lange zu entziehn, bis Rußland eine Position am Bosporus eingenommen und dadurch seine Frictionen mit den Mittelmeerstaaten, also mit England und selbst mit Italien und Frankreich, erheblich verschärft und sein Be=dürfniß, sich mit Oestreich à l'amiable zu verständigen, gesteigert hätte. Wenn ich östreichischer Minister wäre, so würde ich die Russen nicht hindern, nach Konstantinopel zu gehn, aber eine Ver=

ständigung mit ihnen erst beginnen, nachdem sie den Vorstoß gemacht
hätten. Die Betheiligung Oestreichs an der türkischen Erbschaft
wird doch nur im Einverständnisse mit Rußland geregelt werden,
und der östreichische Antheil um so größer ausfallen, je mehr
man in Wien zu warten und die russische Politik zu ermuthigen
weiß, eine weiter vorgeschobene Stellung einzunehmen. England
gegenüber mag die Position des heutigen Rußland als verbessert
gelten, wenn es Konstantinopel beherrscht, Oestreich und Deutsch=
land gegenüber ist sie weniger gefährlich, so lange es in Konstan=
tinopel steht. Es würde dann die preußische Ungeschicklichkeit nicht
mehr möglich sein, uns wie 1855 für Oestreich, England, Frank=
reich auszuspielen und einzusetzen, um uns in Paris eine demüthi=
gende Zulassung zum Congreß und eine mention honorable als
europäische Macht zu verdienen.

Wenn man die Sondirung, ob Rußland, wenn es wegen seines
Vorgreifens nach dem Bosporus von andern Mächten angegriffen
wird, auf unsre Neutralität rechnen könne, so lange Oestreich
nicht gefährdet werde, in Berlin verneinend oder gar bedrohlich
beantwortet, so wird Rußland zunächst denselben Weg wie 1876
in Reichstadt einschlagen und wieder versuchen, Oestreichs Ge=
nossenschaft zu gewinnen. Das Feld, auf dem Rußland An=
erbietungen machen könnte, ist ein sehr weites, nicht nur im Orient
auf Kosten der Pforte, sondern auch in Deutschland auf unsre
Kosten. Die Zuverlässigkeit unsres Bündnisses mit Oestreich=
Ungarn gegenüber solchen Versuchungen wird nicht allein von dem
Buchstaben der Verabredung, sondern auch einigermaßen von dem
Charakter der Persönlichkeiten und von den politischen und con=
fessionellen Strömungen abhängen, die dann in Oestreich leitend
sein werden. Gelingt es der russischen Politik, Oestreich zu ge=
winnen, so ist die Coalition des siebenjährigen Krieges gegen uns
fertig, denn Frankreich wird immer gegen uns zu haben sein, weil
seine Interessen am Rheine gewichtiger sind als die im Orient und
am Bosporus.

Jedenfalls wird auch in der Zukunft nicht bloß kriegerische Rüstung, sondern auch ein richtiger politischer Blick dazu gehören, das deutsche Staatsschiff durch die Strömungen der Coalitionen zu steuern, denen wir nach unsrer geographischen Lage und unsrer Vorgeschichte ausgesetzt sind. Durch Liebenswürdigkeiten und wirth= schaftliche Trinkgelder für befreundete Mächte werden wir den Ge= fahren, die im Schoße der Zukunft liegen, nicht vorbeugen, sondern die Begehrlichkeit unsrer einstweiligen Freunde und ihre Rechnung auf unser Gefühl sorgenvoller Bedürftigkeit steigern. Meine Be= fürchtung ist, daß auf dem eingeschlagenen Wege unsre Zukunft kleinen und vorübergehenden Stimmungen der Gegenwart geopfert wird. Frühere Herrscher sahen mehr auf Befähigung als auf Gehorsam ihrer Rathgeber; wenn der Gehorsam allein das Kriterium ist, so wird ein Anspruch an die universelle Begabung des Monarchen gestellt, dem selbst Friedrich der Große nicht genügen würde, obschon die Politik in Krieg und Frieden zu seiner Zeit weniger schwierig war wie heut.

Unser Ansehn und unsre Sicherheit werden sich um so nach= haltiger entwickeln, je mehr wir uns bei Streitigkeiten, die uns nicht unmittelbar berühren, in der Reserve halten und unempfindlich werden gegen jeden Versuch, unsre Eitelkeit zu reizen und aus= zubeuten, Versuche, wie sie während des Krimkrieges von der eng= lischen Presse und dem englischen Hofe und den auf England ge= stützten Strebern an unserm eignen Hofe gemacht wurden, indem man uns mit der Entziehung der Titulatur einer Großmacht so erfolgreich bedrohte, daß Herr von Manteuffel uns in Paris großen Demüthigungen aussetzte, um zur Mitunterschrift eines Vertrages zugelassen zu werden, an den nicht gebunden zu sein uns nützlich gewesen sein würde [1]). Deutschland würde auch heut eine große Thorheit begehn, wenn es in orientalischen Streitfragen ohne eignes Interesse früher Partei nehmen wollte, als die andern, mehr inter=

---

[1]) S. Bd. I 276 f.

essirten Mächte. Wie das schwächere Preußen schon während des
Krimkrieges Momente hatte, in denen es bei entschlossener Rüstung
im Sinne östreichischer Forderungen und über dieselben hinaus
den Frieden gebieten und sein Verständniß mit Oestreich über
deutsche Fragen fördern konnte, so wird auch Deutschland in zu=
künftigen orientalischen Händeln, wenn es sich zurückzuhalten weiß,
den Vortheil, daß es die in orientalischen Fragen am wenigsten inter=
essirte Macht ist, um so sicherer verwerthen können, je länger es seinen
Einsatz zurückhält, auch wenn dieser Vortheil nur in längerem Genusse
des Friedens bestände. Oestreich, England, Italien werden einem
russischen Vorstoße auf Konstantinopel gegenüber immer früher
Stellung zu nehmen haben als die Franzosen, weil die orientalischen
Interessen Frankreichs weniger zwingend und mehr im Zusammen=
hange mit der deutschen Grenzfrage zu denken sind. Frankreich
würde in russisch=orientalischen Krisen weder auf eine neue „west=
mächtliche" Politik, noch um seiner Freundschaft mit Rußland willen
auf eine Bedrohung Englands sich einlassen können, ohne vorgängige
Verständigung oder vorgängigen Bruch mit Deutschland.

Dem Vortheile, den der deutschen Politik ihre Freiheit von
directen orientalischen Interessen gewährt, steht der Nachtheil der
centralen und exponirten Lage des Deutschen Reiches mit seinen
ausgedehnten Vertheidigungsfronten nach allen Seiten hin und die
Leichtigkeit antideutscher Coalitionen gegenüber. Dabei ist Deutsch=
land vielleicht die einzige große Macht in Europa, die durch
keine Ziele, die nur durch siegreiche Kriege zu erreichen wären, in
Versuchung geführt wird. Unser Interesse ist, den Frieden zu er=
halten, während unsre continentalen Nachbarn ohne Ausnahme
Wünsche haben, geheime oder amtlich bekannte, die nur durch Krieg
zu erfüllen sind. Dementsprechend müssen wir unsre Politik ein=
richten, das heißt den Krieg nach Möglichkeit hindern oder ein=
schränken, uns in dem europäischen Kartenspiele die Hinterhand
wahren und uns durch keine Ungeduld, keine Gefälligkeit auf Kosten
des Landes, keine Eitelkeit oder befreundete Provocation vor der

Zeit aus dem abwartenden Stadium in das handelnde drängen lassen; wenn nicht, plectuntur Achivi.

Unsre Zurückhaltung kann vernünftiger Weise nicht den Zweck haben, über irgend einen unsrer Nachbarn oder möglichen Gegner mit geschonten Kräften herzufallen, nachdem die andern sich geschwächt hätten. Im Gegentheil sollten wir uns bemühn, die Verstimmungen, die unser Heranwachsen zu einer wirklichen Großmacht hervorgerufen hat, durch den ehrlichen und friedliebenden Gebrauch unsrer Schwerkraft abzuschwächen, um die Welt zu überzeugen, daß eine deutsche Hegemonie in Europa nützlicher und unparteiischer, auch unschädlicher für die Freiheit andrer wirkt als eine französische, russische oder englische. Die Achtung vor den Rechten andrer Staaten, an der namentlich Frankreich in den Zeiten seines Uebergewichts es hat fehlen lassen, und die in England doch nur so weit reicht, als die englischen Interessen nicht berührt werden, wird dem Deutschen Reiche und seiner Politik erleichtert, einerseits durch die Objectivität des deutschen Charakters, andrerseits durch die verdienstlose Thatsache, daß wir eine Vergrößerung unsres unmittelbaren Gebietes nicht brauchen, auch nicht herstellen könnten, ohne die centrifugalen Elemente im eignen Gebiete zu stärken. Mein ideales Ziel, nachdem wir unsre Einheit innerhalb der erreichbaren Grenzen zu Stande gebracht hatten, ist stets gewesen, das Vertrauen nicht nur der mindermächtigen europäischen Staaten, sondern auch der großen Mächte zu erwerben, daß die deutsche Politik, nachdem sie die injuria temporum, die Zersplitterung der Nation, gut gemacht hat, friedliebend und gerecht sein will. Um dieses Vertrauen zu erzeugen, ist vor allen Dingen Ehrlichkeit, Offenheit und Versöhnlichkeit im Falle von Reibungen oder von untoward events nöthig. Ich habe dieses Recept nicht ohne Widerstreben meiner persönlichen Empfindlichkeiten befolgt in Fällen wie Schnäbele (April 1887), Boulanger, Kaufmann (September 1887), Spanien gegenüber in der Carolinen-Frage, den Vereinigten Staaten gegenüber in Samoa, und vermuthe, daß die

Gelegenheiten, zur Anschauung zu bringen, daß wir befriedigt und friedliebend sind, auch in Zukunft nicht ausbleiben werden. Ich habe während meiner Amtsführung zu drei Kriegen gerathen, dem dänischen, dem böhmischen und dem französischen, aber mir auch jedesmal vorher klar gemacht, ob der Krieg, wenn er siegreich wäre, einen Kampfpreis bringen würde, werth der Opfer, die jeder Krieg fordert und die heut so viel schwerer sind, als in dem vorigen Jahrhundert. Wenn ich mir hätte sagen müssen, daß wir nach einem dieser Kriege in Verlegenheit sein würden, uns wünschens= werthe Friedensbedingungen auszudenken, so würde ich mich, so lange wir nicht materiell angegriffen waren, schwerlich von der Noth= wendigkeit solcher Opfer überzeugt haben. Internationale Streitig= keiten, die nur durch den Volkskrieg erledigt werden können, habe ich niemals aus dem Gesichtspunkte des Göttinger Comments und der Privatmensuren=Ehre aufgefaßt, sondern stets nur in Abwägung ihrer Rückwirkung auf den Anspruch des deutschen Volkes, in Gleich= berechtigung mit den andern großen Mächten Europas ein autonomes politisches Leben zu führen, wie es auf der Basis der uns eigen= thümlichen nationalen Leistungsfähigkeit möglich ist.

Die traditionelle russische Politik, die sich theils auf Glaubens=, theils auf Blutsverwandschaft gründet, der Gedanke, die Rumänen, die Bulgaren, die griechischen, gelegentlich auch die römisch=katholi= schen Serben, die unter verschiedenen Namen zu beiden Seiten der österreichisch=ungarischen Grenze vorkommen, zu „befreien" von dem türkischen Joche und dadurch an Rußland zu fesseln, hat sich nicht bewährt. Es ist nicht unmöglich, daß in ferner Zukunft alle diese Stämme dem russischen Systeme gewaltsam angefügt werden, aber daß die Befreiung allein sie nicht in Anhänger der russischen Macht verwandelt, hat zuerst der griechische Stamm bewiesen. Er wurde seit Tschesme (1770) als Stützpunkt Rußlands betrachtet, und noch in dem russisch=türkischen Kriege von 1806 bis 1812 schienen die Ziele der kaiserlich russischen Politik unverändert zu sein. Ob die Unternehmungen der Hetärie zur Zeit des auch schon im Westen

populär gemachten Ypsilanti'schen Aufstandes, des durch die Fa=
narioten vermittelten Ausläufers gräcisirender Orientpolitik, noch die
einheitliche Zustimmung der verschiedenen russischen Strömungen
hatten, die von Araktschejew bis zu den Decabristen durch einander
liefen, ist gleichgültig, jedenfalls aber waren die Erstlinge der russi=
schen Befreiungspolitik, die Griechen, eine, freilich noch nicht durch=
schlagende, Enttäuschung für Rußland.   Die griechische Befreiungs=
politik hört mit und seit Navarin auch in den Augen der Russen
auf, eine russische Specialität zu sein.   Es hat lange gedauert, ehe
das russische Cabinet aus diesem kritischen Ergebniß die Consequenzen
zog.   Die rudis indigestaque moles Rußland wiegt zu schwer, um
für jede Wahrnehmung des politischen Instincts leicht lenksam zu
sein.   Man fuhr fort zu befreien und machte mit den Rumänen,
Serben, Bulgaren dieselbe Erfahrung wie mit den Griechen. Alle
diese Stämme haben Rußlands Hülfe zur Befreiung von den
Türken bereitwillig angenommen, aber, nachdem sie frei geworden,
keine Neigung gezeigt, den Zaren zum Nachfolger des Sultans
anzunehmen.   Ich weiß nicht, ob man in Petersburg die Ueber=
zeugung theilt, daß auch der „einzige Freund“ des Zaren, der
Fürst von Montenegro, was bei seiner entfernten und isolirten
Situation auch einigermaßen entschuldbar ist, nur so lange die
russische Flagge hissen wird, als er Aequivalente an Geld oder
Macht dafür erwartet; aber es kann in Petersburg nicht unbekannt
sein, daß der Vladika bereit war, und vielleicht noch bereit ist, als
großherrlich türkischer Connetable an die Spitze der Balkanvölker
zu treten, wenn dieser Gedanke bei der Pforte eine hinreichend
günstige Aufnahme und Unterstützung fände, um für Montenegro
nützlich werden zu können.

Wenn man in Petersburg aus den bisherigen Mißgriffen die
Folgerungen ziehn und praktisch machen will, so wäre es natür=
lich, sich auf die weniger phantastischen Fortschritte zu beschränken,
die durch das Gewicht der Regimenter und Kanonen zu erreichen
sind.   Der geschichtlich poetischen Seite, die der Kaiserin Katharina

vorschwebte, als sie ihrem zweiten Enkel den Namen Constantin
gab, fehlt das placet der Praxis. Befreite Völker sind nicht dank=
bar, sondern anspruchsvoll, und ich denke mir, daß die russische
Politik in der heutigen realistischen Zeit mehr technisch als schwung=
haft vorgehn wird in Behandlung der orientalischen Fragen.
Ihr erstes praktisches Bedürfniß für Kraftentwicklung im Oriente
ist die Sicherstellung des Schwarzen Meeres. Gelingt es, einen
festen Verschluß des Bosporus durch Geschütz= und Torpedoanlagen
zu erreichen, so ist die Südküste Rußlands noch besser geschützt als
die baltische, der die überlegnen englisch=französischen Flotten im
Krimkriege nicht viel anzuhaben vermochten.

So mag die Berechnung des Petersburger Cabinets sich gestalten,
wenn sie als Zielpunkt zunächst den Verschluß des Schwarzen
Meeres und die Gewinnung des Sultans für diesen Zweck durch
Liebe, durch Geld, durch Gewalt in Aussicht nimmt. Wenn die
Pforte sich der freundschaftlichen Annäherung Rußlands erwehrt
und gegen die angedrohte Gewalt das Schwert zieht, so wird
Rußland wahrscheinlich von andrer Seite angegriffen werden, und
auf diesen Fall sind m. E. die Truppenanhäufungen an der West=
grenze berechnet. Gelingt es, den Verschluß des Bosporus in
Güte zu erreichen, so werden vielleicht die Mächte, die sich da=
durch beeinträchtigt finden, einstweilen stille sitzen, weil eine jede
auf die Initiative der andern und auf die Entschließung Frank=
reichs warten würde. Unsre Interessen sind mehr als die der
andern Mächte mit dem Gravitiren der russischen Macht nach
Süden verträglich; man kann sogar sagen, daß sie dadurch gefördert
werden. Wir können die Lösung eines neuen von Rußland ge=
schürzten Knotens länger als die andern abwarten.

Einunddreißigstes Kapitel.

Der Staatsrath.

Der durch das Gesetz vom 20. März 1817 gestiftete Staatsrath war bestimmt, den absoluten König zu berathen. An dessen
Stelle ist heut zu Tage der verfassungsmäßig von seinen Ministern
berathene König getreten und dadurch das Staatsministerium in
den durch die Vorberathung des Staatsraths aufzuklärenden regirenden Factor, den früher der König allein darstellte, mit aufgenommen. Die Berathung des Staatsraths ist heut zu Tage informa-
torisch nicht nur für den König, sondern auch für die verantwortlichen
Minister; seine Reactivirung im Jahre 1852 hatte den Zweck, nicht
nur die königlichen Entschließungen, sondern auch die Vota der
Staatsminister vorzubereiten.

Die Vorbereitung der Gesetzentwürfe durch das Staatsministerium ist unvollkommen. Ein vortragender Rath ist im Stande, das
Schicksal eines Gesetzes festzulegen bis zu der Veröffentlichung, indem er alle Einwirkungen auf den Inhalt, die von dem Staatsministerium oder in den verschiedenen Stadien der parlamentarischen Berathung versucht werden, an der Außenseite des Entwurfs abgleiten läßt, wenn der Gegenstand schwierig und die Zahl
der Paragraphen groß ist. Schon im Staatsministerium beherrscht
der Ressortminister nicht immer den Stoff, den ihm seine betreffenden Räthe in Gestalt eines Gesetzentwurfes mit Motiven

vorgelegt haben. Noch viel weniger verwenden die übrigen Minister
Zeit und Mühe darauf, sich mit Inhalt und Tragweite eines
neuen Gesetzes in allen Einzelheiten vertraut zu machen, wenn
es nicht Wirkungen hat, die in ihr eignes Ressort eingreifen.
Ist das aber der Fall, so regt sich das Unabhängigkeitsgefühl
und der Particularismus, wovon jeder der acht föderirten ministe=
riellen Staaten und jeder Rath in seiner Sphäre beseelt ist.   Die
Wirkung eines beabsichtigten Gesetzes auf das praktische Leben im
Voraus zu beurtheilen, wird aber auch der Ressortminister nicht
im Stande sein, wenn er selbst ein einseitiges Product der Büro=
kratie ist, noch viel weniger aber seine Collegen. Diejenigen unter
ihnen, die das Bewußtsein haben, nicht nur Ressortminister,
sondern Staatsminister mit solidarischer Verantwortlichkeit für die
Gesammtpolitik zu sein, machen nicht fünf Procent derer aus,
welche ich zu beobachten Gelegenheit gehabt habe.   Die übrigen
beschränken sich auf das Bestreben, ihr Ressort einwandfrei zu ver=
walten, die Geldmittel dazu von dem Finanzminister und dem
Landtage bewilligt zu erhalten und parlamentarische Angriffe auf ihr
Ressort mit Beredsamkeit und nach Bedürfniß unter Preisgebung
ihrer Untergebenen erfolgreich abzuwehren.   Die Quittungen, die
in der königlichen Unterschrift und der parlamentarischen Be=
willigung liegen, sind ausreichend, um daneben die Frage, ob die
Sache an sich vernünftig sei, vor einem bürokratisch=ministeriellen
Gewissen nicht zur Entscheidung kommen zu lassen.   Einreden eines
Collegen, dessen Ressort nicht direct betheiligt ist, erregen die Em=
pfindlichkeit des Ressortministers, und diese wird in der Regel ge=
schont, im Hinblick auf gleiche Schonung, die man für eigne An=
träge vorkommenden Falls erwartet.   Ich habe die Erinnerung, daß
die Erörterungen des alten Staatsraths vor 1848, aus dem ich
einige hervorragende Mitglieder gekannt habe, mit schärferer An=
strengung des eignen Urtheils und größerer Regsamkeit des Ge=
wissens geführt worden sind, als die Ministerberathungen, die ich
mehr als vierzig Jahre lang zu beobachten in der Lage gewesen bin.

Ich halte auch die Voraussetzung für trügerisch, daß ein un= geschickter Gesetzentwurf des Ministeriums im Landtage sachlich genügend richtig gestellt werden wird. Er kann und wird hoffent= lich in der Regel abgelehnt werden; ist aber die Frage, die er betrifft, dringend, so liegt die Gefahr vor, daß auch ministerieller Unsinn glatt durch die parlamentarischen Stadien geht, namentlich wenn es dem Verfasser gelingt, den einen oder andern einfluß= reichen oder beredten Freund für sein Erzeugniß zu gewinnen. Abgeordnete, die einen Gesetzentwurf von mehr als hundert Paragraphen zu lesen sich die Mühe geben oder mit Verständ= niß zu lesen vermöchten, sind bei der Ueberzahl studirter Leute aus der Justiz und der Verwaltung wohl vorhanden, aber die Lust und das Pflichtgefühl zur Arbeit haben nur wenige, und diese sind vertheilt unter einander bekämpfende Fractionen und Partei= bestrebungen, deren Tendenzen es ihnen erschweren, sachlich zu urtheilen. Die meisten Abgeordneten lesen und prüfen nicht, sondern fragen die für eigne Zwecke arbeitenden und redenden Fractions= führer, wann sie in die Sitzung kommen und wie sie stimmen sollen. Das Alles ist aus der menschlichen Natur erklärlich, und niemand ist darüber zu tadeln, daß er nicht aus seiner Haut hinaus kann; nur darf man sich darüber nicht täuschen, daß es ein bedenklicher Irrthum ist, anzunehmen, daß unsern Gesetzen heut zu Tage die Prüfung und vorbereitende Arbeit zu Theil werde, deren sie bedürfen, oder auch nur die, welche sie vor 1848 genossen.

Ein Denkmal seiner Flüchtigkeit hat sich der Reichstag von 1867 in der Verfassung des Norddeutschen Bundes gesetzt, das in die Verfassung des Deutschen Reiches übergegangen ist. Der einem Beschlusse des Frankfurter Bundestages nachgebildete Artikel 68 des Entwurfs zählte fünf Verbrechen auf, die, wenn sie gegen den Bund begangen werden, so bestraft werden sollen, als wenn sie gegen einen einzelnen Bundesstaat begangen wären. Die fünfte Nummer war mit „endlich" eingeführt. Der wegen seiner Gründlichkeit gerühmte Twesten stellte den Verbesserungsantrag, die drei ersten Nummern zu streichen, hatte aber offenbar den zu verbessernden Artikel nicht zu Ende gelesen und das „endlich" stehn lassen. Sein Antrag wurde angenommen und in allen Stadien der Berathung beibehalten, und so hat denn der Artikel (jetzt 74) die sonderbare Fassung:

> Jedes Unternehmen gegen die Existenz, die Integrität, die Sicherheit oder die Verfassung des Deutschen Reichs, endlich die Beleidigung des Bundesraths, des Reichstags u. s. w.

Vor 1848 war man beflissen, das Richtige und Vernünftige zu finden, heut genügt die Majorität und die königliche Unterschrift. Ich kann nur bedauern, daß die Mitwirkung weitrer Kreise zur Vorbereitung der Gesetze, wie sie im Staatsrath und im Volkswirthschaftsrath gegeben war, gegenüber ministerieller oder monarchischer Ungeduld nicht hinreichend hat zur Geltung gebracht werden können. Ich habe, wenn ich Muße fand, mich mit diesen Problemen zu beschäftigen, zu meinen Collegen gelegentlich den Wunsch geäußert, daß sie ihre legislatorische Thätigkeit damit beginnen möchten, die Entwürfe zu veröffentlichen, der publicistischen Kritik preis zu geben, möglichst viele sachkundige und an der Frage interessirte Kreise, also Staatsrath, Volkswirthschaftsrath, nach Umständen die Provinziallandtage zu hören, und alsdann erst die Berathung im Staatsministerium möchten eintreten lassen. Das Zurückdrängen des Staatsraths und ähnlicher Berathungskörper schreibe ich hauptsächlich der Eifersucht zu, mit der diese unzünftigen Rathgeber in öffentlichen Angelegenheiten von den zünftigen Räthen und von den Parlamenten betrachtet werden, zugleich aber auch dem Unbehagen, mit dem die ministerielle Machtvollkommenheit innerhalb des eignen Ressorts auf das Mitreden Andrer blickt.

Die ersten Staatsrathssitzungen, denen ich nach seiner Wiedereinberufung 1884 unter dem Vorsitz des Kronprinzen Friedrich Wilhelm beiwohnte, machten nicht nur mir, sondern, wie ich glaube, allen Theilnehmern einen geschäftlich günstigen Eindruck. Der Prinz hörte die Vorträge an, ohne ein Bedürfniß, die Vortragenden zu beeinflussen, zu erkennen zu geben. Bemerkenswerth war, daß die Vorträge zweier ehemaligen Gardes du Corps-Offiziere, von Zedlitz-Trützschler, späterem Oberpräsidenten in Posen und Cultusminister, und von Minnigerode, einen solchen Eindruck machten, daß der Kronprinz im Sinne der Versammlung verfuhr, indem er die beiden Herren später zu Referenten bestellte, obschon die theoretisch sach-kundigsten Vorträge ohne Zweifel von den anwesenden fachgelehrten Professoren gehalten waren. Die Einwirkung, die dadurch frühern Gardeoffizieren auf die Gestaltung von Gesetzvorlagen zufiel, be-festigte mich in der Ueberzeugung, daß die rein und nur mini-sterielle Prüfung von Entwürfen nicht der richtige Weg ist, um die Gefahr zu vermeiden, daß unpraktische, schädliche und gefährliche Vorlagen in sprachlich unvollkommner Fassung ihren Weg aus den Niederschriften der legislativen Liebhabereien eines einzelnen vor-tragenden Rathes, unbeirrt oder doch ohne ausreichende Richtig-stellung durch alle Stadien des Staatsministeriums, der Parlamente und des Cabinets bis in die Gesetzsammlung finden und dann bis zu etwaiger Abhülfe einen Theil der Last bilden, die sich wie eine Krankheit schleichend fortschleppt.

Kaiser Wilhelm I.

I.

Um die Mitte der siebziger Jahre begann die geistige Em=
pfänglichkeit des Kaisers im Auffassen andrer und Entwickeln eigner
Vorträge schwerfälliger zu functioniren; er verlor zuweilen den
Faden im Zuhören und Sprechen. Merkwürdigerweise trat darin
nach dem Nobiling'schen Attentate eine günstige Veränderung ein.
Momente wie die beschriebenen kamen nicht mehr vor, der Kaiser
war freier, lebendiger, auch weicher. Der Ausdruck meiner Freude
über sein Wohlbefinden veranlaßte ihn zu dem Scherze: „Nobiling
hat besser als die Aerzte gewußt, was mir fehlte: ein tüchtiger Ader=
laß." Die letzte Krankheit war kurz, sie begann am 4. März 1888.
Am 8. Mittags hatte ich die letzte Unterredung mit dem Kaiser, in
der er noch bei Bewußtsein war. und erlangte von ihm die Ermächti=
gung zur Veröffentlichung der schon am 17. November 1887 voll=
zogenen Ordre, die den Prinzen Wilhelm mit der Stellvertretung
beauftragte in Fällen, wo Se. Majestät einer solchen zu bedürfen
glaubte. Der Kaiser sagte, er erwarte von mir, daß ich in
meiner Stellung verbleiben und seinen Nachfolgern zur Seite stehn
würde, wobei ihm zunächst die Besorgniß vorzuschweben schien, daß ich
mich mit dem Kaiser Friedrich nicht würde stellen können. Ich sprach
mich beruhigend darüber aus, so weit es überhaupt angebracht schien,
einem Sterbenden gegenüber von dem zu sprechen, was seine Nach=

folger und ich selbst nach seinem Tode thun würden. Dann, an die Krankheit seines Sohnes denkend, verlangte er von mir das Versprechen, meine Erfahrung seinem Enkel zu Gute kommen zu lassen und ihm zur Seite zu bleiben, wenn er, wie es schiene, bald zur Regirung gelangen sollte. Ich gab meiner Bereitwilligkeit Ausdruck, seinen Nachfolgern mit demselben Eifer zu dienen wie ihm selbst. Seine einzige Antwort darauf war ein etwas fühlbarerer Druck seiner Hand; dann aber traten Fieberphantasien ein, in denen die Beschäftigung mit dem Enkel so im Vordergrunde stand, daß er glaubte, der Prinz, der im September 1886 dem Zaren in Brest-Litowsk einen Besuch gemacht hatte, säße an meiner Stelle neben dem Bette, und mich plötzlich mit Du anredend sagte: „Mit dem russischen Kaiser mußt du immer Fühlung halten, da ist kein Streit nothwendig." Nach einer langen Pause des Schweigens war die Sinnestäuschung verschwunden; er entließ mich mit den Worten: „Ich sehe Sie noch." Gesehn hat er mich noch, als ich mich am Nachmittage und dann wieder in der Nacht des 9. um 4 Uhr einfand, aber schwerlich unter den vielen Anwesenden erkannt; noch in später Abendstunde des 8. fand eine Rückkehr der vollen Klarheit des Bewußtseins und der Fähigkeit statt, sich den sein Sterbebett in dem engen Schlafzimmer Umstehenden gegenüber klar und zusammenhängend auszusprechen. Es war das letzte Aufleuchten dieses starken und tapfern Geistes. Um 8 Uhr 30 Minuten that er den letzten Athemzug.

II.

Für die Thronfolge war unter Friedrich Wilhelm III. nur der Kronprinz mit Bewußtsein vorgebildet worden, der zweite Sohn dagegen ausschließlich militärisch. Es war natürlich, daß durch sein ganzes Leben militärische Einflüsse an und für sich stärker auf

ihn wirkten als civilistische, und ich selbst habe in dem äußern
Eindruck der Militäruniform, die ich trug, um ein mehrmaliges
Umkleiden am Tage zu vermeiden, ein Moment der Verstärkung
meines Einflusses zu finden geglaubt. Unter den Personen, die,
so lange er noch Prinz Wilhelm war, Einfluß auf seine Entwick=
lung haben konnten, standen in erster Linie Militärs ohne politi=
schen Beruf, nachdem der General von Gerlach, der Jahre hin=
durch sein Adjutant gewesen war, dem politischen Leben vorüber=
gehend fremd geworden war. Er war der begabteste unter den
Adjutanten, die der Prinz gehabt hatte, und nicht theoretischer
Fanatiker in Politik und Religion wie sein Bruder, der Präsident,
aber doch genug doctrinär, um bei dem praktischen Verstande des
Prinzen nicht den Anklang zu finden, wie bei dem geistreichen
Könige Friedrich Wilhelm. Pietismus war ein Wort und ein
Begriff, die mit dem Namen Gerlach leicht in Verbindung traten
wegen der Rolle, die die beiden Brüder des Generals, der Prä=
sident und der Prediger, Verfasser eines ausgedehnten Bibelwerks,
in der politischen Welt spielten.

Ein Gespräch, das ich 1853 in Ostende, wo ich dem Prinzen
näher getreten war, mit ihm hatte und das sich an den Namen
Gerlach knüpfte, ist mir in Erinnerung geblieben, weil es mich
betroffen machte über des Prinzen Unbekanntschaft mit unsern staat=
lichen Einrichtungen und der politischen Situation.

Eines Tages sprach er mit einer gewissen Animosität über den
General von Gerlach, der aus Mangel an Uebereinstimmung und,
wie es schien, verstimmt aus der Adjutanten=Stellung geschieden
war. Der Prinz bezeichnete ihn als einen Pietisten.

Ich: „Was denken Ew. K. H. Sich unter einem Pietisten?"

Er: „Einen Menschen, der in der Religion heuchelt, um
Carrière zu machen."

Ich: „Das liegt Gerlach fern, was kann der werden? Im
heutigen Sprachgebrauch versteht man unter einem Pietisten etwas
andres, nämlich einen Menschen, der orthodox an die christliche

Offenbarung glaubt und aus seinem Glauben kein Geheimniß macht; und deren gibt es viele, die mit dem Staate garnichts zu thun haben und an Carrière nicht denken."

Er: „Was verstehn Sie unter orthodox?"

Ich: „Beispielsweise Jemanden, der ernstlich daran glaubt, daß Jesus Gottes Sohn und für uns gestorben ist als ein Opfer, zur Vergebung unsrer Sünden. Ich kann es im Augenblick nicht präciser fassen, aber es ist das Wesentliche der Glaubensver= schiedenheit."

Er, hoch erröthend: „Wer ist denn so von Gott verlassen, daß er das nicht glaubte!"

Ich: „Wenn diese Aeußerung öffentlich bekannt würde, so würden Ew. K. H. selbst zu den Pietisten gezählt werden."

Im weitern Verlauf der Unterhaltung kamen wir auf die damals schwebende Frage der Kreis= und Gemeinde=Ordnung. Bei der Gelegenheit sagte der Prinz ungefähr:

Er sei kein Feind des Adels, könne aber nicht zugeben, daß „der Bauer von dem Edelmann mißhandelt werde"

Ich erwiderte: „Wie sollte der Edelmann das anfangen? Wenn ich die Schönhauser Bauern mißhandeln wollte, so fehlte mir jedes Mittel dazu, und der Versuch würde mit meiner Miß= handlung entweder durch die Bauern oder durch das Gesetz endigen."

Darauf Er: „Das mag bei Ihnen in Schönhausen so sein; aber das ist eine Ausnahme, und ich kann nicht zugeben, daß der kleine Mann auf dem Lande geschunden wird."

Ich bat um die Erlaubniß, ihm eine kurze Darstellung der Genesis unsrer ländlichen Zustände, des Verhältnisses zwischen Guts= herrn und Bauern vorzulegen. Er nahm das Erbieten freudig dankend an; und ich habe nachher in Norderney meine freien Stunden dazu verwendet, dem damals 56 Jahre alten Thronerben an der Hand von Gesetzesstellen die rechtliche Situation auseinander zu setzen, in der sich Rittergüter und Bauern 1853 befanden. Ich schickte ihm die Arbeit nicht ohne die Befürchtung, der Prinz

würde kurz und ironisch antworten, er habe durch mich nichts er=
fahren, was er nicht schon seit 30 Jahren wisse. Umgekehrt aber
dankte er mir lebhaft für die interessante Zusammenstellung der ihm
neuen Daten.

III.

Von dem Augenblicke des Antritts der Regentschaft an hatte
Prinz Wilhelm den Mangel an geschäftlicher Vorbildung so leb=
haft empfunden, daß er keine Arbeit Tag und Nacht scheute, um
demselben abzuhelfen. Wenn er „Staatsgeschäfte erledigte", so
arbeitete er wirklich, mit vollem Ernst und voller Gewissenhaftigkeit.
Er las alle Eingänge, nicht blos die, welche ihn anzogen, studirte
die Verträge und Gesetze, um sich ein selbständiges Urtheil zu
bilden. Er kannte keine Vergnügung, die den Staatsgeschäften Zeit
entzogen hätte. Er las niemals Romane oder sonst Bücher, die
nicht Bezug auf seinen Herrscherberuf hatten. Er rauchte nicht,
spielte nicht Karten. Wenn nach einem Jagddiner in Wusterhausen
die Gesellschaft sich in das Zimmer begab, in dem Friedrich
Wilhelm I. das Tabakscollegium zu versammeln pflegte, so ließ er
sich, damit die Anwesenden in seiner Gegenwart rauchen durften,
eine der langen holländischen Thonpfeifen reichen, that einige Züge
und legte sie mit einem krausen Gesichte aus der Hand. Als er
in Frankfurt, damals noch Prinz von Preußen, auf einem Balle
in ein Zimmer gerieth, in dem Hazard gespielt wurde, sagte
er zu mir: „Ich will doch auch einmal mein Glück versuchen, habe
aber kein Geld bei mir, geben Sie mir etwas." Da auch ich kein
Geld bei mir zu tragen pflegte, so half der Graf Theodor Stol=
berg aus. Der Prinz setzte einige Male einen Thaler, verlor jedes
Mal und verließ das Zimmer. Seine einzige Erholung war, nach
einem arbeitsvollen Tage in seiner Theaterloge zu sitzen; aber auch
dort durfte ich als Minister ihn in bringenden Fällen aufsuchen,

um ihm in dem kleinen Zimmer vor der Loge Vorträge zu halten, und Unterschriften entgegennehmen. Obschon er der Nachtruhe dermaßen bedürftig war, daß er schon über eine schlechte Nacht klagte, wenn er zweimal, und über Schlaflosigkeit, wenn er dreimal erwacht war, so habe ich niemals den leisesten Zug von Verdrieß= lichkeit wahrgenommen, wenn man ihn unter schwierigen Verhält= nissen um 2 oder 3 Uhr weckte, um eine eilige Entscheidung zu erbitten.

Neben dem Fleiße, zu dem ihn sein hohes Pflichtgefühl trieb, kam ihm in Erfüllung seiner Regentenpflicht ein ungewöhnliches Maß von klarem, durch Erlerntes weder unterstützten noch beein= trächtigten gesunden Menschenverstande, common sense, zu Statten. Hinderlich für das Verständniß der Geschäfte war die Zähigkeit, mit der er an fürstlichen, militärischen und localen Traditionen hing; jeder Verzicht auf solche, jede Wendung zu neuen Bahnen, wie sie der Lauf der Ereignisse nothwendig machte, wurde ihm schwer und erschien ihm leicht im Lichte von etwas Unerlaubtem oder Unwürdigem. Wie an Personen seiner Umgebung und an Sachen seines Gebrauchs, so hielt er auch an Eindrücken und Ueberzeugungen fest, unter der Mitwirkung der Erinnerung an das, was sein Vater in ähnlichen Lagen gethan hatte oder gethan haben würde; insbesondre im französischen Kriege hatte er die Erinnerung an den parallelen Verlauf der Freiheitskriege immer vor Augen.

König Wilhelm, der mich während der schleswig=holsteinischen Episode einmal vorwurfsvoll fragte: „Sind Sie denn nicht auch ein Deutscher?" weil ich mich seiner durch häusliche Einflüsse bedingten Neigung, ein neues gegen Preußen stimmendes Großherzogthum in Kiel zu schaffen, widersetzte, derselbe Herr war, wenn er, ohne durch politische Gedanken angekränkelt zu sein, in naturwüchsiger Freiheit seinen Empfindungen folgte, einer der entschlossensten Particularisten unter den deutschen Fürsten, in der Richtung eines patriotischen und conservativ gesinnten preußischen Offiziers aus der Zeit seines

Vaters. Der Einfluß seiner Gemalin brachte ihn in reifern Jahren in Opposition gegen das traditionelle Prinzip, und die Un= fähigkeit seiner Minister der Neuen Aera und das überstürzende Ungeschick der liberalen Parlamentarier in der Conflictszeit weckte in ihm wiederum den alten Pulsschlag des preußischen Prinzen und Offiziers, zumal er mit der Frage, ob die Bahn, die er ein= schlug, gefährlich sei, niemals rechnete. Wenn er überzeugt war, daß Pflicht und Ehre, oder eins von beiden, ihm geboten, einen Weg zu betreten, so ging er ihn ohne Rücksicht auf die Gefahren, denen er ausgesetzt sein konnte, in der Politik ebenso wie auf dem Schlachtfelde. Einzuschüchtern war er nicht. Die Königin war es, und das Bedürfniß des häuslichen Friedens mit ihr war ein un= berechenbares Gewicht, aber parlamentarische Grobheiten oder Droh= ungen hatten nur die Wirkung, seine Entschlossenheit im Wider= stande zu stärken. Mit dieser Eigenschaft hatten die Minister der Neuen Aera und ihre parlamentarischen Stützen und Gefolgschaften niemals gerechnet. Graf Schwerin war in seinem Mißverstehn dieses furchtlosen Offiziers auf dem Throne so weit gegangen, zu glauben, ihn durch Ueberhebung und Mangel an Höflichkeit ein= schüchtern zu können [1]). In diesen Vorgängen lag der Wendepunkt des Einflusses der Minister der Neuen Aera, der Altliberalen und der Bethmann=Hollwegschen Partei, von dem ab die Bewegung rückläufig wurde, die Leitung in Roons Hände fiel und der Mi= nisterpräsident Fürst Hohenzollern mit seinem Adjuncten Auerswald meinen Eintritt in das Ministerium wünschten. Die Königin und Schleinitz verhinderten ihn einstweilen noch, als ich im Früh= jahr 1860 in Berlin war, aber die Aeußerlichkeiten, die zwischen dem Herrn und seinen Ministern vorgekommen waren, hatten in die gegenseitigen Beziehungen doch einen Riß gebracht, der nicht mehr vernarbte.

---

[1]) S. Bd. I 212.

IV.

Die Prinzessin Augusta vertrat unter Friedrich Wilhelm IV in der Regel den Gegensatz zur Regirungspolitik; die Neue Aera der Regentschaft sah sie als ihr Ministerium an, wenigstens bis zum Rücktritt des Herrn von Schleinitz. Es lebte in ihr vorher und später ein Bedürfniß des Widerspruchs gegen die jedesmalige Hal=tung der Regirung ihres Schwagers und später ihres Gemals. Ihr Einfluß wechselte und zwar so, daß derselbe bis auf die letzten Lebensjahre stets gegen die Minister in's Gewicht fiel. War die Regirungspolitik conservativ, so wurden die liberalen Personen und Bestrebungen in den häuslichen Kreisen der hohen Frau ausgezeichnet und gefördert; befand sich die Regirung des Kaisers in ihrer Arbeit zur Befestigung des neuen Reiches auf liberalen Wegen, so neigte die Gunst mehr nach der Seite der conservativen und nament=lich der katholischen Elemente, deren Unterstützung, da sie unter einer evangelischen Dynastie sich häufig und bis zu gewissen Grenzen regelmäßig in der Opposition befanden, überhaupt der Kaiserin nahe lag. In den Perioden, wo unsre auswärtige Politik mit Oestreich Hand in Hand gehn konnte, war die Stimmung gegen Oestreich unfreundlich und fremd; bedingte unsre Politik den Widerstreit gegen Oestreich, so fanden dessen Interessen Vertretung durch die Königin und zwar bis in die Anfänge des Krieges 1866 hinein. Während an der böhmischen Grenze schon gefochten wurde, fanden in Berlin unter dem Patronate Ihrer Majestät durch das Organ von Schleinitz noch Beziehungen und Unterhandlungen bedenklicher Natur statt. Herr von Schleinitz hatte, seit ich Minister des Aeußern und er selbst Minister des königlichen Hauses ge=worden, das Amt einer Art Gegenministers der Königin, um Ihrer Majestät Material zur Kritik und zur Beeinflussung des Königs zu liefern. Er hatte zu diesem Behufe die Verbindungen benutzt, die er in der Zeit, wo er mein Vorgänger war, im Wege

der Privatcorrespondenz angeknüpft hatte, um eine förmliche diplo=
matische Berichterstattung in seiner Hand zu concentriren. Ich er=
hielt die Beweise dafür durch den Zufall, daß einige dieser Berichte,
aus deren Fassung die Thatsache der Continuität der Berichterstattung
ersichtlich war, durch Mißverständniß der Feldjäger oder der Post
an mich gelangten und amtlichen Berichten so genau ähnlich sahn,
daß ich erst durch einzelne Bezugnahmen im Texte stutzig wurde,
mir das dazu gehörige Convert aus dem Papierkorb suchte und
darauf die Adresse des Herrn von Schleinitz vorfand. Zu den Be=
amten, mit denen er solche Verbindungen unterhielt, gehörte unter
Andern ein Consul, über den mir Roon unter dem 25. Januar 1864
schrieb, derselbe stehe im Solde von Drouyn de L'Huys und schreibe
unter dem Namen Siegfeld Artikel für das „Mémorial Diplo-
matique“, die u. A. der Occupation der Rheinlande durch Na=
poleon das Wort redeten und sie in Parallele stellten mit unsrer
Occupation Schleswigs. Zur Zeit der „Reichsglocke“ und der ge=
hässigen Angriffe der conservativen Partei und der „Kreuz=
zeitung“ auf mich konnte ich ermitteln, daß die Colportage der
„Reichsglocke“ und ähnlicher verleumderischer Preßerzeugnisse im
Bureau des Hausministeriums besorgt wurde. Der Vermittler war ein
höherer Subalternbeamter Namens Bernhard (?), der der Frau von
Schleinitz die Federn schnitt und den Schreibtisch in Ordnung hielt.
Durch ihn wurden allein an unsre höchsten Herrschaften dreizehn
Exemplare der „Reichsglocke“, davon zwei in das Kaiserliche Palais,
berichtmäßig eingesandt und andre an mehre verwandte Höfe.

Als ich einmal den geärgerten und darüber erkrankten Kaiser
des Morgens aufsuchen mußte, um über eine höfische Demonstration
zu Gunsten des Centrums eine unter den obwaltenden Umständen
dringliche Beschwerde zu führen, fand ich ihn im Bette und
neben ihm die Kaiserin in einer Toilette, die darauf schließen
ließ, daß sie erst auf meine Anmeldung herunter gekommen war.
Auf meine Bitte, mit dem Kaiser allein sprechen zu dürfen, ent=
fernte sie sich, aber nur bis zu einem dicht außerhalb der, von ihr

nicht ganz geschlossenen Thüre stehenden Stuhle und trug Sorge,
durch Bewegungen mich erkennen zu lassen, daß sie Alles hörte.
Ich ließ mich durch diesen, nicht den ersten, Einschüchterungsversuch
nicht abhalten, meinen Vortrag zu erstatten. An dem Abende desselben
Tages war ich in einer Gesellschaft im Palais. Ihre Majestät
redete mich in einer Weise an, die mich vermuthen ließ, daß der
Kaiser meine Beschwerde ihr gegenüber vertreten hatte. Die Unterhaltung nahm die Wendung, daß ich die Kaiserin bat, die schon
bedenkliche Gesundheit ihres Gemals zu schonen und ihn nicht zwiespältigen politischen Einwirkungen auszusetzen. Diese nach höfischen
Traditionen unerwartete Andeutung hatte einen merkwürdigen Effect.
Ich habe die Kaiserin Augusta in dem letzten Jahrzehnt ihres Lebens
nie so schön gesehn wie in diesem Augenblicke; ihre Haltung richtete
sich auf, ihr Auge belebte sich zu einem Feuer, wie ich es weder
vorher noch nachher erlebt habe. Sie brach ab, ließ mich stehn
und hat, wie ich von einem befreundeten Hofmanne erfuhr, gesagt:
„Unser allergnädigster Reichskanzler ist heut sehr ungnädig."

Ich hatte durch langjährige Gewohnheit allmälig ziemliche
Sicherheit in Beurtheilung der Frage gewonnen, ob der Kaiser
Anträgen, die mir logisch geboten erschienen, aus eigner Ueberzeugung oder im Interesse des Hausfriedens widerstand. War
erstres der Fall, so konnte ich in der Regel auf Verständigung
rechnen, wenn ich die Zeit abwartete, wo der klare Verstand des
Herrn sich die Sache assimilirt hatte. Oder er berief sich auf das
Minister-Conseil. In solchen Fällen blieb die Discussion zwischen
mir und Sr. Majestät immer sachlich. Anders war es, wenn
die Ursache des königlichen Widerstrebens gegen ministerielle Mei-
nungen in vorhergegangenen Erörterungen der Frage lag, die
Ihre Majestät beim Frühstück hervorgerufen und bis zu scharfer
Aussprache der Zustimmung durchgeführt hatte. Wenn der König
in solchen Momenten, beeinflußt durch ad hoc geschriebene Briefe
und Zeitungsartikel, zu raschen Aeußerungen im Sinne antimini-
sterieller Politik gebracht war, so pflegte Ihre Majestät den

gewonnenen Erfolg zu befestigen durch Aeußerung von Zweifeln, ob der Kaiser im Stande sein werde, die geäußerte Absicht
oder Meinung „Bismarck gegenüber" aufrecht zu erhalten. Wenn
Se. Majeſtät nicht auf Grund eigner Ueberzeugung, sondern
weiblicher Bearbeitung widerstand, so konnte ich dies daran
erkennen, daß seine Argumente unsachlich und unlogisch waren.
Dann endete eine solche Erörterung, wenn ein Gegenargument
nicht mehr zu finden war, wohl mit der Wendung: „Ei der
Tausend, da muß ich doch sehr bitten." Ich wußte dann, daß
ich nicht den Kaiser, sondern die Gemalin mir gegenüber gehabt hatte.

Alle Gegner, die ich mir in den verschiedensten Regionen im
Laufe meiner politischen Kämpfe nothwendiger Weise und im Interesse
des Dienstes zugezogen hatte, fanden in ihrem gemeinsamen Haße
gegen mich ein Band, das einstweilen stärker war, als ihre gegenseitigen Abneigungen gegen einander. Sie vertagten ihre Feindschaft, um einstweilen der stärkern gegen mich zu dienen. Den
Krystallisationspunkt für diese Uebereinstimmung bildete die Kaiserin
Augusta, deren Temperament, wenn es galt ihren Willen durchzusetzen, auch in der Rücksicht auf Alter und Gesundheit des Gemals nicht immer Grenze fand.

Der Kaiser hatte während der Belagerung von Paris, wie
häufig vorher und nachher, unter dem Kampfe zwischen seinem
Verstande und seinem königlichen Pflichtgefühl einerseits und dem
Bedürfniß nach häuslichem Frieden und weiblicher Zustimmung zur
Politik andrerseits zu leiden. Die ritterlichen Empfindungen, die ihn
gegenüber seiner Gemalin, die mystischen, die ihn der gekrönten
Königin gegenüber bewegten, seine Empfindlichkeit für Störungen
seiner Hausordnung und seiner täglichen Gewohnheiten haben mir
Hindernisse bereitet, die zuweilen schwerer zu überwinden waren
als die von fremden Mächten oder feindlichen Parteien verursachten,
und vermöge der herzlichen Anhänglichkeit, die ich für die Person
des Kaisers hatte, die aufreibende Wirkung der Kämpfe erheblich

gesteigert, die ich bei pflichtmäßigem Vertreten meiner Ueberzeugung in den Vorträgen durchzumachen hatte.

Der Kaiser hatte das Gefühl davon und machte in den letzten Jahren seines Lebens mir gegenüber kein Geheimniß aus seinen häuslichen Beziehungen, berieth mit mir, welche Wege und Formen zu wählen seien, um seinen häuslichen Frieden ohne Schädigung der Staatsinteressen zu schonen; „der Feuerkopf" pflegte der hohe Herr in vertraulichen, aus Verdruß, Respect und Wohlwollen ge= mischten Stimmungen die Gemalin zu bezeichnen und diesen Aus= druck mit einer Handbewegung zu begleiten, die etwa sagen wollte: „Ich kann nichts ändern" Ich fand diese Bezeichnung außerordentlich treffend; die Königin war, so lange nicht physische Gefahren drohten, eine muthige Frau, getragen von einem hohen Pflichtgefühl, aber auf Grund ihres königlichen Empfindens ab= geneigt, andre Autoritäten als die ihrige gewähren zu lassen.

V.

Das Schwergewicht, das nach dem Antritt der Regent= schaft der Wille und die Ueberzeugung des Prinzen von Preußen und spätern Kaisers auf dem außermilitärischen, dem politischen Gebiete darstellte, war das eigenste Product der mächtigen und vornehmen Natur, die diesem Fürsten, unabhängig von der ihm zu Theil gewordenen Erziehung, angeboren war. Der Ausdruck „königlich vornehm" ist prägnant für seine Erscheinung. Die Eitel= keit kann bei Monarchen ein Sporn zu Thaten und zur Arbeit für das Glück ihrer Unterthanen sein. Friedrich der Große war nicht frei davon; sein erster Thatendrang entsprang dem Verlangen nach historischem Ruhm; ob diese Triebfeder gegen das Ende seiner Regirung, wie man sagt, degenerirte, ob er dem Wunsche innerlich Gehör gab, daß die Nachwelt den Unterschied zwischen seiner und der folgenden Regirung merken möge, lasse ich unerörtert. Eine dichterische Ergießung datirte er von dem Tage vor einer Schlacht und theilte sie brieflich mit der Unterschrift mit: **Pas trop mal à la veille d'une bataille.**

Eine Eitelkeit der Art war dem Kaiser Wilhelm I. durch= aus fremd; dagegen war ihm die Furcht vor berechtigter Kritik der Mit= und Nachwelt in hohem Maße eigen. Er war darin ganz preußischer Offizier, der, sobald er durch höhern Befehl gedeckt ist, ohne Schwanken dem sichern Tode entgegen geht, aber durch die Furcht vor dem Tadel des Vorgesetzten und der öffentlichen Meinung in zweifelnde Unsicherheit geräth, die ihn das Falsche wählen läßt. Niemand hätte gewagt, ihm eine platte Schmeichelei zu sagen. In dem Gefühle königlicher Würde würde er gedacht haben: wenn Einer das Recht hätte, mich in's Gesicht zu loben, so hätte er auch das Recht, mich in's Gesicht zu tadeln. Beides gab er nicht zu.

Monarch und Parlament hatten einander in schweren innern Kämpfen gegenseitig kennen und achten gelernt; die Ehrlichkeit der königlichen Würde, die sichre Ruhe des Königs hatten schließlich die Achtung auch seiner Gegner erzwungen, und der König selbst war durch sein hohes persönliches Ehrgefühl zu einer gerechten Beurtheilung der beiderseitigen Situationen befähigt. Das Gefühl der Gerechtigkeit nicht blos seinen Freunden und seinen Dienern gegenüber, sondern auch im Kampfe mit seinen Gegnern beherrschte ihn. Er war ein gentleman ins Königliche übersetzt, ein Edel= mann im besten Sinne des Wortes, der sich durch keine Versuchung der ihm zufallenden Machtvollkommenheiten von dem Satze noblesse oblige dispensirt fühlte; sein Verhalten in der innern wie in der äußern Politik war den Grundsätzen des Cavaliers alter Schule und des normalen preußischen Offiziersgefühls jederzeit unter= geordnet. Er hielt auf Treue und Ehre nicht nur Fürsten, sondern auch seinen Dienern bis zum Kammerdiener gegenüber. Wenn er durch augenblickliche Erregung seinem feinen Gefühl für königliche Würde und Pflicht zu nah getreten war, so fand er sich schnell

wieder und blieb dabei „jeder Zoll ein König", und zwar ein ge=
rechter und wohlwollender König und ehrliebender Offizier, den der
Gedanke an sein preußisches porte-épée auf richtigem Wege
erhielt [1]).

Der Kaiser konnte heftig werden, ließ sich aber in der Dis=
cussion von der etwaigen Heftigkeit dessen, mit dem er biscutirte,
nicht anstecken, sondern brach dann die Unterredung vornehm
freundlich ab. Ausbrüche wie in Versailles bei Abwehr des Kaiser=
titels waren sehr selten. Wenn er heftig wurde gegen Leute, denen
er wohlwollte, wie dem Grafen Roon oder mir, so war er entweder
durch den Gegenstand selbst erregt oder durch fremde, außer=
amtliche Besprechungen vorher an Auffassungen gebunden, die sich
sachlich nicht vertreten ließen. Graf Roon hörte dergleichen Ex=
plosionen an, wie ein Militär in der Front den Verweis eines
hohen Vorgesetzten, den er nicht verdient zu haben glaubt, aber
er litt nervös darunter und secundär auch körperlich. Auf mich
haben Ausbrüche von Heftigkeit des Kaisers, die ich seltner erlebte
als Roon, niemals contagiös, eher abkühlend gewirkt. Ich hatte
mir die Logik zurechtgelegt, daß ein Herrscher, der mir in dem
Maße Vertrauen und Wohlwollen schenkte, wie Wilhelm I., in
seinen Unregelmäßigkeiten für mich die Natur einer vis major habe,
gegen die zu reagiren mir nicht gegeben sei, etwa wie das Wetter
oder die See, wie ein Naturereigniß, auf das ich mich einrichten
müsse; und wenn mir das nicht gelang, so hatte ich eben meine
Aufgabe nicht richtig angegriffen. Dieser mein Eindruck beruhte
nicht auf meiner generellen Auffassung der Stellung eines Königs
von Gottes Gnaden zu seinem Diener, sondern auf meiner persön=
lichen Liebe zu Kaiser Wilhelm I. Ihm gegenüber lag mir
persönliche Empfindlichkeit sehr fern, er konnte mich ziemlich un=
gerecht behandeln, ohne in mir Gefühle der Entrüstung hervor=

----

[1]) S. Bd. I 285 f.

zurufen. Das Gefühl, beleidigt zu sein, werde ich ihm gegenüber
ebenso wenig gehabt haben, wie im elterlichen Hause. Es hinderte
das nicht, daß mich sachliche, politische Interessen, für die ich bei
dem Herrn entweder kein Verständniß oder eine vorgefaßte Meinung vorfand, die von Ihrer Majestät oder von confessionellen
oder freimaurerischen Hofintriganten ausging, in der Stimmung
einer durch ununterbrochenen Kampf erzeugten Nervosität zu einem
passiven Widerstande gegen ihn geführt haben, den ich heut in
ruhiger Stimmung mißbillige und bereue, wie man analoge Empfindungen nach dem Tode eines Vaters hat, in Erinnerung an
Momente des Dissenses.

VI.

Seinem redlichen Sinne und der Aufrichtigkeit seines Wohlwollens für Andre, seiner aus dem Herzen kommenden und von
hohem Sinne getragnen Liebenswürdigkeit verdankte er es, daß
ihm eine gewisse Leistung leicht wurde und gut gelang, die der
Verstandesthätigkeit constitutioneller Regenten und Minister von Zeit
zu Zeit viel Mühe macht. Für öffentliche Ansprachen enthalten die
jährlich wiederkehrenden Aeußerungen solcher Monarchen, deren
Constitutionalismus als mustergültig betrachtet wurde, einen reichen
Vorrath an Redewendungen; aber trotz aller sprachlichen Gewandheit haben sowohl Leopold von Belgien wie Louis Philipp die constitutionelle Phraseologie ziemlich erschöpft, und ein deutscher Monarch
wird kaum im Stande sein, schriftlich und gedruckt den Kreis der
brauchbaren Aeußerungen zu erweitern. Mir selbst ist keine Arbeit
unbehaglicher und schwieriger gewesen, als die Herstellung des
nöthigen Phrasenbedarfs für Thronreden und ähnliche Aeußerungen.
Wenn Kaiser Wilhelm selbst Proclamationen redigirte oder wenn
er eigenhändig Briefe schrieb, so hatten dieselben, auch wenn sie
sprachlich incorrect waren, doch immer etwas Gewinnendes, oft Be-

geisterndes. Sie berührten angenehm durch die Wärme seines Gefühls und die Sicherheit, die aus ihnen sprach, daß er Treue nicht nur verlangte, sondern auch gewährte. Il était de relation sûre; eine von den fürstlichen Gestalten, in Seele und Körper, deren Eigenschaften mehr des Herzens als des Verstandes die im germanischen Charakter hin und wieder vorkommende Hingebung ihrer Diener und Anhänger auf Tod und Leben erklären. Für monarchische Gesinnung ist die Ausdehnung des Gebietes ihrer Ergebenheit nicht jedem Fürsten gegenüber dieselbe; sie unterscheidet sich, je nachdem politisches Verständniß oder Empfindung die Grenzen ziehn. Ein gewisses Maß der Hingebung wird durch die Gesetze bestimmt, ein größeres durch politische Ueberzeugung; wo es darüber hinaus geht, bedarf es eines persönlichen Gefühls von Gegen=seitigkeit, das bewirkt, daß treue Herrn treue Diener haben, deren Hingebung über das Maß staatsrechtlicher Erwägungen hin=ausreicht.

Es ist eine Eigenthümlichkeit royalistischer Gesinnung, daß ihren Träger, auch wenn er sich bewußt ist, die Entschließungen des Königs zu beeinflussen, das Gefühl nicht verläßt, der Diener des Monarchen zu sein. Der König selbst rühmte eines Tages (1865) gegen meine Frau die Geschicklichkeit, mit der ich seine Intentionen zu er=rathen und — wie er nach einer Pause hinzusetzte — zu leiten wüßte. Solche Anerkennung benahm ihm nicht das Gefühl, daß er der Herr und ich sein Diener sei, ein nützlicher, aber ehrerbietig ergebener. Dieses Bewußtsein verließ ihn auch dann nicht, als er bei erregter Erörterung meines Abschiedsgesuchs 1877 in die Worte ausbrach: „Soll ich mich in meinen alten Tagen blamiren? Es ist eine Untreue, wenn Sie mich verlassen" — auch unter solchen Gefühlen stand er in seiner eignen königlichen Einschätzung und in seinem Gerechtigkeitssinn zu hoch, um jemals dem Gefühl einer Saulischen Eifersucht gegen mich zugänglich zu werden. Er hatte das königliche Gefühl, daß er es nicht nur vertrug, sondern sich gehoben fühlte durch den Gedanken, einen angesehenen und mächtigen

Diener zu haben. Er war zu vornehm für das Gefühl eines Edel=
mannes, der keinen reichen und unabhängigen Bauern im Dorfe
vertragen kann. Die freudige Art, in welcher er 1885 bei meiner
50jährigen Dienstfeier ¹) die mir gebrachten Huldigungen nicht befahl
und anordnete, aber zuließ und mitmachte, stellte auch für das
Publikum und die Geschichte diesen königlichen und vornehmen Cha=
rakter in das richtige Licht. Die Feier war nicht von ihm befohlen,
aber zugelassen und freudig befördert. Nicht einen Augenblick kam
ihm der Gedanke einer Eifersucht auf seinen Diener und Unter=
thanen in den Sinn, und nicht einen Augenblick verließ ihn das
königliche Bewußtsein, der Herr zu sein, ebenso wie bei mir alle,
auch übertriebene Huldigungen das Gefühl, der Diener dieses Herrn
zu sein, und mit Freuden zu sein, in keiner Weise berührten.

Diese Beziehungen und meine Anhänglichkeit hatten ihre prin=
zipielle Begründung in einem überzeugungstreuen Royalismus: aber
in der Specialität, wie er vorhanden war, ist er doch nur mög=
lich unter der Wirkung einer gewissen Gegenseitigkeit des Wohl=
wollens zwischen Herrn und Diener, wie unser Lehnrecht die „Treue"
auf beiden Seiten zur Voraussetzung hatte. Solche Beziehungen,
wie ich sie zum Kaiser Wilhelm hatte, sind nicht ausschließlich
staatsrechtlicher oder lehnrechtlicher Natur; sie sind persönlich und
sie wollen von dem Herrn sowohl wie von dem Diener, wenn sie
wirksam sein sollen, erworben sein; sie übertragen sich mehr persön=
lich, als logisch leicht auf eine Generation, aber ihnen einen dauern=
den und prinzipiellen Charakter beizulegen, entspricht im heutigen
politischen Leben nicht mehr den germanischen, sondern eher den
romanischen Anschauungen; der portugiesische porteur du coton ist
in die deutschen Begriffe nicht übertragbar.

---

¹) Sie wurde nach Wunsch des Kaisers mit der Feier des 70. Geburts=
tags verbunden.

VII.

Lebendiger als in meiner Schilderung werden gewisse Charakter=
züge des Kaisers aus seinen nachstehenden Briefen hervortreten:

"Berlin, den 13. Januar 1870.

Leider vergaß ich noch immer, Ihnen die Sieges=Medaille zu
übergeben, die eigentlich zuerst in Ihren Händen hätte sein müssen,
und so sende ich sie Ihnen hierbei als Siegel Ihrer Welthistorischen
Leistungen.

Ihr

Wilhelm."

Ich schrieb dem Könige an demselben Tage:

"Eurer Majestät sage ich meinen ehrfurchtsvollen und tief=
gefühlten Dank für die huldreiche Verleihung der Sieges=Medaille
und für den ehrenvollen Platz, den Eure Majestät mir auf diesem
historischen Denkmal anzuweisen geruht haben.   Die Erinnerung,
welches dieses geprägte Document der Nachwelt erhalten wird, ge=
winnt für mich und die Meinigen ihre besondre Bedeutung durch
die gnädigen Zeilen, mit denen Eure Majestät die Verleihung be=
gleitet haben.   Wenn mein Selbstgefühl eine hohe Befriedigung
darin findet, daß es mir vergönnt ist, meinen Namen unter den
Flügeln des Königlichen Adlers, der Deutschland seine Bahnen
anweist, auf die Nachwelt kommen zu sehn, so ist mein Herz noch
mehr befriedigt in dem Gefühle, unter Gottes sichtbarem Segen
einem angestammten Herrn zu dienen, dem ich mit voller persön=
licher Liebe anhänge, und dessen Zufriedenheit zu besitzen für mich
der in diesem Leben begehrteste Lohn ist."

"Berlin, den 21. März 1871.

Mit der heutigen Eröffnung des ersten deutschen Reichstags
nach Wiederherstellung eines Deutschen Reiches beginnt die erste

öffentliche Thätigkeit desselben. Preußens Geschichte und Geschick wiesen seit längerer Zeit auf ein Ereigniß hin, wie es sich jetzt durch dessen Berufung an die Spitze des neugegründeten Reiches vollzogen hat. Preußen verdankt dies weniger seiner Ländergröße und Macht, wenngleich beides sich gleichmäßig mehrte, als seiner geistigen Entwicklung und seiner Heeres=Organisation. In un= erwartet schneller Folge haben sich im Laufe von sechs Jahren die Geschicke meines Landes zu dem Glanzpunkte entwickelt, auf dem es heute stehet. In diese Zeit fällt eine Thätigkeit, zu welcher ich Sie vor 10 Jahren zu mir berief. In welchem Maße Sie das Vertrauen gerechtfertigt haben, aus welchem ich damals den Ruf an Sie ergehen ließ, liegt offen vor der Welt. Ihrem Rath, Ihrer Umsicht, Ihrer unermüdlichen Thätigkeit verdankt Preußen und Deutschland das weltgeschichtliche Ereigniß, welches sich heute in meiner Residenz verkörpert.

Wenngleich der Lohn für solche Thaten in Ihrem Innern ruhet, so bin ich doch gedrungen und verpflichtet, Ihnen öffentlich und dauernd den Dank des Vaterlandes und den meinigen aus= zudrücken. Ich erhebe Sie daher in den Fürstenstand Preußens mit der Bestimmung, daß sich derselbe stets auf das älteste männ= liche Mitglied Ihrer Familie vererbt.

Mögen Sie in dieser Auszeichnung den nie versiegenden Dank erblicken

Ihres

Kaisers und Königs

Wilhelm."

„Berlin, den 2. März 1872.

Wir begehen heute den ersten Jahrestag des glorreichen Friedens= schlusses, der durch Tapferkeit und Opfer aller Art erkämpft, durch Ihre Umsicht und Energie aber zu Resultaten führte, die nie geahnt waren! Meine Anerkennung und meinen Dank wiederhole ich Ihnen heute von neuem mit dankbarem und gerührtem Herzen, dem ich

durch Eisen und edle Metalle öffentlich Ausdruck gab. Es fehlt
aber noch ein Metall, die Bronze. Ein Andenken aus diesem
Metall stelle ich daher heute zu Ihrer Disposition und zwar in
der Gestalt, die Sie vor einem Jahre zum Schweigen brachten,
ich habe bestimmt, daß nach Ihrer eignen Auswahl einige eroberte
Geschütze Ihnen überwiesen werden, die Sie auf Ihren Besitzungen
zum bleibenden Andenken Ihrer mir und dem Vaterlande geleisteten
hohen Dienste aufpflanzen wollen!

Ihr
treuergebener und
dankbarer
Wilhelm."

„Coblenz, den 26. July 1872.

Sie werden am 28. d. M. ein schönes Familien Fest begehen,
das Ihnen der Allmächtige in Seiner Gnade bescheert. Daher darf
und kann ich mit meiner Theilnahme an diesem Feste nicht zurückbleiben, und so wollen Sie und die Fürstin Ihre Gemahlin hier
meinen innigsten und wärmsten Glückwunsch zu diesem erhebenden
Feste entgegen nehmen. Daß Ihnen Beiden unter so vielen Glücks-
gütern, die Ihnen die Vorsehung für Sie erkoren hat, doch immer
das häusliche Glück obenan stand, das ist es, wofür Ihre Dankgebethe zum Himmel steigen. Unsere und meine Dankgebethe gehen
aber weiter, indem sie den Dank in sich schließen, daß Gott Sie
mir in entscheidender Stunde zur Seite stellte und damit eine Laufbahn meiner Regierung eröffnete, die weit über Denken und Ver-
stehen gehet. Aber auch hierfür werden Sie Ihre Dankgefühle
nach Oben senden, daß Gott Sie begnadigte, so Hohes zu leisten.
Und in und nach allen Ihren Mühen fanden Sie stets in der
Häuslichkeit Erholung und Frieden, und das erhält Sie Ihrem
schweren Berufe. Für diesen sich zu erhalten und zu kräftigen, ist
mein stetes Anliegen an Sie, und freue ich mich aus Ihrem Briefe

durch Graf Lehndorff und von diesem selbst zu hören, daß Sie jetzt mehr an sich als an die Papiere denken werden.

Zur Erinnerung an Ihre silberne Hochzeit wird Ihnen eine Vase übergeben werden, die eine dankbare Borussia darstellt und die, so gebrechlich ihr Material auch sein mag, doch selbst in jeder Scherbe dereinst aussprechen soll, was Preußen Ihnen durch die Erhebung auf die Höhe, auf welcher es jetzt stehet, verdankt.

Ihr

treu ergebener

dankbarer König

Wilhelm."

„Coblenz am 6. November 1878.

Es ist Ihnen beschieden gewesen, in Zeit eines Vierteljahres Europa durch Ihre Einsicht, Umsicht und durch Ihren Muth den Frieden theils wiederzugeben, theils zu erhalten, und für Deutschland auf gesetzlichem Wege einem Feinde entgegen zu treten, der für alle Staatlichen Verhältnisse Verderben drohte. Wenn beide Welt= geschichtliche Ereignisse von allen Wohlgesinnten begriffen und Ihnen derselben Anerkennung zu Theil geworden ist, und ich selbst Ihnen diese Anerkennung beweisen konnte für das zuerst genannte Ereig= niß des Berliner Congresses, so geziemt es mir nun auch für die Entschiedenheit, mit welcher Sie den Rechtsboden vertheidigt haben, Ihnen diese Anerkennung auch öffentlich darzulegen. Das Gesetz *), welches ich im Sinne habe und welches seine Entstehung einem meinem Herzen und Gemüth schmerzlichen Ereigniß verdankt, soll den deutschen Staaten ihren jetzigen rechtlichen Standpunkt erhalten und sichern, also auch Preußen.

Ich habe als Zeichen meiner Anerkennung Ihrer großen Ver= dienste um mein Preußen die Zeichen seiner Macht gewählt: Krone,

---

*) Gegen die gemeingefährlichen Bestrebungen der Socialdemokratie vom 21. October 1878.

Zepter und Schwerdt, und dem Großkreuz des Rothen Adler Ordens, welches Sie stets tragen, zufügen lassen, welche Décoration ich Ihnen beifolgend übersende.

Das Schwerdt spricht für den Muth und die Einsicht, mit welcher Sie meinen Zepter und meine Krone zu unterstützen und zu schützen wissen.

Möge die Vorsehung Ihnen noch die Kraft verleihen, um lange Jahre hindurch ferner Ihren Patriotismus meiner Regierung und dem Wohle des Vaterlandes zu widmen.

Ihr
treu ergebener dankbarer
Wilhelm.“

„Berlin, den 1. April 1879.

Leider kann ich Ihnen meine Wünsche zum heutigen Tage nicht persönlich mündlich darbringen, da ich heute zum Erstenmale zwar ausfahren soll, aber noch keine Treppen steigen darf.

Vor Allem wünsche ich Ihnen Gesundheit, denn von der hängt ja alle Thätigkeit ab, und diese entwickeln Sie jetzt mehr wie seit langer Zeit, ein Beweis, daß Thätigkeit auch g e s u n d erhält. Möge es zum Wohle des Vaterlandes, des engeren wie weiteren, so fortgehen.

Ich benutze den Tag, um Ihren Schwiegersohn den Grafen Rantzau hiermit zum Legationsrath zu ernennen, da ich glaube Ihnen damit eine Freude zu machen.

Auch sende ich Ihnen die Copie meines großen Ahnherrn, des Großkurfürsten, wie er auf der langen Brücke steht, zum An= denken an den heutigen Tag, der noch recht oft für Sie und uns wiederkehren möge.

Ihr
dankbarer
Wilhelm.“

Um Weihnachten 1883 schenkte der Kaiser mir eine Nachbildung des Denkmals auf dem Niederwald, an der ein Blättchen mit folgenden Worten befestigt war:

„Zu Weihnachten
1883

Der Schlußstein Ihrer Politik, eine Feier, die hauptsächlich Ihnen galt und der Sie leider ✻) nicht beiwohnen konnten!

W."

„Berlin, 1. April 1885.

Mein lieber Fürst! Wenn sich in dem Deutschen Lande und Volke das warme Verlangen zeigt, Ihnen bei der Feier Ihres 70. Geburtstages zu bethätigen, daß die Erinnerung an Alles, was Sie für die Größe des Vaterlandes gethan haben, in so vielen Dankbaren lebt, so ist es mir ein tiefgefühltes Bedürfniß, Ihnen heute auszusprechen, wie hoch es mich freut, daß ein solcher Zug des Dankes und der Verehrung für Sie durch die Nation geht. Es freut mich das für Sie als eine wahrlich im höchsten Maße verdiente Anerkennung; und es erwärmt mir das Herz, daß solche Gesinnungen sich in so großer Verbreitung kund thun, denn es ziert die Nation in der Gegenwart und es stärkt die Hoffnung auf ihre Zukunft, wenn sie Erkenntniß für das Wahre und Große zeigt und wenn sie ihre hochverdienten Männer feiert und ehrt. An einer solchen Feier Theil zu nehmen, ist mir und meinem Hause eine besondere Freude und wünschen wir Ihnen durch beifolgendes Bild (die Kaiserproclamation in Versailles) auszudrücken, mit welchen Empfindungen dankbarer Erinnerung wir dies thun. Denn dasselbe vergegenwärtigt einen der größten Momente der Geschichte des Hohenzollernhauses, dessen niemals gedacht werden kann, ohne sich zugleich auch Ihrer Verdienste zu erinnern. Sie, mein lieber Fürst, wissen,

---

✻) Krankheitshalber.

wie in mir jederzeit das vollste Vertrauen, die aufrichtigste Zu=
neigung und das wärmste Dankgefühl für Sie leben wird! Ihnen
sage ich daher mit diesem nichts, was ich Ihnen nicht oft genug
ausgesprochen habe, und ich denke, daß dieses Bild noch Ihren späten
Nachkommen vor Augen stellen wird, daß Ihr Kaiser und König
und sein Haus sich dessen wohl bewußt waren, was wir Ihnen zu
danken haben. Mit diesen Gesinnungen und Gefühlen endige ich
diese Zeilen als, über das Grab hinausdauernd, Ihr dankbarer
treu ergebener Kaiser und König

Wilhelm."

„Berlin zum 23. September 1887.

Sie feiern, mein lieber Fürst, am 23. September d. J. den
Tag, an welchem ich Sie vor 25 Jahren in mein Staatsministerium
berief und nach kurzer Zeit Ihnen das Präsidium desselben über=
trug. Ihre bis dahin dem Vaterlande in den verschiedensten und
wichtigsten Aufträgen geleisteten ausgezeichneten Dienste berechtigten
mich, Ihnen diese höchste Stellung zu übertragen. Die Geschichte
des letzten Viertels des Jahrhunderts beweiset, daß ich mich nicht
bei Ihrer Wahl geirrt habe.

Ein leuchtendes Bild von wahrer Vaterlandsliebe, unermüd=
licher Thätigkeit, oft mit Hintenansetzung Ihrer Gesundheit, waren
Sie unermüdlich, die oft sich aufthürmenden Schwierigkeiten im
Frieden und Kriege fest ins Auge zu fassen und zu guten Zielen
zu führen, die Preußen an Ehre und Ruhm zu einer Stellung
führten in der Welt=Geschichte, wie man sie nie geahnet hatte;
solche Leistungen sind wohl gemacht, um den 25. Jahrestag des
23. Septembers mit Dank gegen Gott zu begehen, daß Er Sie
mir zur Seite stellte, um Seinen Willen auf Erden auszuführen.

Und diesen Dank lege ich nun erneuert an Ihr Herz, wie
ich dieses so oft aussprechen und bethätigen konnte.

Mit dankerfülltem Herzen wünsche ich Ihnen Glück zur Feier
eines solchen Tages und wünsche von Herzen, daß Ihre Kräfte

noch lange ungeschwächt erhalten bleiben zum Segen des Thrones und des Vaterlandes.

Ihr

ewig dankbarer König
und Freund
Wilhelm.

N. Sch.

Zur Erinnerung an die abgelaufenen 25 Jahre sende ich Ihnen die Ansicht des Gebäudes, in welchem wir so entscheidende Beschlüsse berathen und ausführen mußten und die immer Preußen und nun hoffentlich Deutschland zur Ehre und zum Wohle ge= reichen mögen.   W."

Den letzten Brief des Kaisers erhielt ich am 23. December 1887. Verglichen mit dem vorhergehenden zeigt er im Satzbau und in den Zügen, daß dem Kaiser während der letztverflossenen drei Monate der schriftliche Ausdruck und das Schreiben viel saurer geworden waren; aber die Schwierigkeiten beeinträchtigen nicht die Klarheit der Gedanken, die väterliche Rücksicht auf das Gefühl des kranken Sohnes, die landesherrliche Sorge für die gehörige Aus= bildung des Enkels. Es wäre unrecht, bei der Wiedergabe dieses Briefes irgend etwas daran bessern zu wollen.

„Berlin, den 23. Dezember 1887.

Anliegend sende ich Ihnen die Ernennung Ihres Sohnes zum Wirklichen Geheimen Rath mit dem Prädikat Excellenz, um die= selbe Ihrem Sohne zu übergeben, eine Freude, die ich Ihnen nicht versagen wollte. Ich denke, die Freude wird eine dreifache sein, für Sie, für Ihren Sohn und für mich!

Ich ergreife die Gelegenheit, um Ihnen mein bisheriges Schweigen zu erklären auf Ihren Vorschlag, meinen Enkel den Prinzen Wilhelm mehr in die Staatsgeschäfte einzuführen, bei dem traurigen Gesundheitszustande des Kronprinzen meines Sohnes!

Im Princip bin ich ganz einverstanden, daß dies geschehe, aber die Ausführung ist eine sehr schwierige — Sie werden ja wissen, daß die an sich sehr natürliche Bestimmung, die ich auf Ihren Rath traf, daß mein Enkel W. in meiner Behinderung die laufenden Erlasse des Civil= und Militär=Cabinets unterschreiben werde unter der Ueberschrift ‚auf Allerhöchsten Befehl‘ — daß diese Bestim= mung den Kronprinzen sehr irritirt hat, als denke man in Berlin bereits an seinen Ersatz! Bei ruhigerer Ueberlegung wird sich mein Sohn wohl beruhigt haben. Schwieriger würde diese Ueber= legung sein, wenn er erfährt, daß seinem Sohn nun noch größere Einsicht in die Staatsgeschäfte gestattet wird und selbst ein Civil- Adjutant gegeben wird — wie ich seinerzeit meine vortragenden Räthe bezeichnete. Damals lagen die Dinge jedoch ganz anders, da ein Grund meinen Königlichen Vater veranlassen konnte, einen Stellvertreter des damaligen Kronprinzen zu bestellen, obgleich meine Erbschaft an der Krone schon längst vorher zu sehen war und unterblieb meine Einführung bis zu meinem 44. Jahre, als mein Bruder mich sofort zum Mitglied des Staatsministeriums ernannte mit Beilegung des Titels als Prinz von Preußen. Mit dieser Stellung war also Zutheilung eines erfahrenen Geschäfts= mannes nothwendig, um mich zur jedesmaligen Staats=Ministerial= Sitzung vorzubereiten. Zugleich erhielt ich täglich die politischen Dépéchen, nachdem dieselben durch 4—5—6 Hände, den Siegeln nach, gegangen waren! Für bloße Conversation, wie Sie es vorschlagen, einen Staatsmann meinem Enkel zuzutheilen, entbehrt also des Grundes einer Vorbereitung, wie bei mir, zu einem be= stimmten Zweck u. würde bestimmt meinen Sohn von neuem u. noch mehr irritiren, was durchaus unterbleiben muß. Ich schlage Ihnen daher vor, daß die bisherige Art der Beschäftigung= Erlernung der Behandlung der Staats=Orientirung beibehalten wird d. h. einzelnen Staats=Ministerien zugetheilt werde und vielleicht auf zwei ausgedehnt werde, wie in diesem Winter, wo mein Enkel freiwillig den Besuch des Auswärtigen Amts ferner zu gestatten

neben dem Finanz-Ministerium, welche Freiwilligkeit dann von Neujahr ganz fortfallen könnte u. vielleicht das Minist. des Inneren,
wobei meinem Enkel zu gestatten wäre, in (unleserlich) Fällen
sich im Auswärt. Amt zu orientiren. Diese Fortsetzung des
jetzigen Verfahrens kann meinen Sohn weniger irritiren, obgleich
Sie Sich erinnern werden, daß er auch gegen dieses Verfahren
scharf opponirt.

Ich bitte also um Ihre Ansicht in dieser Materie.

Ein angenehmes Fest Ihnen allen wünschend

Ihr

dankbarer

Wilhelm.

Das beifolgende Patent wollen Sie gefälligst vor der Uebergabe contrasigniren.   W." [1]

Von der Kaiserin Augusta habe ich sehr selten Zuschriften erhalten; ihr letzter Brief, bei dessen Abfassung sie wohl ebenso
wie ich bei dem Lesen an die Kämpfe gedacht hat, die ich mit ihr
zu bestehn hatte, lautet wie folgt:

"Dictirt.

Baden-Baden, den 24. December 1888.

Lieber Fürst!

Wenn ich diese Zeilen an Sie richte, so ist es nur, um an
dem Wendepunkt eines ernsten Lebensjahres eine Pflicht der Dankbarkeit zu erfüllen. Sie haben unserm unvergeßlichen Kaiser treu
beigestanden und meine Bitte der Fürsorge für seinen Enkel erfüllt. Sie haben mir in bitteren Stunden Theilnahme bewiesen,
deshalb fühle ich mich berufen, Ihnen, bevor ich dieses Jahr be-

---

[1] Eine größere Zahl von Briefen des Kaisers Wilhelm I. an Bismarck
habe ich im Bismarck-Jahrbuch (I 140. 141, IV 3—12, V 254. 255, VI 203)
veröffentlicht. H. K.

schließe, nochmals zu danken und dabei auf die Fortdauer Ihrer
Hülfe zu rechnen, mitten unter den Widerwärtigkeiten einer viel=
bewegten Zeit. Ich stehe im Begriff, den Jahreswechsel im Familien=
kreise still zu feiern, und sende Ihnen und Ihrer Gemahlin einen
freundlichen Gruß.

Augusta."

Die Unterschrift ist eigenhändig, aber sehr verschieden von den
festen Zügen, in denen die Kaiserin früher zu schreiben pflegte.

Dreiunddreißigstes Kapitel.

Kaiser Friedrich III.

Es war ein weitverbreiteter Irrthum, daß der Regirungs=
wechsel von Kaiser Wilhelm zu Kaiser Friedrich mit einem Minister=
wechsel, der mir meinen Nachfolger gegeben haben würde, ver=
bunden sein müßte. Im Sommer 1848 hatte ich zuerst Gelegen=
heit, dem damals 17jährigen Herrn bekannt zu werden und Beweise
persönlichen Vertrauens von ihm zu erhalten. Letztres mag bis
1866 gelegentlich geschwankt haben, erwies sich aber als fest und
offen bei Erledigung der Danziger Episode in Gastein 1863 [1]).
Im Kriege von 1866, insbesondre in den Kämpfen mit dem Könige
und den höhern Militärs über die Opportunität des Friedensschlusses
in Nikolsburg, hatte ich mich eines von politischen Prinzipien und
Meinungsverschiedenheiten unabhängigen Vertrauens des Kronprinzen
zu erfreuen [2]). Versuche, es zu erschüttern, sind von verschiedenen
Seiten, die äußerste Rechte nicht ausgeschlossen, und unter An=
wendung verschiedener Vorwände und Erfindungen gemacht worden,
haben aber keinen dauernden Erfolg erreicht; zu ihrer Vereitlung
genügte seit 1866 eine persönliche Aussprache zwischen dem hohen
Herrn und mir.

Als der Gesundheitszustand Wilhelms I. im Jahre 1885
Anlaß zu ernsten Besorgnissen gab, berief der Kronprinz mich nach

---

[1]) S. Bd. I 322.
[2]) S. o. S. 47.

Potsdam und fragte, ob ich im Falle eines Thronwechsels im Dienst bleiben würde. Ich erklärte mich dazu unter zwei Bedingungen bereit: keine Parlamentsregirung und keine auswärtigen Einflüsse in der Politik. Der Kronprinz erwiderte mit einer entsprechenden Handbewegung: „Kein Gedanke daran!"

Bei seiner Frau Gemalin konnte ich nicht dasselbe Wohlwollen für mich voraussetzen; ihre natürliche und angeborne Sympathie für ihre Heimath hatte sich von Hause aus gekennzeichnet in dem Bestreben, das Gewicht des preußisch-deutschen Einflusses in europäischen Gruppirungen in die Wagschale ihres Vaterlandes, als welches sie England zu betrachten niemals aufgehört hat, hinüberzuschieben und im Bewußtsein der Interessenverschiedenheit der beiden asiatischen Hauptmächte, England und Rußland, bei eintretendem Bruche die deutsche Macht im Sinne Englands verwendet zu sehn. Dieser auf der Verschiedenheit der Nationalität beruhende Dissens hat in der orientalischen Frage, mit Einschluß der Battenbergischen, manche Erörterung zwischen Ihrer Kaiserlichen Hoheit und mir veranlaßt. Ihr Einfluß auf ihren Gemal war zu allen Zeiten groß und wurde stärker mit den Jahren, um zu culminiren in der Zeit, wo er Kaiser war. Aber auch bei ihr bestand die Ueberzeugung, daß meine Beibehaltung bei dem Thronwechsel im Interesse der Dynastie liege.

Es ist nicht meine Absicht, würde auch unausführbar sein, jeder Legende und böswilligen Erfindung ausdrücklich zu widersprechen. Da indessen die Erzählung, der Kronprinz habe 1887 nach der Rückkehr aus Ems eine Urkunde unterzeichnet, in der er für den Fall, daß er seinen Vater überlebe, zu Gunsten des Prinzen Wilhelm auf die Regirung verzichtet, in ein englisches Werk über den Kaiser Wilhelm II. übergegangen ist, so will ich constatiren, daß an der Geschichte nicht ein Schatten von Wahrheit ist. Auch daß ein Thronerbe, der an einer unheilbaren Körperkrankheit leide, nach unsern Hausgesetzen nicht successionsfähig sei, wie 1887 in manchen Kreisen behauptet, in andern geglaubt wurde,

ist eine Fabel. Die Hausgesetze so wenig wie die preußische Ver=
fassungs=Urkunde enthalten irgend eine Bestimmung der Art. Da=
gegen gab es einen Moment, in dem eine Frage staatsrechtlicher
Natur mich nöthigte, in die Behandlung des Dulders einzugreifen,
deren Geschichte übrigens die medizinische Wissenschaft angeht. Die
behandelnden Aerzte waren Ende Mai 1887 entschlossen, den Kron=
prinzen bewußtlos zu machen und die Exstirpation des Kehlkopfs
auszuführen, ohne ihm ihre Absicht angekündigt zu haben. Ich er=
hob Einspruch, verlangte, daß nicht ohne die Einwilligung des Pa=
tienten vorgegangen und, da es sich um den Thronfolger handle,
auch die Zustimmung des Familienhauptes eingeholt werde. Der
Kaiser, durch mich unterrichtet, verbot, die Operation ohne Ein=
willigung seines Sohnes vorzunehmen.

Von den wenigen Erörterungen, die ich mit dem Kaiser Friedrich
während seiner kurzen Regirungszeit zu führen hatte, sei eine er=
wähnt, an die sich Betrachtungen über die Reichsverfassung knüpfen
lassen, die mich in frühern Conjuncturen und wieder im März 1890
beschäftigt haben.

Bei dem Kaiser Friedrich war die Neigung vorhanden, der
Verlängerung der Legislaturperiode von drei auf fünf Jahre im
Reiche und in Preußen die Genehmigung zu versagen. In Betreff
des Reichstags setzte ich ihm auseinander, daß der Kaiser als solcher
kein Factor der Gesetzgebung sei, sondern nur als König von
Preußen durch die preußische Stimme am Bundesrathe mitwirke;
ein Veto gegen übereinstimmende Beschlüsse beider gesetzgebenden
Körperschaften habe ihm die Reichsverfassung nicht beigelegt. Diese
Auseinandersetzung genügte, um Se. Majestät zur Vollziehung des
Schriftstücks, durch das die Verkündigung des Gesetzes vom 19. März
1888 angeordnet wurde, zu bestimmen.

Auf die Frage Sr. Majestät, wie sich die Sache nach der
preußischen Verfassung verhalte, konnte ich nur antworten, daß der
König dasselbe Recht habe, einen Gesetzentwurf anzunehmen oder
abzulehnen, wie jedes der beiden Häuser des Landtags. Se. Majestät

lehnte dann vor der Hand die Unterzeichnung ab, sich die Entschließung vorbehaltend. Es entstand · also die Frage, wie das
Staatsministerium, das die Königliche Zustimmung beantragt hatte,
sich zu verhalten habe. Ich befürwortete und erreichte, daß einstweilen auf eine Erörterung mit dem Könige verzichtet wurde, weil
er ein unzweifelhaftes Recht ausübe, weil überdies der Gesetzentwurf
vor dem Thronwechsel eingebracht war, und endlich, weil wir vermeiden mußten, die wegen der Krankheit des Monarchen ohnehin
schwierige Situation durch Anregung von Cabinetsfragen zu verschärfen. Die Sache erledigte sich dadurch, daß Se. Majestät mir
am 27. Mai auch das preußische Gesetz vollzogen aus eignem An-
triebe zugehn ließ.

Man hat sich in der Praxis daran gewöhnt, den Kanzler als
verantwortlich für das gesammte Verhalten der Reichsregirung an-
zusehn. Diese Verantwortlichkeit läßt sich nur dann behaupten,
wenn man seine Berechtigung zugiebt, das kaiserliche Uebersendungs-
schreiben, vermittelst dessen Vorlagen der verbündeten Regirungen
(Art. 16) an den Reichstag gelangen, durch Verweigerung der
Gegenzeichnung zu inhibiren. Der Kanzler an sich hätte, wenn er
nicht zugleich preußischer Bevollmächtigter zum Bundesrathe ist,
nach dem Wortlaute der Verfassung nicht einmal die Berechtigung,
an den Debatten des Reichstags persönlich theilzunehmen. Wenn
er, wie bisher, zugleich Träger eines preußischen Mandates zum
Bundesrathe ist, so hat er nach Art. 9 das Recht, im Reichstage
zu erscheinen und jederzeit gehört zu werden; dem Reichskanzler als
solchem ist diese Berechtigung durch keine Bestimmung der Verfassung beigelegt. Wenn also weder der König von Preußen, noch
ein andres Mitglied des Bundes den Kanzler mit einer Vollmacht
für den Bundesrath versieht, so fehlt demselben die verfassungsmäßige Legitimation zum Erscheinen im Reichstage; er führt zwar
nach Art. 15 im Bundesrathe den Vorsitz, aber ohne Votum, und
es würden ihm die preußischen Bevollmächtigten in derselben Unabhängigkeit gegenüberstehn wie die der übrigen Bundesstaaten.

Es leuchtet ein, daß eine Aenderung der bisherigen Verhält=
niſſe, infolge deren die bisher dem Kanzler zugeſchriebene Ver=
antwortlichfeit auf die Anordnungen der kaiſerlichen Executiv=Gewalt
beſchränkt und ihm die Befugniß, geſchweige denn die Verpflichtung,
im Reichstage zu erſcheinen und zu diſcutiren, entzogen würde,
nicht eine nur formelle ſein, ſondern auch die Schwerkraft der Fac=
toren unſres öffentlichen Lebens weſentlich veränbern würde. Ich
habe mir die Frage, ob es ſich empföhle, berartigen Eventualitäten
näher zu treten, vorgelegt zu der Zeit, als ich mich im December
1884 einer Reichstagsmehrheit gegenüber fand, die ſich aus einer
Coalition der verſchiedenartigſten Elemente zuſammenſetzte, aus der
Socialbemokratie, den Polen, Welfen, Franzoſenfreunden aus dem
Elſaß, den freiſinnigen Krypto=Republikanern und gelegentlich aus
mißgünſtigen Conſervativen am Hofe, im Parlamente und in der
Preſſe — der Coalition, die zum Beiſpiel die Geldbewilligung für
einen zweiten Director im Auswärtigen Amt ablehnte. Die Unter=
ſtützung, die ich dieſer Oppoſition gegenüber am Hofe, im Parla=
mente und außerhalb deſſelben fand, war keine unbedingte, und
nicht frei von der Mitwirkung mißgünſtiger und rivaliſirender
Streber. Ich habe damals die Frage Jahre hindurch mit wechſelnder
Anſicht über ihre Dringlichkeit bei mir und mit Andern erwogen,
ob das Maß nationaler Einheit, welches wir gewonnen hatten, zu
ſeiner Sicherſtellung nicht einer andern Form bedürfe, als der zur
Zeit gültigen, die aus der Vergangenheit überliefert und durch die
Ereigniſſe und durch Compromiſſe mit Regirungen und Parla=
menten entwickelt war. Ich habe in jener Zeit, wie ich glaube,
auch in öffentlichen Reden angedeutet, daß der König von Preußen,
wenn ihm der Reichstag die kaiſerliche Wirkſamkeit über die Grenzen
der Möglichkeit monarchiſcher Einrichtungen erſchwere, ſich zu einer
ſtärkern Anlehnung an die Unterlagen veranlaßt ſehn könne, welche
die preußiſche Krone und Verfaſſung ihm gewähre[1]). Ich hatte bei

---

[1]) Vgl. Pol. Reden XI 468.

Herstellung der Reichsverfassung befürchtet, daß die Gefährdung unsrer nationalen Einheit in erster Linie von dynastischen Sonder=bestrebungen zu befürchten sei, und hatte mir daher zur Aufgabe gestellt, das Vertrauen der Dynastien durch ehrliche und wohl=wollende Wahrung ihrer verfassungsmäßigen Rechte im Reiche zu gewinnen, habe auch die Genugthuung gehabt, daß insbesondre die hervorragenden Fürstenhäuser eine gleichzeitige Befriedigung ihres nationalen Sinnes und ihrer particulären Ansprüche fanden. In dem Ehrgefühle, das den Kaiser Wilhelm I. seinen Bundesgenossen gegenüber beseelte, habe ich stets ein Verständniß für die politische Nothwendigkeit gefunden, das dem eignen stark dynastischen Gefühle schließlich doch überlegen war.

Auf der andern Seite hatte ich darauf gerechnet, in den ge=meinsamen öffentlichen Einrichtungen, namentlich in dem Reichs=tage, in Finanzen, basirt auf indirecten Steuern und in Mono=polen, deren Erträge nur bei dauernd gesichertem Zusammenhange flüssig bleiben, Bindemittel herzustellen, die haltbar genug wären, um centrifugaler Anwandlung einzelner Bundesregirungen Wider=stand zu leisten. Die Ueberzeugung, daß ich mich in dieser Rech=nung geirrt, daß ich die nationale Gesinnung der Dynastien unter=schätzt, die der deutschen Wähler oder doch des Reichstags über=schätzt hatte, war Ende der siebziger Jahre in mir noch nicht zum Durchbruch gekommen, mit so viel Uebelwollen ich auch im Reichstage, am Hofe, in der conservativen Partei und deren „Declaranten" zu kämpfen gehabt hatte. Jetzt habe ich den Dynastien Abbitte zu leisten; ob die Fractionsführer mir ein pater peccavi schuldig sind, darüber wird die Geschichte einmal entscheiden. Ich kann nur das Zeugniß ablegen, daß ich den Fractionen, den arbeitsscheuen Mitgliedern so=wohl wie den Strebern, in deren Hand die Führung und das Votum ihrer Gefolgschaften lag, eine schwerere Schuld an der Schädigung unsrer Zukunft beimesse, als sie selbst fühlen. „Get you home, you fragments," sagt Coriolan. Nur die Führung des Centrums kann ich nicht eine unfähige nennen, aber sie ist berechnet auf die Zerstörung des unbequemen Gebildes eines Deutschen Reiches mit evangelischem Kaiserthum und acceptirt in Wahlen und Abstimmungen den Beistand jeder ihr an sich feind= lichen, aber zunächst in gleicher Richtung wirkenden Fraction, nicht nur der Polen, Welfen, Franzosen, sondern auch der Freisinnigen. Wie viele der Mitglieder mit Bewußtsein, wie viele in ihrer Be= schränktheit für reichsfeindliche Zwecke arbeiten, werden nur die Führer beurtheilen können. Windthorst, politisch latitudinarian, religiös ungläubig, ist durch Zufall und bürokratisches Ungeschick auf die feindliche Seite geschoben worden. Troß alledem hoffe ich, daß in Kriegszeiten das Nationalgefühl stets zu der Höhe an= schwellen wird, um das Lügengewebe zu zerreißen, in dem Fractions= führer, strebsame Redner und Parteiblätter in Friedenszeiten die Massen zu erhalten wissen.

Wenn man sich die Zeit vergegenwärtigt, wo das Centrum, gestüßt weniger auf den Papst als auf den Jesuitenorden, die Welfen, nicht blos die hanöverschen, die Polen, die französirenden Elsässer, die Volksparteiler, die Socialdemokraten, die Freisinnigen und die Particularisten, einig unter einander nur in der Feind= schaft gegen das Reich und seine Dynastie, unter Führung desselben Windthorst, der vor und nach seinem Tode zu einem National= heiligen gemacht wurde, eine sichre und herrische Mehrheit gegen den Kaiser und die verbündeten Regirungen besaß, so wird Jeder, der die damalige Situation und die von Westen und Osten drohenden Gefahren sachkundig zu beurtheilen im Stande ist, es natürlich finden, daß ein für die Schlußergebnisse verantwortlicher Reichskanzler daran dachte, den möglichen auswärtigen Verwick= lungen und ihrer Verbindung mit innern Gefahren mit derselben Unabhängigkeit entgegen zu treten, mit der der böhmische Krieg ohne Einverständniß, vielfach sogar im Widerspruche mit politischen Stimmungen unternommen wurde.

Von den Privatbriefen des Kaisers Friedrich theile ich einen um seinet= und um meinetwillen mit, als Probe seiner Sinnesart und seines schriftlichen Ausdrucks und behufs Zerstörung der Legende, daß ich „ein Feind der Armee" gewesen sei.

„Charlottenburg, 25. März 1888.

Ich gedenke mit Ihnen, mein lieber Fürst, der heute ab= gelaufenen 50 Jahre, welche verstrichen sind, seitdem Sie in das Heer eintraten, und freue mich aufrichtig, daß der Garde=Jäger von damals mit so viel Zufriedenheit auf dieses abgelaufene halbe Jahrhundert zurückblicken kann. Ich will mich heute nicht in lange Auseinandersetzungen über die staatsmännischen Verdienste ein= lassen, welche Ihren Namen für immer mit unsrer Geschichte ver= flochten haben. Aber das Eine muß ich hervorheben: daß wo es galt, das Wohl des Heeres, seine Wehrkraft, seine Schlagfertigkeit zu vervollkommnen, Sie nimmer fehlten, den Kampf auszufechten und durchzuführen. Somit dankt Ihnen das Heer für erlangte Segnungen, die es Ihnen niemals vergessen wird, und an der Spitze desselben der Kriegsherr, der erst vor wenigen Tagen be= rufen ist, diese Stellung nach dem Heimgang dessen einzunehmen der unausgesetzt das Wohl der Armee auf dem Herzen trug.

Ihr
wohlgeneigter
Friedrich."